COLLECTION MICHEL LÉVY

OEUVRES COMPLÈTES
D'ALEXANDRE DUMAS

OEUVRES COMPLÈTES
D'ALEXANDRE DUMAS

Parues dans la collection Michel Lévy

	vol.		vol.
Amaury	1	— De Paris à Cadix	2
Ange Pitou	2	— Le Véloce	2
Ascanio	2	— Le Capitaine Aréna	1
Aventures de John Davys	2	— Le Spéronare	2
Les Baleiniers	2	Ingénue	2
Le Bâtard de Mauléon	3	Isabel de Bavière	2
Black	1	Italiens et Flamands	2
La Bouillie de la comtesse Berthe	1	Jane	1
La Boule de neige	1	Jehanne la Pucelle	1
Bric-à-Brac	2	Les Louves de Machecoul	3
Un Cadet de famille	3	La Maison de glace	2
Le Capitaine Pamphile	1	Le Maître d'armes	1
Le Capitaine Paul	1	Les Mariages du père Olifus	1
Le Capitaine Richard	1	Les Medicis	1
Catherine Blum	1	Mémoires de Garibaldi	2
Causeries	2	Mémoires d'un Aveugle	2
Cécile	1	Mémoires d'un médecin : — Joseph Balsamo	5
Charles le Téméraire	2		
Le Chasseur de sauvagine	1	Le Meneur de loups	1
Le Château d'Eppstein	2	Les Mille et un fantômes	1
Le Chevalier d'Harmental	2	Les Mohicans de Paris	4
Le Chevalier de Maison-Rouge	2	Les Morts vont vite	2
Le Collier de la reine	3	Napoléon	1
Le Comte de Monte-Cristo	6	Une Nuit à Florence	1
La Comtesse de Charny	6	Olympe de Clèves	3
La Comtesse de Salisbury	2	Le Page du Duc de Savoie	2
Conscience l'innocent	2	Le Pasteur d'Ashbourn	2
La Dame de Monsoreau	3	Pauline et Pascal Bruno	1
Les Deux Diane	3	Le Père Gigogne	2
Dieu dispose	2	Le Père la Ruine	1
Les Drames de la mer	1	La princesse Flora	1
La Femme au collier de velours	1	Les Quarante-Cinq	3
Fernande	1	La Reine Margot	2
Une Fille du régent	1	La Route de Varennes	1
Les Frères corses	1	Salvator	4
Gabriel Lambert	1	Souvenirs d'Antony	1
Gaule et France	1	Sultanetta	1
Georges	1	Sylvandire	1
Un Gil Blas en Californie	1	Le Testament de Chauvelin	1
La Guerre des femmes	2	Trois Maîtres	1
Histoire d'un casse-noisette	1	Les Trois Mousquetaires	2
L'Horoscope	1	Le Trou de l'Enfer	1
Impressions de voyage : Suisse	3	La Tulipe noire	1
— Une Année à Florence	1	Le Vicomte de Bragelonne	6
— Les bords du Rhin	2	La Vie au désert	2
— L'Arabie Heureuse	3	Une Vie d'artiste	1
— Quinze jours au Sinaï	1	Vingt ans après	3

Imprimerie de L. Toinon et Cie, à Saint-Germain.

SALVATOR

-- SUITE ET FIN DES MOHICANS DE PARIS --

PAR

ALEXANDRE DUMAS

IV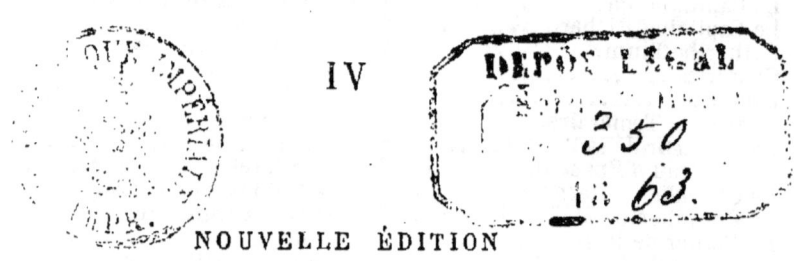

NOUVELLE ÉDITION

PARIS

MICHEL LÉVY FRÈRES, LIBRAIRES ÉDITEURS

RUE VIVIENNE, 2 BIS, ET BOULEVARD DES ITALIENS, 15

A LA LIBRAIRIE NOUVELLE

—

1863

Tous droits réservés

SALVATOR

CIV

Les pièces de conviction.

Salvator arriva chez M. Jackal, juste au moment où M. Gérard commençait sa course effrénée.

Pour M. Jackal, on le sait, il n'y avait ni jour ni nuit. A quelle heure dormait-il ? Personne ne le savait : il dormait comme mangent les gens pressés, sur le pouce.

L'ordre était donné une fois pour toutes qu'à quelque heure que se présentât Salvator, il fût introduit.

M. Jackal écoutait un rapport qui lui paraissait sans doute être d'un certain intérêt ; car il fit prier Salvator de vouloir bien lui accorder cinq minutes.

Au bout de ces cinq minutes, Salvator entrait par une porte juste au moment où l'agent sortait par l'autre.

Salvator déposa dans un coin la nappe, nouée par les quatre bouts, qui contenait les restes de l'enfant, et Roland, avec un gémissement plaintif, se coucha près de ces tristes reliques.

M. Jackal regarda faire le jeune homme en haussant ses lunettes, mais ne lui demanda point ce qu'il faisait.

Salvator s'avança vers lui.

Le cabinet n'était éclairé que par une lampe à abat-jour

vert; elle formait un cercle de lumière sur le bureau de M. Jackal, mais le cercle ne s'étendait pas au delà.

Il en résulta que, quand les deux hommes furent assis, leurs genoux se trouvaient parfaitement éclairés, mais que leurs deux têtes se perdaient dans l'ombre.

— Ah! ah! dit le premier M. Jackal, c'est vous, cher monsieur Salvator; je ne vous savais point à Paris.

— Je n'y suis revenu, en effet, que depuis quelques jours, répondit Salvator.

— Et à quelle circonstance nouvelle dois-je le plaisir de vous voir? Car, ingrat que vous êtes, on ne vous voit que lorsque vous ne pouvez faire autrement.

Salvator sourit.

— On n'est pas toujours maître de se laisser aller à ses sympathies, dit-il; puis je cours beaucoup.

— Et d'où venez-vous en ce moment, monsieur le coureur?

— Je viens de Vanvres.

— Eh! eh! feriez-vous la cour à la maîtresse de M. de Marande, comme votre ami Jean Robert la fait à sa femme? Le pauvre homme n'aurait pas de chance!

Et M. Jackal fourra dans ses fosses nasales une énorme prise de tabac.

— Non, dit Salvator, non... Je viens de chez un de vos amis.

— De chez un de mes amis?... répéta M. Jackal en ayant l'air de chercher.

— Ou de chez une de vos connaissances, j'aime mieux cela.

— Vous allez m'embarrasser, reprit M. Jackal; j'ai peu d'amis, et il m'eût été facile de deviner; mais j'ai grand nombre de connaissances.

— Ah! je ne vous laisserai pas chercher longtemps dit le jeune homme d'un ton grave: je viens de chez M. Gérard.

— M. Gérard! fit le chef de la police en ouvrant sa tabatière et en y creusant jusqu'au fond la place de ses doigts; M. Gérard! qu'est-ce que c'est que cela? Mais vous vous trompez, mon cher monsieur Salvator, je ne connais pas le moindre Gérard.

— Oh! si fait, et un seul mot, ou plutôt une seule désignation, va vous mettre sur la voie: c'est l'homme qui a commis le crime pour lequel vous allez demain faire exécuter M. Sarranti.

— Ah! bah! s'écria M. Jackal en reniflant bruyamment sa prise de tabac, êtes-vous bien sûr de ce que vous dites? Vous croyez que je connais cet homme, un assassin? Pouah!

— Monsieur Jackal, dit Salvator, notre temps à tous deux est précieux; nous n'en avons à perdre ni l'un ni l'autre, quoique nous l'occupions différemment et que nous le dirigions vers deux buts opposés; employons-le donc utilement Écoutez-moi sans m'interrompre; d'ailleurs, nous nous connaissons depuis trop longtemps pour jouer au fin l'un contre l'autre; si vous êtes une puissance, j'en suis une aussi, vous le savez. Je ne veux pas vous rappeler que je vous ai sauvé la vie; je veux dire seulement que celui qui portera la main sur moi ne me survivra pas vingt-quatre heures.

— Je sais cela, dit M. Jackal; mais croyez bien que je mets mon devoir avant ma vie, et que ce n'est point en me menaçant...

— Je ne vous menace pas, et la preuve, c'est qu'au lieu de la forme affirmative, je vais prendre la forme interrogative. Croyez-vous que celui qui portera la main sur moi me survive vingt-quatre heures?

— Je ne crois pas, dit tranquillement M. Jackal.

— Je ne voulais pas vous dire autre chose... Maintenant, allons au but. — C'est demain que l'on exécute M. Sarranti.

— Je l'avais oublié.

— Vous avez la mémoire courte; car, à cinq heures du soir, aujourd'hui même, vous avez fait prévenir l'exécuteur des hautes œuvres de se tenir prêt pour demain.

— Mais pourquoi diable ce Sarranti vous tient-il tant au cœur?

— C'est le père de mon meilleur ami, de l'abbé Dominique.

— Eh bien, oui, je sais cela; le pauvre jeune homme avait même obtenu un sursis de la bonté royale, trois mois; car, sans cela, il y a six semaines que son père serait mort. Il est allé à Rome, je ne sais pourquoi faire, mais sans doute qu'il n'a pas réussi ou qu'il est mort en chemin ; on ne l'a pas revu. C'est bien malheureux !

— Pas si malheureux que vous croyez, monsieur Jackal ; car, tandis qu'il allait à Rome, sans doute pour obtenir grâce, il me laissait ici pour faire justice. Or, je me suis mis à l'œuvre, et, avec l'aide de Dieu, qui n'abandonne pas les bons cœurs, j'ai réussi.

— Vous avez réussi ?

— Oui, et malgré vous ; c'est la seconde fois, monsieur, Jackal.

— Quelle était la première ?

— Bon ! vous avez oublié Mina et Justin, la jeune fille enlevée par mon cousin Lorédan de Valgeneuse. Je crois que je ne vous apprends rien de nouveau, n'est-ce pas, en vous disant que je suis Conrad ?

— Je dois vous avouer que je m'en doutais.

— Depuis que je vous l'ai dit, ou à peu près, dans votre voiture en revenant du bas Meudon, le jour ou plutôt la nuit où nous sommes arrivés trop tard pour sauver Colomban, mais assez tôt pour sauver Carmélite, n'est-ce pas ?

— Oui, fit M. Jackal ; je m'en souviens ; et vous dites donc... ?

— Je dis que vous savez mieux que moi l'histoire que je vais vous raconter ; mais je crois qu'il est important que vous sachiez que je ne l'ignore pas tout à fait. Deux enfants ont disparu du château de Viry. On a accusé M. Sarranti de les avoir fait disparaître : erreur ! L'un, le garçon, Victor, a été tué par M. Gérard, et enterré dans le parc, au pied d'un chêne ; l'autre, la jeune fille, Léonie, au moment où elle allait être égorgée par la concubine Orsola, a poussé de tels cris, qu'un chien est venu à son secours et a étranglé celle qui voulait l'égorger. L'enfant s'est sauvée tout effarée, et sur la grande route de Fontainebleau, a trouvé une bohémienne qui l'a recueillie ; vous connaissez cette bohémienne : elle se nomme la Brocante, elle demeure rue d'Ulm, numéro 4 ; vous avez été chez elle, avec maître Gibassier, la veille du jour où Rose-de-Noël a disparu ; or, Rose-de-Noël n'était autre que la petite Léonie. Je n'ai point été inquiet d'elle, je savais qu'elle était entre vos mains ; je ne vous en parle donc que pour mémoire.

M. Jackal fit entendre une espèce de grognement qui lui

était habituel, et qui n'était pas sans analogie avec celui de l'animal que rappelait son nom.

— Quant au petit garçon enterré au pied d'un arbre, il est inutile de vous dire comment, avec l'aide de Brésil, aujourd'hui Roland, je l'ai trouvé tout en cherchant autre chose ; vous savez l'endroit, n'est-ce pas? je vous y ai conduit; seulement, le cadavre n'y était plus.

— Croyez vous que ce soit moi qui l'ai enlevé? demanda M. Jackal en absorbant une énorme prise de tabac.

— Non pas vous ; mais c'est M. Gérard, que vous aviez prévenu.

— Honnête Gérard, dit M. Jackal, si tu entendais ce que l'on dit de toi, comme tu t'indignerais !

— Vous vous trompez, il ne s'indignerait pas, il tremblerait.

— Mais, enfin, qui a pu vous faire supposer que c'était M. Gérard qui avait enlevé l'enfant ?

— Oh! je n'ai pas supposé, j'ai été certain, et cela du premier coup ; si certain, que je me suis dit que ce n'était que dans sa maison de Vanvres, pour plus grande tranquillité, que M. Gérard avait pu transporter ce pauvre squelette. Alors, vous comprenez bien, par une belle nuit comme celle-ci, pendant laquelle il ne faisait ni ciel ni terre, j'ai aidé Roland à sauter par-dessus les murs du jardin de la maison que M. Gérard habite à Vanvres, j'ai sauté après lui, et je lui ai dit : « Cherche, mon bon chien, cherche! » Roland a cherché, et, quoique je ne veuille pas faire l'application des paroles de l'Évangile à un quadrupède, Roland a trouvé. Au bout de dix minutes, il grattait le gazon de la pelouse avec une telle rage, que j'ai été obligé de l'enlever par son collier pour que, le lendemain, on ne vît pas ses traces. J'étais sûr que le cadavre était là. Comme nous étions entrés, nous sortîmes; seulement, au lieu de jeter Roland du dehors au dedans, je le jetai du dedans au dehors, et je le suivis ; voilà toute l'histoire; vous devinez le reste, n'est-ce pas, monsieur Jackal? Ce n'est pas M. Sarranti, qui est en prison depuis six mois, ce n'est pas lui qui, il y a trois mois, a déterré le cadavre du pied du chêne de Viry pour le transporter au milieu de la pelouse de la maison de Vanvres; or, si ce n'est pas M. Sarranti, c'est M. Gérard.

— Hum! fit M. Jackal sans répondre autrement que par une exclamation; mais... Non, rien.

— Oh! achevez; vous alliez me demander pourquoi, instruit de la présence du cadavre dans la maison de M. Gérard, je n'ai point agi plus tôt?

— Ma foi, dit M. Jackal, j'avoue que j'allais vous faire cette question par simple curiosité, car ce que vous me racontez ressemble bien plus à un roman qu'à une histoire.

— C'est pourtant une histoire, cher monsieur Jackal, et des plus authentiques même. Vous désirez savoir pourquoi je n'ai pas agi plus tôt; je vais vous le dire. Je suis un sot, cher monsieur Jackal; je crois toujours l'homme meilleur qu'il n'est. Je me figurais que M. Gérard n'aurait pas le courage de laisser périr un innocent à sa place, qu'il quitterait la France, et que, d'Allemagne, d'Angleterre ou d'Amérique, il révélerait tout; mais point! L'ignoble canaille n'a point bougé.

— Peuh! fit M. Jackal, ce n'est peut-être pas tout à fait sa faute, et il ne faut pas lui en vouloir irrémissiblement pour cela.

— De sorte que, ce soir, je me suis dit : Il est temps !

— Et vous êtes venu me chercher pour que nous allions ensemble procéder à l'exhumation du cadavre.

— Non point; oh! je m'en suis bien gardé! Comme nous disons, nous autres chasseurs, on ne prend pas deux fois un renard à la même coulée. Non, cette fois, j'ai fait ma besogne moi-même.

— Comment, vous-même ?

— Oui; voici en deux mots. Je savais qu'il y avait ce soir un grand dîner électoral chez M. Gérard. Je me suis arrangé de manière à éloigner pendant une heure ou deux M. Gérard de ses convives. Je suis entré alors; j'ai pris sa place à la table, tandis que Brésil grattait dessous; bref, Brésil a si bien gratté, qu'au bout d'un quart d'heure, je n'ai eu qu'à jeter la table de côté et à montrer aux convives de M. Gérard la besogne qu'avait faite mon chien. Ils étaient dix; le onzième cuvait son vin je ne sais où. Ils ont signé un procès-verbal tout à fait en règle, puisqu'il y a parmi les signataires un médecin, un notaire et un huissier. Tenez, voici le procès-verbal; et, quant au squelette, — ajouta Salvator en se levant, en apportant la nappe pliée en quatre sur le bureau de M. Jackal et en la dénouant,—et, quant au squelette, le voilà !

Si habitué que fût M. Jackal aux péripéties des drames journaliers qui se déroulaient devant lui, il s'attendait si peu au dénoûment de celui-là, qu'il recula son fauteuil en pâlissant, et, contre son habitude, sans chercher à dissimuler l'émotion qu'il éprouvait.

— Maintenant, dit Salvator, écoutez-moi bien. Je vous jure devant Dieu que, si M. Sarranti est exécuté demain, c'est vous, vous seul, monsieur Jackal, que je rends responsable de sa mort ! C'est clair, n'est-ce pas ? et vous n'accuserez pas mon langage d'ambiguïté ? Ainsi donc, voici les pièces de conviction. — Il montra les ossements. — Je vous les laisse ; le procès-verbal me suffit : il est signé de trois officiers publics : un médecin, un notaire, un huissier. Je vais de ce pas porter ma plainte au procureur du roi ; si besoin en est, j'irai au garde des sceaux ; j'irai au roi, s'il est nécessaire.

Et Salvator, saluant sèchement le chef de la police, sortit de son cabinet, suivi de Brésil, et laissant M. Jackal tout étourdi de ce qu'il venait d'apprendre, et on ne peut plus inquiet de la menace qui venait de lui être faite.

M. Jackal connaissait Salvator de longue date, il l'avait vu plus d'une fois à l'œuvre, le savait homme de résolution et était bien convaincu qu'il ne promettait jamais rien qu'il ne pût tenir.

Salvator sorti et la porte fermée derrière lui, il se demanda donc très-sérieusement ce qu'il pouvait faire.

Il y avait un moyen bien facile de tout concilier : c'était de laisser tout simplement M. Gérard se tirer d'affaire comme il pourrait ; mais c'était déchirer de ses propres mains une trame si laborieusement ourdie ; c'était faire d'un bonapartiste un héros ; plus qu'un héros, un martyr ; c'était, à la veille des élections, transformer un candidat, patronné en quelque sorte par le gouvernement, en un misérable assassin. Sans compter que M. Gérard ne manquerait pas, dès qu'il se verrait pris, de tout avouer, en accusant M. Jackal de complicité ; décidément, ce moyen si facile était un mauvais moyen.

Il y en avait un autre, et ce fut à celui-là que M. Jackal s'arrêta.

Il se leva précipitamment, alla droit à la fenêtre et tira un bouton caché dans l'embrasure.

Aussitôt, dix ou douze sonnettes retentirent, depuis le corps de logis qu'habitait M. Jackal jusqu'à la porte de la préfecture.

— De cette façon, murmura-t-il en revenant s'asseoir, j'aurai du moins le temps d'aller prendre les ordres du ministre de la justice.

Comme il achevait ces mots à demi-voix, un huissier annonça M. Gérard.

CV

Où M. Jackal cherche un dénoûment à la vie accidentée de M. Gérard.

M. Gérard, pâle, vert, livide, suant, tremblant, entra dans le cabinet.

— Ah ! monsieur Jackal ! s'écria-t-il ; monsieur Jackal !

Et il tomba sur un fauteuil.

— C'est bien, c'est bien ! dit M. Jackal ; remettez-vous, honnête monsieur Gérard ; nous avons le temps de penser à vous.

Puis, à l'huissier, et à demi-voix :

— Descendez vite ! vous avez vu sortir un jeune homme et un chien, n'est-ce pas ?

— Oui, monsieur.

— On va arrêter l'homme et le chien ; car l'un est aussi dangereux que l'autre ; mais que, sur la tête de ceux qui les arrêtent, il ne soit fait aucun mal ni à l'homme ni au chien ; vous entendez ?

— Oui, monsieur.

— Alors, dépêchez-vous ; je n'y suis plus pour personne. Que l'on mette les chevaux à la voiture. Allez !

L'huissier disparut comme une vision.

M. Jackal se retourna du côté de M. Gérard.

Le misérable semblait près de s'évanouir.

Il n'avait plus la force de parler. Il joignait les mains.

— C'est bien, c'est bien, dit M. Jackal avec dégoût ; on avisera, soyez tranquille ; mais, en attendant, mettez-vous à la fenêtre et dites-moi ce qui ce passe dans la cour.

— Comment ! vous voulez que dans l'état où je suis... ?

— Honnête monsieur Gérard, dit le chef de la police, vous venez me demander un service, n'est-ce pas ?

— Oh ! oui ; et un grand service, monsieur Jackal !

— Eh bien, alors, la vie n'est qu'un échange de services ; j'ai besoin de vous, vous avez besoin de moi : entr'aidons-nous.

— Je ne demande pas mieux.

— Si vous ne demandez pas mieux, allez à la fenêtre.

— Mais moi ?

— Vous ? Vous viendrez après ; au plus pressé d'abord. Si je ne laissais pas prendre son rang à chaque affaire, je serais encombré. L'ordre, honnête monsieur Gérard, l'ordre avant tout. Allez à la fenêtre d'abord.

M. Gérard alla à la fenêtre en s'aidant des meubles qu'il trouva sur sa route : il semblait avoir les jambes brisées ; il ne marchait plus, il rampait.

— J'y suis, murmura-t-il.

— Alors, ouvrez-la.

Tandis que M. Gérard ouvrait la fenêtre, M. Jackal s'établissait confortablement dans son fauteuil, tirait sa tabatière, y puisait une prise et poussait un soupir de satisfaction.

C'était dans la lutte qu'il était vraiment grand, et, cette fois, il avait trouvé dans Salvator un athlète digne de lui.

— La fenêtre est ouverte, dit M. Gérard.

— Alors, regardez dans la cour ce qui s'y passe.

— Un jeune homme traverse la cour.

— Bien.

— Quatre agents se précipitent sur lui.

— Bien.

— Une lutte s'engage.

— Bien. Regardez avec attention ce qui va se passer,

honnête monsieur Gérard ; car ce jeune homme tient votre vie entre ses mains.

M. Gérard frisonna.

— Oh! mais, s'écria-t-il, il y a un chien.

— Oui, oui, et un chien qui a un fier nez, allez !

— Le chien le défend.

— Je m'y attendais.

— Les agents crient à l'aide.

— Mais ils ne lâchent pas le jeune homme, n'est-ce pas ?

— Non, ils sont huit après lui.

— Ce n'est point assez, morbleu !

— Il se débat comme un lion.

— Brave Salvator !

— Il en tient un sous ses pieds ; il en étouffe un autre ; le chien en étrangle un troisième.

— Diable ! voilà qui se gâte. Que font donc les soldats ?

— Ils arrivent.

— Ah !...

— Ils le terrassent.

— Et le chien ?

— On lui a mis la tête dans un sac, et on lui lie le sac autour du cou.

— Ces drôles sont fort ingénieux quand il s'agit de leur peau.

— On emporte l'homme.

— Et le chien ?

— Le chien suit.

— Après ?

— L'homme, le chien et les agents disparaissent sous une voûte.

— Tout est fini ; refermez la fenêtre, honnête monsieur Gérard, et venez vous asseoir sur ce fauteuil.

M. Gérard referma la fenêtre, et revint s'asseoir ou plutôt omber sur le fauteuil.

— La, fit M. Jackal, causons de nos petites affaires maintenant... Vous avez donné un grand dîner électoral, honnête monsieur Gérard ?

— J'ai cru, dans la position où j'étais, et me proposant pour la députation...

— Oui, pouvoir essayer de cette petite corruption culinaire. Je ne vous blâme pas, cher monsieur Gérard, cela se fait; seulement, vous avez eu un tort.

— Lequel?

— C'est de quitter vos convives au milieu du repas.

— Mais, monsieur Jackal, on est venu me dire que vous vouliez me parler à l'instant même.

— Il fallait remettre les affaires au lendemain, et dire comme Horace : *Valeat res ludicra!*

— Je n'ai point osé, monsieur Jackal.

— De sorte qu'en votre absence, vous avez laissé vos convives à table?

— Hélas! oui.

— Sans songer que la table était posée à l'endroit même où vous aviez transporté le cadavre de ce malheureux enfant!

— Monsieur Jackal! s'écria l'assassin, comment savez-vous...?

— Mais est-ce que ce n'est pas mon état de savoir?

— Alors, vous savez...?

— Je sais qu'en rentrant chez vous, vous avez trouvé vos convives en fuite, la maison déserte, la table renversée et la fosse vide.

— Monsieur Jackal, s'écria le misérable, où peut être le squelette?

M. Jackal tira un coin de la nappe posée sur son bureau et mit à nu les ossements.

— Le voilà, dit-il.

M. Gérard poussa un cri terrible, se leva comme un fou et se précipita vers la porte.

— Eh bien, que faites-vous donc? demanda M. Jackal.

— Je n'en sais rien... je me sauve.

— Bon! où cela? Vous ne ferez point quatre pas, dans l'état où vous êtes, sans être arrêté!... Monsieur Gérard, quand on veut être voleur, meurtrier, parjure, il faut une autre tête que la vôtre; je commence à croire que vous étiez né pour être honnête. Allons, venez ici et causons tranquillement, comme on doit faire quand la situation est grave.

M. Gérard revint tout en chancelant et s'assit sur le fauteuil qu'il venait de quitter un instant auparavant.

M. Jackal releva ses lunettes et regarda le misérable avec

les mêmes yeux dont le chat regarde la souris qu'il tient entre ses griffes.

Puis, au bout d'un instant de cet examen, qui semblait faire perler la sueur sur le front chauve de l'assassin :

— Mais savez-vous, continua M. Jackal, que vous seriez un homme véritablement précieux pour un mélodramaturge comme M. Guilbert de Pixérécourt ou un romancier comme M. Ducray-Duminil : quelle vie plus fertile en incidents dramatiques que la vôtre, bon Dieu ! quelles scènes poignantes, quelles péripéties palpitantes d'intérêt contient le drame inconnu de votre existence, sans compter ce chien ! Où avez-vous donc connu ce chien-là ? Mais c'est un descendant du chien de Montargis ! Il faut que ce diable de Brésil ait personnellement quelque chose contre vous.

M. Gérard poussa un gémissement.

M. Jackal ne parut pas l'entendre et continua.

— Sur mon honneur, tout Paris voudrait applaudir un drame de cet acabit-là. Il est vrai qu'il n'a pas de dénoûment encore ; mais nous sommes là pour lui en faire un, n'est-ce pas, honnête monsieur Gérard ? La toile vient de baisser sur le quatrième acte : — table renversée, fosse vide, convives et domestiques fuyant la maison maudite ; — tableau !

— Monsieur Jackal, murmura l'assassin d'une voix suppliante, monsieur Jackal!...

— Oh! je sais bien ce que vous allez dire : que vous ne savez plus comment vous tirer de là ; dame ! cela vous regarde : dans une collaboration, chacun fait sa part, ou l'un des deux est volé ; moi, j'ai fait la mienne : j'ai arrêté le défenseur de l'innocence et le chien vertueux.

— Comment?

— Ce jeune homme qui renversait et étouffait mes agents, ce chien qui les étranglait. Pour qui croyez-vous qu'on mettait à l'un la tête dans un sac et à l'autre les menottes aux mains ? C'était pour vous, ingrat!

— Ce jeune homme ? ce chien ?...

— Ce jeune homme, honnête monsieur Gérard, c'est Salvator, le commissionnaire de la rue aux Fers, l'ami de l'abbé Dominique, fils de M. Sarranti ; le chien, c'est Brésil, le chien de votre pauvre frère, l'ami de vos pauvres neveux, Brésil, que vous avez cru tué et que, comme un maladroit que vous êtes, vous avez manqué ou plutôt frappé à une mauvaise place, et qui vous dévorera tout vivant s'il vous rencontre jamais, vous pouvez être tranquille!

— Oh! mon Dieu, mon Dieu! fit M. Gérard laissant tomber sa tête dans ses deux mains.

— Bon! dit M. Jackal, voilà que vous faites l'imprudence d'appeler le bon Dieu; mais, malheureux, s'il regardait de votre côté, juste au moment où il a sous la main un orage comme celui-ci, mais vous seriez foudroyé à l'instant même. Ah! ma foi, tenez, c'est un dénoûment comme un autre, et un dénoûment moral; qu'en dites-vous?

— Monsieur Jackal, au nom de ce qui vous reste de pitié dans l'âme, ne plaisantez pas comme cela, vous me tuez!

Et il laissa tomber ses bras le long du fauteuil, renversant sur le dossier sa tête livide.

— Voyons, voyons, ne vous troublez pas ainsi, dit M. Jackal; ce n'est, morbleu! pas le moment de pâlir, de vous trouver mal, d'inonder mon parquet de sueur. De l'imagination, monsieur Gérard, de l'imagination!

L'assassin secoua la tête sans répondre. Il était anéanti.

— Prenez garde, dit M. Jackal, si vous me laissez finir le drame seul, je pourrai bien ne pas le finir à votre satisfaction. Moi, en auteur moral et en chef de police logique, voici mon avis: je trouve, par un ressort dramatique quelconque, moyen de faire évader le jeune homme et le chien; je les laisse aller chez le procureur du roi, chez le garde des sceaux, chez le grand chancelier, où ils voudront; je fais reconnaître l'innocence de l'innocent, la culpabilité du coupable, et, au moment où le bourreau fait la toilette du condamné, je fais crier par cent comparses: « M. Sarranti est libre, c'est M. Gérard qui est le vrai coupable! le voilà, le voilà! » Et je fais pousser M. Gérard dans le cachot que vient de quitter M. Sarranti en triomphe, au milieu des bravos et des applaudissements de la multitude.

M. Gérard ne put étouffer un gémissement en même temps qu'un frisson parcourait tout son corps.

— Ah! que vous êtes donc nerveux! dit M. Jackal; si j'avais seulement trois collaborateurs comme vous, je ne serais pas huit jours sans avoir la danse de Saint-Guy. Voyons, parlez à votre tour. Que diable! je vous dis: « Voilà mon dénoûment; » je ne vous dis pas qu'il soit bon. Parlez à votre tour, proposez-moi le vôtre, et, s'il est meilleur, je l'accepterai.

— Mais je n'ai pas de dénoûment, moi ! s'écria M. Gérard.

— Bon ! je n'en crois rien ; vous n'êtes pas venu ici sans une intention quelconque.

— Oh ! non ; j'étais venu pour vous demander un conseil.

— C'est médiocre, ce que vous me dites là !

— Puis, en route, j'ai réfléchi.

— Voyons le résultat de vos réflexions.

— Eh bien, il m'a semblé que vous étiez aussi intéressé que moi à ce qu'il ne m'arrivât point quelque malheur.

— Pas tout à fait ; mais n'importe ! allez toujours.

— Je me suis dit, par exemple, que j'avais douze heures au moins devant moi.

— Douze heures, c'est beaucoup ; mais, enfin, mettons douze heures.

— Qu'en douze heures, on fait bien du chemin.

— On fait quarante lieues, en payant trois francs de guides.

— Qu'en dix-huit heures, je suis dans un port de mer ; en vingt-quatre heures, en Angleterre.

— Seulement, il fallait un passe-port pour cela.

— Sans doute.

— Et vous êtes venu me le demander ?

— Justement.

— Me laissant toute liberté, après votre départ, de sauver ou de faire exécuter M. Sarranti ?

— Je n'ai jamais demandé sa mort...

— Qu'autant qu'elle pourrait assurer votre vie ; je comprends cela.

— Eh bien, que dites-vous de ma demande ?

— De votre dénoûment ?

— De mon dénoûment, si vous voulez.

— Je dis que c'est plat, que la vertu n'est pas punie, c'est vrai, mais que le crime ne l'est pas non plus.

— Monsieur Jackal !

— Mais, enfin, puisque nous ne trouvons pas mieux.

— Vous acceptez ? s'écria M. Gérard en bondissant de joie.

— Dame, il le faut bien.

— Oh ! cher monsieur Jackal !

Et l'assassin tendit les deux mains à l'homme de police; mais l'homme de police retira les siennes et fit tinter un timbre.

L'huissier entra.

— Un passe-port en blanc ? demanda M. Jackal.

— Pour l'étranger, ajouta timidement M. Gérard.

— Pour l'étranger, répéta M. Jackal.

— Ouf! fit M. Gérard en s'affaissant dans son fauteuil et en s'essuyant le front.

Il se fit un silence de glace entre les deux hommes, M. Gérard n'osant regarder M. Jackal, M. Jackal fixant obstinément ses petits yeux gris sur ce misérable, de l'agonie duquel il semblait ne vouloir perdre aucun détail.

La porte se rouvrit, et, en se rouvrant, fit tressaillir M. Gérard.

— Décidément, dit M. Jackal, prenez garde au tétanos; car, ou je me trompe bien, ou c'est la maladie dont vous mourrez.

— J'ai cru..., dit en balbutiant M. Gérard.

— Vous avez cru que c'était un gendarme ; **vous vous êtes trompé, c'est votre passe-port.**

— Mais, fit timidement M. Gérard, il n'est pas visé!

— Oh! homme de précaution que vous êtes! répondit M. Jackal. Non, il n'est point visé et n'a pas besoin de l'être : c'est un passe-port d'agent spécial, et, à moins que vous ne rougissiez de voyager pour le compte du gouvernement...

— Non, non, s'écria M. Gérard ; ce sera beaucoup d'honneur pour moi.

— En ce cas, voici votre diplôme: « Laissez voyager et circuler librement... »

— Merci, merci, monsieur Jackal! interrompit le misérable en saisissant le passe-port d'une main tremblante, sans laisser le temps au chef de police de continuer sa lecture. Et maintenant, à la grâce de Dieu!

Et il s'élança hors du cabinet.

— A la grâce du diable! s'écria M. Jackal; car, si le bon Dieu se mêle de tes affaires, vil coquin! tu es un homme perdu!

Puis, sonnant de nouveau:

— La voiture est-elle prête? demanda M. Jackal à l'huissier.

— Elle attend depuis dix minutes.

M. Jackal jeta un coup d'œil sur lui-même; il était en tenue irréprochable: habit noir, pantalon noir, escarpins, gilet blanc et cravate blanche.

Il sourit en homme satisfait, passa un grand pardessus, descendit de son pas habituel, monta en voiture et dit:

— Chez M. le ministre de la justice, place Vendôme.

Puis presque aussitôt, se ravisant:

— Qu'est-ce que je dis donc ! il y a grande fête au château de Saint-Cloud; jusqu'à deux heures du matin, les ministres y seront.

Et, passant la tête par la portière:

— A Saint-Cloud, cocher! dit-il.

Puis, se parlant à lui-même et s'accommodant du mieux possible dans son coin:

— Ah! par ma foi, dit-il en bâillant, cela tombe bien, je dormirai en route.

La voiture partit au grand trot, et M. Jackal, qui semblait commander au sommeil à volonté, n'était pas encore arrivé au Louvre, qu'il était déjà profondément endormi.

Il est vrai qu'arrivé au Cours-la-Reine, il était réveillé de la façon la plus inattendue.

La voiture était arrêtée; par chacune des deux portières ouvertes, deux hommes montés sur les marchepieds appliquaient un pistolet sur la poitrine de M. Jackal, tandis que deux autres maintenaient le cocher.

Les quatre hommes étaient masqués.

M. Jackal se réveilla en sursaut.

— Hein! qu'y a-t-il? que me veut-on ?

— Pas un mot, pas un geste, dit un des deux hommes, ou vous êtes mort.

— Comment! s'écria M. Jackal encore mal éveillé, on arrête à minuit aux Champs-Élysées? Mais par qui donc la police est elle faite?

— Par vous, monsieur Jackal; mais, rassurez-vous, il n'y a pas de votre faute. Nous ne sommes pas des voleurs.

— Et qui donc êtes-vous, alors?

— Nous sommes des ennemis qui avons dévoué notre vie et qui tenons la vôtre entre nos mains; ainsi pas un mot, pas un geste, pas un souffle, ou, nous vous le répétons, vous êtes mort.

M. Jackal était pris sans savoir par qui; il n'avait aucun secours à espérer, il se résigna.

— Faites de moi ce que vous voudrez, messieurs, dit-il.

Un des hommes lui banda les yeux avec un mouchoir, tandis que l'autre continuait de lui tenir le pistolet sur la poitrine; autant en faisaient les deux autres du cocher.

Quant le cocher et M. Jackal eurent les yeux bandés, un des quatre hommes monta dans l'intérieur de la voiture, et le deuxième s'assit sur le siége près du cocher, auquel il prit les rênes des mains; les deux autres montèrent derrière.

— Où vous savez, dit avec l'accent du commandement l'homme qui occupait l'intérieur de la voiture.

La voiture tourna sur elle-même, et, sanglés par un vigoureux coup de fouet, les chevaux l'enlevèrent au galop.

CVI

Impressions de voyage de M. Jackal.

Celui des quatre hommes masqués qui avait pris sur le siége la place du cocher, était certainement un homme fort habile en son métier; car, lancée depuis dix minutes à fond de train, la voiture avait fait tant de tours et tant de détours, que M. Jackal, quelque perspicace qu'il fût et quelque connaissance approfondie qu'il eût du terrain, commençait à perdre toute idée de l'endroit où il était et à se demander où l'on pouvait bien le conduire.

En effet, la voiture ayant tourné sur elle-même, et, par conséquent, rebroussé chemin, avait suivi la route comprise entre le Cours-la-Reine et le quai de la Conférence; puis, tournant à gauche, elle avait retrouvé son point de départ et recommencé le même manége; après quoi, elle avait traversé le pont Louis XV.

Au retentissement des roues, M. Jackal avait reconnu qu'il traversait un pont.

La voiture avait tourné à gauche et suivi le quai d'Orsay.

Là, M. Jackal s'était encore reconnu. Il avait deviné qu'il longeait la rivière, aux fraîches émanations qui s'en exhalaient.

Lorsque la voiture tourna à droite, il devina qu'il entrait dans la rue du Bac, et, quand une fois encore elle tourna à droite, il ne fit point de doute qu'elle n'entrât dans la rue de l'Université.

A la rue de Bellechasse, la voiture remonta; puis elle prit la rue de Grenelle, puis elle redescendit jusqu'à la rue de l'Université, puis elle suivit tout droit.

M. Jackal commençait à s'embrouiller dans tous ces tours et détours.

Mais, en arrivant au boulevard des Invalides, il retrouva les mêmes émanations qu'au bord de la Seine; ces émanations venaient des arbres chargés de rosée. Il se dit qu'il était revenu auprès de la rivière, ou qu'il suivait quelque boulevard.

La voiture, en roulant quelques instants sur la terre au lieu de rouler sur le pavé, le fixa sur ce point.

Il comprit qu'il était sur un boulevard.

La voiture continua alors de marcher avec une vitesse de quatre lieues à l'heure.

Arrivée à la hauteur de la rue de Vaugirard, la voiture s'arrêta.

— Sommes-nous arrivés? demanda M. Jackal, qui trouvait le voyage un peu long.

— Non, répondit laconiquement son voisin.

— Et, sans indiscrétion, demanda M. Jackal, en avons-nous encore pour longtemps?

— Oui, répondit le même personnage avec un laconisme que lui eût envié le plus laconique des Spartiates.

— Alors, dit M. Jackal, soit par besoin réel, soit pour faire causer son compagnon, et reconnaître, soit à la voix, soit à la façon de s'exprimer, à quelle sorte de gens il avait affaire, — alors, vous me permettrez bien, monsieur, de profiter de ce moment de halte pour prendre une prise de tabac?

— Volontiers, monsieur, dit le compagnon de M. Jackal; mais vous me permettrez de vous réclamer auparavant les armes que vous portez dans la poche droite de votre pardessus.

— Ah! ah!

— Oui, une paire de pistolets de poche et un poignard.

— Monsieur, vous eussiez fouillé dans ma poche, que vous n'en connaîtriez pas mieux le contenu; maintenant, laissez-moi me dégager la main, et je vous remettrai ces trois objets.

— Inutile, monsieur; je vais, si vous le voulez bien, les prendre moi-même. Si je ne vous les ai pas demandés plus tôt, c'est que je vous avais dit qu'à votre premier mouvement je vous tuais, et je voulais m'assurer du cas que vous faisiez de mes paroles.

L'inconnu fouilla dans la poche de M. Jackal, et en tira les trois armes, qu'il mit dans la poche de sa redingote.

— Et, maintenant, dit-il à M. Jackal, vous avez la liberté de vos mains; usez-en sagement, croyez-moi.

— Je vous remercie de votre courtoisie, dit avec la plus exquise politesse M. Jackal, et croyez que, si l'occasion se présente de vous rendre en pareille situation un service analogue, je n'oublierai pas le petit plaisir que vous m'avez fait.

— Cette occasion ne se présentera pas, dit l'inconnu; vous la souhaitez donc inutilement.

M. Jackal, qui était sur le point de prendre sa prise, s'arrêta sur ces paroles, qui tranchaient si nettement la question.

— Diable! diable! murmura-t-il légèrement affecté; est-ce que la plaisanterie irait plus loin que je ne suppose? Voyons, qui a pu me jouer un tour pareil? Je ne me connais pas un seul ennemi au monde, excepté parmi mes subordonnés; et quel est celui de mes subordonnés qui oserait courir la chance d'un pareil guet-apens? Tous ces hommes-là, hardis et forts en masse et sous l'œil du maître, sont bêtes et lâches isolément. Il n'y a que deux hommes en France capables de se mesurer contre moi: Salvator et le préfet de police. Or, le préfet de police a trop grand besoin de moi, à toute heure et particulièrement au moment des élections, pour m'envoyer courir inutilement les grandes routes, de minuit à une heure du matin; et, puisque ce n'est pas le préfet de police, c'est donc Salvator. Misérable Gérard ! c'est pourtant lui qui m'a fourré dans ce guêpier; c'est sa lâcheté, sa couardise, sa maladresse; si j'en reviens, il me le payera cher ! fût-il au Monomotapa, je le ferai suivre si bien, que je le rejoindrai, le gueux ! Mais quel peut être le dessein de Salvator ? en quoi mon enlèvement et ma disparition peuvent-ils l'aider à sauver Sarranti ? car c'est dans ce dessein, évidemment, qu'il me fait promener par ses amis à cette heure avancée : à moins que... Niais que je suis ! c'est cela !... à moins que, ayant prévu que je le ferais arrêter, il n'ait dit à ses amis : « Si à telle heure vous ne me voyez pas sortir, c'est que je serai prisonnier; emparez-vous donc de M. Jackal, qui répondra de moi corps pour corps. » C'es. cela, morbleu ! j'y suis.

Et M. Jackal fut si content de lui-même, qu'il se frotta les mains comme s'il eût été dans son cabinet, et comme s'il venait, avec son adresse ordinaire, d'opérer une réussite des plus complètes.

C'était un véritable artiste que M. Jackal, et qui faisait de l'art pour l'art.

Il était en train de se frotter les mains, quand un corps lourd tomba sur la capote de la voiture et produisit, en tombant, un bruit qui fit tressaillir M. Jackal.

— Oh ! oh ! qu'est-ce que cela ? demanda-t-il à son voisin

— Rien, répondit celui-ci avec son laconisme ordinaire.

Et, en effet, comme si le poids que l'on venait d'ajouter à la voiture était spécialement destiné, contre toutes les lois de la dynamique, à rendre le véhicule plus léger, la voiture partit avec une vitesse que M. Jackal eût comparée à celle des chemins de fer — qui vont vite, — si les chemins de fer eussent existé de son temps.

— Étrange ! fort étrange ! murmura M. Jackal en aspirant coup sur coup deux immenses prises de tabac ; une voiture chargée d'un poids considérable, à mesurer sa pesanteur à son bruit, et qui roule plus vite qu'avant son chargement; une fraîcheur qui semble venir de la Seine, d'une part, et, de l'autre part, le roulement d'une voiture si léger, qu'il semble le pas d'une femme sur le gazon... Étrange! fort étrange!... Évidemment, nous sommes en rase campagne mais de quel côté? au nord, au sud, à l'est ou à l'ouest?

L'espérance de se venger de cet enlèvement était si grande chez M. Jackal, que le pays qu'il parcourait l'intéressait mille fois plus en ce moment que le résultat final du voyage. Arrivé à ce point d'excitation, sa démangeaison fut si grande, sa curiosité si immodérée, qu'oubliant la recommandation de son compagnon de route, il leva la main gauche à la hauteur du bandeau qui lui couvrait le visage; mais, au bruit que fit en s'armant le pistolet de son voisin, qui, ne le quittant pas des yeux, avait suivi son mouvement inconsidéré, M. Jackal abaissa vivement le bras, et, sans paraître avoir entendu le claquement de la batterie, s'écria le plus naturellement du monde:

— Monsieur, un second service: j'étouffe littéralement; de l'air, pour l'amour de Dieu!

— C'est facile, répondit l'inconnu en ouvrant la glace qui était à sa droite; c'est par égard pour vous, et de peur des courants d'air, qu'on n'avait ouvert qu'une seule glace.

— Vous êtes mille fois trop bon, s'empressa de dire M. Jackal, qui sentait effectivement qu'un violent courant d'air s'établissait; mais je ne veux pas abuser de votre complaisance, et, pour peu que ce courant d'air — car je reconnais qu'il y a un courant d'air — vous soit nuisible, ou tout simplement désagréable, je vous supplie de regarder ma demande comme non avenue.

— Nullement, monsieur, répondit l'inconnu; vous avez souhaité que cette glace fût ouverte, elle restera ouverte.

— Mille remercîments, monsieur, répliqua M. Jackal sans essayer de continuer une conversation que son compagnon n'alimentait évidemment qu'à regret.

Et l'homme de police se replongea dans ses méditations.

— Oui, se disait-il à lui-même, le coup vient de Salvator, et je serais stupide d'en douter; les hommes auxquels j'ai affaire ne sont pas des gens du commun; ils s'expriment avec beaucoup de convenance, quoiqu'un peu brièvement; ils sont polis dans la forme, et, à ce qu'il me semble, fort résolus dans le fond, ce qui n'est pas donné à tous les chrétiens de ma connaissance. L'enlèvement vient donc de Salvator; il aura, comme je me le suis déjà dit, calculé qu'il pouvait être arrêté. Quel malheur qu'un homme si habile soit un si honnête homme ! ce drôle-là connaît tout Paris ; que dis-je, tout Paris ! toute la France, sans parler des carbonari de l'Italie et des illuminés de l'Allemagne. Diable d'homme ! j'aurais dû m'y prendre plus doucement ; il me l'a bien dit avant de partir : « Vous savez ce qui arriverait à l'homme qui me ferait arrêter. » Eh ! j'étais prévenu, il n'y a rien à dire. Damné Salvator ! maudit Gérard !

Tout à coup, M. Jackal poussa une exclamation.

C'était une idée qui lui venait, et que, malgré son pouvoir sur lui-même, il n'avait pu comprimer dans son cerveau.

— Ah ! fit-il.

— Qu'y a-t-il encore ? demanda son voisin.

M. Jackal jugea à propos d'utiliser son imprudence.

— Monsieur, dit-il, c'est une affaire fort importante qui me passe par l'esprit ; vous ne voudriez pas que la promenade fort agréable que vous me faites faire eût des résultats fâcheux pour une tierce personne. Imaginez-vous, monsieur, qu'au moment de mon départ, je venais de faire arrêter préventivement, et par précaution, un excellent jeune homme que je comptais mettre en liberté au bout de deux heures, c'est-à-dire à mon retour de Saint-Cloud ; car j'allais à Saint-Cloud quand vous m'avez fait la faveur de me détourner de mon chemin. Or, il n'y a aucun mal si dans une heure je dois être de retour à la préfecture de police : dois-je y être de retour dans une heure, monsieur ?

— Non, répondit l'inconnu avec son laconisme ordinaire.

— Eh bien, vous voyez que mon voyage peut donc avoir un inconvénient grave, celui de faire prisonnier, plus longtemps que je n'aurais voulu, un innocent. Permettez, monsieur, que j'écrive sous vos yeux un ordre que mon cocher portera, afin que l'on mette à l'instant même en liberté M. Salvator.

M. Jackal, en plaçant au bout de sa phrase le nom de notre ami, avait, comme on dit, en termes de théâtre, ménagé son effet. Ce fut ce qu'il comprit au tressaillement involontaire de son voisin.

— Stop ! cria celui-ci au cocher, ou plutôt à celui qui en faisait les fonctions.

La voiture s'arrêta court.

— Ce sera la chose du monde la plus facile, jeta négligemment M. Jackal : j'écris, au clair de la lune, quelques mots sur mon agenda.

Et, comme suffisamment autorisé, M. Jackal portait déjà la main au bandeau qui couvrait ses yeux, lorsque son voisin arrêta cette main.

— Pas d'initiative, monsieur. C'est à nous, et non point à vous, de régler la forme dans laquelle les choses doivent se passer.

Et, refermant les glaces, l'inconnu tira sur elles, avec le plus grand soin, les rideaux de soie rouge, destinés à cacher la vue de l'intérieur à l'extérieur et la vue de l'extérieur à l'intérieur. Après quoi, il sortit de sa poche une petite lanterne sourde qu'il éclaira à l'aide d'un briquet phosphorique.

M. Jackal entendit le crépitement de l'allumette qui prenait feu, et sentit l'âcre odeur du phosphore qui se mêlait à l'air respirable.

— Décidément, dit-il, je suis avec des gens qui ne veulent pas que j'étudie le paysage ; ce sont des gens très-forts. Il y a du plaisir à avoir affaire à ces gens-là.

— Monsieur, lui dit son voisin, vous pouvez maintenant enlever votre bandeau.

M. Jackal ne se le fit pas dire deux fois ; et, avec lenteur, comme un homme qui n'est pas pressé, il souleva l'obstacle, qui pour un moment le faisait aveugle comme la Fortune et l'Amour.

Il était dans une boîte hermétiquement fermée.

Il comprit qu'il n'y avait point à chercher à voir à l'extérieur par une ouverture quelconque, et, résigné immédiatement comme tous les hommes résolus, il tira de sa poche son agenda, sur lequel il écrivit :

« Ordre à M. Canler, en permanence à la salle Saint-Martin, de faire mettre immédiatement en liberté M. Salvator. »

Et il data et signa.

— Maintenant, dit-il, si vous voulez donner cet ordre à mon cocher ; c'est un digne et excellent homme, habitué à mes actes philanthropiques, et qui ne mettra pas une minute de retard dans la commission dont je l'aurai chargé.

— Monsieur, répondit avec sa politesse ordinaire le voisin

de M. Jackal, vous trouverez bon que nous réservions les services de votre cocher pour une autre occasion ; nous avons pour ces sortes de commissions des gens qui valent tous les cochers du monde.

L'inconnu éteignit la lanterne, replaça, avec la plus grande dextérité, le mouchoir sur les yeux de M. Jackal, lui ordonna plus que jamais de rester immobile, ouvrit une des portières et appela.

Seulement, le nom que prononça l'inconnu n'avait aucune analogie avec les noms ordinaires.

M. Jackal sentit que l'un des deux hommes montés derrière la voiture quittait son poste ; il entendit un pas se rapprocher de la portière ouverte ; et aussitôt, dans une langue douce, harmonieuse, euphonique, mais qui, malgré sa connaissance de tous les idiomes du monde, lui était complétement étrangère, commença un dialogue de quelques secondes, lequel se termina par la remise de l'ordre écrit par M. Jackal, par la fermeture de la portière et par ces deux mots anglais : *All right!* qui ne signifient rien autre chose dans notre langue que « Tout est bien, allez ! »

Et, convaincu que tout était bien, comme le disait l'homme de l'intérieur, le cocher remit, d'un coup de fouet, les chevaux à la même allure qu'ils avaient avant d'être arrêtés.

La voiture ne roulait pas depuis cinq minutes, qu'un nouveau poids vint la surcharger et l'ébranler, mais d'une façon singulière, c'est-à-dire que M. Jackal, avec cette acuïté de sens dont il avait l'habitude, reconnut, au son qu'il produisit sur la capote, que le fardeau qu'on venait d'y déposer était long, et non pas court comme le premier ; il reconnut de plus le son du bois.

— Le premier paquet avait l'air d'une corde roulée, se dit M. Jackal à lui-même ; le second me fait tout l'effet d'une échelle. Il paraît que nous allons monter et descendre. J'ai décidément affaire à des gens de précaution.

Et, comme la première fois qu'elle s'était remise en marche, la voiture, plus contrairement que jamais aux lois de la dynamique, sembla redoubler de vitesse.

— Voilà des gaillards, songea M. Jackal, qui ont certainement découvert une nouvelle force motrice ; ils ont tort d'arrêter les voyageurs ; ils feraient fortune avec leur invention. Mais quelle diablesse de langue mon voisin a-t-il donc parlée tout à l'heure? Ce n'est pas l'anglais, ce n'est pas l'italien, ce n'est pas l'espagnol, ce n'est pas l'allemand; ce n'est ni le hongrois, ni le polonais, ni le russe : les langues slaves ont plus de consonnes que je n'en ai entendu résonner là. Ce n'est pas l'arabe : il y a dans l'arabe certains sons gutturaux auxquels je ne me serais pas trompé; il faut que ce soit le turc, le persan ou l'hindoustani; je pencherais pour l'hindoustani.

Et, comme M. Jackal penchait pour l'hindoustani, la voiture s'arrêta de nouveau.

CVII

Où M. Jackal monte et descend comme il l'avait prévu.

En sentant s'arrêter la voiture, M. Jackal, qui commençait à se familiariser avec ses ravisseurs, se hasarda à demander :

— Aurions-nous, par hasard, quelqu'un à prendre ici ?

— Non, répondit la voix laconique; mais nous avons quelqu'un à y laisser.

Et, en effet, après avoir entendu un certain remue-ménage sur le siége du cocher, M. Jackal sentit la voiture s'ouvrir brusquement de son côté.

— Votre main, dit la voix d'un des trois hommes restants, mais qui n'était ni celle de l'homme qui servait de cocher, ni celle l'homme qui se trouvait près de lui.

— Ma main ! pourquoi faire? demanda M. Jackal.

— Ce n'est pas la vôtre que nous demandons; c'est celle de votre imbécile de cocher, qui, prêt à se séparer de vous pour ne vous revoir jamais peut-être, vient vous faire ses adieux.

— Comment! Le pauvre homme! s'écria M. Jackal, va-t-il donc lui arriver malheur?

— A lui? Quel malheur voulez-vous qu'il lui arrive? Non point : on va le conduire bien poliment jusqu'à un endroit convenu, et, là, on l'autorisera à enlever son bandeau.

— Mais, alors, que signifie ce que vous me disiez tout à l'heure, que cet homme ne me reverrait peut-être jamais?

— Cela veut dire que ce n'est pas absolument à lui qu'il est nécessaire qu'il arrive malheur, pour qu'il ne vous revoie pas.

— Ah! en effet, dit M. Jackal, comme nous sommes deux...

— Justement. Le malheur ne peut arriver qu'à vous.

— Ouais! fit M. Jackal; et il faut absolument que ce garçon me quitte?

— Il le faut.

— Cependant, s'il m'était permis de manifester un désir, ce serait de garder ce garçon près de moi, quel que fût le résultat de tout ceci.

— Monsieur, répondit l'inconnu, ce n'est pas à un homme comme vous que j'apprendrai quelque chose de nouveau en lui disant que, quel que soit le résultat de tout ceci, — et il appuya sur les derniers mots, — nous n'avons pas besoin de témoins.

Ces paroles, et surtout le ton avec lequel elles étaient dites, firent tressaillir M. Jackal. C'est toujours une mauvaise aventure que celle où l'on se prive de témoins. Que d'accusés dangereux il avait vu exécuter la nuit, hors barrière, dans un fossé, derrière un mur, au coin d'un bois, sans témoins!

— Allons, dit-il, puisqu'il faut absolument nous séparer, mon pauvre garçon, voilà ma main.

Le cocher baisa la main de M. Jackal, et, en lui baisant la main, lui dit :

— Serait-ce bien indiscret de rappeler à monsieur que mon mois expire demain?

— Ah! double drôle! dit M. Jackal, voilà ce qui te préoccupe en ce moment? Messieurs, permettez que j'ôte ce bandeau, afin que je lui paye ses gages rubis sur l'ongle.

— Inutile, monsieur, dit l'inconnu ; je vais les lui payer. Tiens, dit-il au cocher, voilà cinq louis pour ton mois.

— Monsieur, dit le cocher, il y a trente francs de trop.

— Tu les boiras à la santé de ton maître, dit une voix railleuse que M. Jackal reconnut pour celle qui avait déjà parlé une fois.

— Voyons, assez, dit le voisin de M. Jackal ; refermez cette portière, et continuons notre route.

La portière se referma, et la voiture repartit toujours du même train.

Nous n'analyserons pas plus longtemps les impressions du voyage nocturne de M. Jackal.

A partir de ce moment, quelque question qu'il adressât à son compagnon de route, il ne fut répondu qu'avec un laconisme si effrayant, qu'il préféra garder le silence ; mais mille fantômes l'assaillirent, et plus la voiture roula rapidement, plus ses craintes augmentèrent. Il en résulta qu'après avoir passé de l'inquiétude à la crainte, de la crainte à la peur, et de la peur à l'effroi, il passa de l'effroi à la terreur en entendant son compagnon lui dire, au bout d'une demi-heure de course effrénée :

— Nous sommes arrivés.

La voiture s'arrêta en effet ; mais, au grand étonnement de M. Jackal, on n'ouvrit pas la portière.

— Ne disiez-vous pas, monsieur, que nous étions arrivés ? se hasarda de demander M. Jackal à son voisin.

— Oui, répondit celui-ci.

— Mais, alors, pourquoi ne nous ouvre-t-on pas la portière ?

— Parce qu'il n'est pas encore temps qu'on nous l'ouvre.

Il entendit descendre le second fardeau qui avait été chargé sur la voiture, et, à son frôlement prolongé le long de la capote de la voiture, il se confirma dans l'idée que ce devait être une échelle.

C'était une échelle, en effet, que celui des hommes masqués qui avait remplacé le cocher venait de dresser contre une maison.

L'échelle atteignait juste à la hauteur d'une fenêtre du premier étage.

L'échelle dressée, celui qui venait d'accomplir cette manœuvre ouvrit la porte et dit en allemand :

— C'est fait.

— Descendez, monsieur, dit le compagnon de banquette de M. Jackal; on vous tend la main.

M. Jackal descendit sans objection.

Le faux cocher lui prit la main, le soutint tandis qu'il descendait le marchepied, et le conduisit à deux pas de l'échelle.

Le voisin de M. Jackal était descendu après lui et le suivait par derrière.

Là, pour que M. Jackal ne se crût point abandonné, il lui posa la main sur l'épaule.

L'autre inconnu était déjà au haut de l'échelle et coupait avec un diamant un carreau à la hauteur de l'espagnolette..

Le carreau coupé, il passa son bras par le trou et ouvrit la fenêtre.

Après quoi, il fit signe à son compagnon resté en bas.

— Vous avez une échelle devant vous, dit celui-ci; montez.

M. Jackal ne se le fit pas dire deux fois; il leva le pied et sentit le premier échelon.

— Vous êtes plus que jamais un homme mort, continua le même, si vous poussez le plus léger cri.

M. Jackal fit signe de la tête qu'il comprenait.

Puis, à lui-même :

— Allons, dit-il, mon sort va se décider, et je touche au dénoûment.

Ce qui ne fit que le convier à monter en silence et exactement les échelons; manœuvre qu'il exécuta comme s'il avait eu l'usage de ses deux yeux et que l'on eût été en plein midi, tant l'escalade lui était chose naturelle.

Arrivé au haut de l'échelle, après avoir, à tout hasard, compté dix-sept échelons, il fut reçu par l'homme qui avait ouvert la fenêtre, lequel, lui prenant généreusement le bras, lui dit :

— Enjambez.

M. Jackal était d'une docilité exemplaire.

Il enjamba.

Derrière lui, l'homme qui le suivait en fit autant.

Alors, celui qui les avait précédés et qui, sans doute, n'avait eu d'autre but, en les précédant, que de leur frayer le chemin, et d'aider M. Jackal à accomplir son escalade, redescendit, replaça l'échelle sur la capote de la voiture, que M. Jackal, de plus en plus terrifié, entendit repartir au grand galop.

— Me voilà enfermé, songea-t-il; seulement, où et dans quoi? Ce n'est point dans une cave, à coup sûr, puisqu'il m'a fallu monter dix-sept échelons. La situation se tend de plus en plus.

Puis, à son compagnon :

— Serait-ce indiscret, demanda M. Jackal, de m'informer auprès de vous si nous touchons au terme de notre petite promenade?

— Non, répondit une voix qu'il reconnut pour celle de son voisin de droite, qui paraissait s'être décidément constitué son garde du corps.

— Avons-nous encore beaucoup de chemin à faire?

— Dans trois quarts d'heure, à peu près, nous serons arrivés.

— Nous allons donc remonter en voiture?

— Non.

— Alors il s'agit d'une promenade à pied?

— Justement.

— Ah! ah! songea M. Jackal en lui même, voilà qui devient moins clair que jamais. Trois quarts d'heure de promenade à pied dans un appartement, au premier étage! si vaste et si pittoresque que soit un appartement, une promenade de trois quarts d'heure doit y devenir monotone. Tout ceci est de plus en plus étrange; où allons-nous en venir?

En ce moment, M. Jackal vit comme une lueur à travers le mouchoir qui lui bandait les yeux; ce qui lui donna à penser que son compagnon avait rallumé sa lanterne.

Puis il sentit qu'on lui prenait le bras.

— Venez, lui dit son guide.

— Où allons-nous? demanda M. Jackal.

— Vous êtes bien curieux, répondit son guide.

— Soit, je m'exprime mal, répondit le chef de police; je voulais dire : Comment allons-nous?

— Parlez plus bas, monsieur, répondit la voix.

— Oh! oh! il paraît que nous sommes dans une maison habitée, réfléchit-il.

Puis il ajouta sur le même ton que son interlocuteur,

c'est-à-dire plus bas, ainsi que la chose lui était recommandée :

— J'ai voulu vous demander, monsieur, comment nous allions, c'est-à-dire sur quel terrain nous allions marcher, si nous allions monter encore ou descendre ?

— Nous allons descendre.

— C'est bien ; il s'agit seulement de descendre ; descendons.

M. Jackal essayait de prendre un ton enjoué pour paraître de sang-froid ; mais, au fond du cœur, il n'était rien moins que rassuré ; son pouls battait démesurément, et il songeait, au milieu de l'obscurité qui l'enveloppait de toutes parts, à ceux qui voyagent librement, à la lueur des sereines clartés de la lune, *per amica silentia lunæ*, comme dit Virgile.

Il faut ajouter que ce retour vers la mélancolie ne fut que passager.

D'autant plus qu'un fait vint distraire M. Jackal.

Il lui sembla qu'un bruit de pas s'approchait de lui ; puis qu'à voix basse, son guide échangeait quelques paroles avec un nouveau venu ; puis que ce nouveau venu, qu'on avait sans doute attendu comme guide dans le labyrinthe où l'on s'engageait, ouvrait une porte et descendait les premières marches d'un escalier.

Il n'y eut plus de doute quand le compagnon de M. Jackal lui eut dit :

— Prenez la rampe, monsieur.

M. Jackal prit la rampe et descendit.

Comme il avait compté les échelons en montant, il compta les marches en descendant.

Il y avait quarante-trois marches.

Ces quarante-trois marches conduisaient à une cour pavée.

Dans cette cour, il y avait un puits.

L'homme qui tenait la lanterne se dirigea vers le puits ; M. Jackal, conduit par son compagnon, le suivit.

Arrivé au puits, l'homme à la lanterne se pencha sur la margelle et cria :

— Y êtes-vous, là-bas ?

— Oui, répondit une voix qui fit frissonner M. Jackal, tant elle semblait venir des profondeurs de la terre.

L'homme à la lanterne posa alors sa lumière sur la margelle, prit le bout de la corde, le tira vers lui avec le mouvement d'un homme qui amène un seau d'eau; seulement, au lieu d'un seau d'eau, il amena un panier assez grand pour recevoir une ou même deux personnes.

Mais, si doucement que le compagnon eût tiré le panier du puits, la poulie, qui, selon toute probabilité, n'avait pas été graissée depuis longtemps, s'était mise à geindre plaintivement.

M. Jackal reconnut parfaitement le cri de l'engin, et une sueur froide commença de lui parcourir tout le corps.

Il n'eut pas le temps, toutefois, de maîtriser ses émotions, quelque désir qu'il en eût; car à peine le panier avait-il touché le sol, qu'il s'était trouvé fourré dedans, enlevé de terre, balancé dans le vide, puis introduit dans le puits avec une dextérité et une agilité qui pouvaient lui faire croire qu'il avait affaire à des mineurs.

M. Jackal ne put s'empêcher de pousser un son qui ressemblait à une plainte.

— Malheur à vous si vous criez! dit la voix bien connue de son compagnon; je vous lâche.

Cet avertissement fit frissonner M. Jackal, mais il le fit taire en même temps.

— Après tout, se dit-il, si leur intention était de me jeter dans un puits, ils ne se donneraient pas la peine de me menacer, ils ne me feraient pas descendre dans un panier. Mais où diable me mènent-ils à travers cet absurde chemin? Au fond d'un puits, je ne vois guère que de l'eau.

Puis, tout à coup, illuminé en se rappelant sa descente dans le Puits-qui-parle:

— Non, dit-il, non, je me trompe en disant qu'il n'y a pas autre chose que de l'eau au fond d'un puits: il y a encore ces souterrains vastes et accidentés que l'on appelle les catacombes. C'est pour me dérouter que l'on me fait faire tous ces tours et tous ces détours; mais, si c'est pour me dérouter, je ne cours pas danger de la vie: on n'a pas besoin de dérouter un homme qu'on va tuer, on n'a pas dérouté Brune, on n'a pas dérouté Ney, on n'a pas dérouté les quatre sergents de la Rochelle. Ce qu'il y a de plus clair dans tout cela, c'est que je suis aux mains des carbonari. Mais dans quel but m'ont-ils enlevé?... Ah! l'arrestation de Salvator. Toujours! Diable de Salvator ! Maudit Gérard !

Et, tout en faisant ces observations, M. Jackal, blotti dans son panier et se cramponnant des deux mains à la corde, descendait au fond du puits, tandis que, gouverné par ceux qui étaient demeurés dans la cour, un panier, contenant des pierres d'un poids égal au sien, remontait à l'ouverture.

Au même instant, du haut, on poussa un cri, auquel, du bas, presque aux oreilles de M. Jackal, répondit un autre cri.

Le premier signifiait: « Le tenez-vous? » et le second cri : « Nous le tenons. »

En effet, M. Jackal venait de toucher terre.

On le fit sortir de son panier, qui remonta et redescendit deux fois, et, chaque fois qu'il redescendit, amena à M. Jackal un de ses gardes du corps.

CVIII

Où M. Jackal sait enfin à quoi s'en tenir et reconnaît que les forêts vierges de l'Amérique sont moins dangereuses que les forêts vierges de Paris.

On se mit en marche à travers les longs et immenses souterrains dont nous avons déjà donné la description dans un de nos précédents volumes.

La marche fut lente à travers les mille et un détours que les compagnons de M. Jackal, volontairement ou involontairement, lui firent faire; elle dura trois quarts d'heure qui parurent des siècles au prisonnier, tant la fraîcheur humide des souterrains, tant le pas mesuré et le silence absolu de ses conducteurs faisaient de cette marche nocturne une marche funèbre.

Arrivée devant une porte basse, la petite troupe s'arrêta.

— Sommes-nous arrivés? demanda avec un soupir M. Jackal, qui commençait à croire que le mystère profond dont on entourait son enlèvement recélait un très-grand danger.

— Dans un instant, répondit une voix qu'il entendait pour la première fois.

Celui qui avait dit ces mots ouvrit la porte, par laquelle passèrent deux des compagnons de M. Jackal.

Puis un troisième, prenant le bras de M. Jackal :

— Nous montons, dit-il.

Et, en effet, M. Jackal sentit qu'il buttait contre la première marche d'un escalier.

Il n'avait pas monté la troisième, que la porte qui venait de lui donner passage se referma derrière lui.

M. Jackal, toujours précédé et suivi de ses gardes du corps, monta quarante degrés.

— Bon! dit-il, on me reconduit dans l'appartement du premier, toujours pour me faire perdre la trace.

Mais, cette fois, M. Jackal se trompait, et il s'en aperçut bientôt, quand, arrivé sur un plateau de terre ferme, il put humer un air frais, doux et parfumé qui lui entra dans la poitrine vif et rafraîchissant comme un parfum des bois.

Il fit alors une dizaine de pas sur une herbe molle, et la voix si connue de son voisin lui dit :

— Maintenant, vous êtes arrivé et vous pouvez ôter votre bandeau.

M. Jackal ne se le fit pas dire deux fois, et, d'un mouvement si rapide, qu'il trahissait plus d'émotion qu'il n'en voulait faire paraître, il arracha le bandeau.

Un cri d'étonnement lui échappa en voyant le spectacle qu'il avait sous les yeux.

Il se trouvait le centre d'un cercle formé par une centaine d'hommes qui, eux-mêmes, formaient le centre d'un cercle indéfini formé par une forêt.

Il regarda autour de lui et fut stupéfait, anéanti.

Il chercha à reconnaître un visage parmi tous ces visages éclairés en haut par la lune, et en bas par une vingtaine de torches fichées en terre.

Mais tous ces visages lui étaient inconnus,

En outre, où était-il? Il n'en savait absolument rien.

Il ne connaissait pas, à dix lieues aux environs de Paris, un endroit aussi sauvage que celui dans lequel il se trouvait.

Il chercha un point de repère, un horizon à cette forêt; mais la vapeur qui s'élevait des torches, mêlée à la brume qui estompait les arbres, formait un rideau de brouillard que le regard de M. Jackal lui-même ne pouvait percer.

Ce qui le frappa surtout, ce fut le morne silence qui régnait autour de lui, au-dessus de lui et pour ainsi dire sous lui, — silence qui eût fait de tous ces personnages une assemblée de fantômes, si les éclairs qui jaillissaient dans l'ombre des yeux de chacun ne lui eussent rappelé ces paroles, qui, d'une manière si lugubre, avaient vibré à son oreille : « Nous ne sommes pas des voleurs! nous sommes des ennemis. »

Et, de ces ennemis, nous l'avons dit, à vue d'œil, il en comptait une centaine, et se trouvait au centre de ses cent ennemis, et au milieu de la nuit, au milieu d'une forêt!

M. Jackal était, on le sait, un grand philosophe, un grand voltairien, un grand athée, trois mots différents qui signifient à peu près la même chose; et cependant, disons-le à sa honte ou à sa louange, en ce moment solennel, il fit un effort suprême pour se recueillir, et, les yeux levés au ciel, il recommanda son âme à Dieu!

Nos lecteurs ont sans doute reconnu le lieu où M. Jackal avait été conduit, et, si M. Jackal, malgré ses efforts, n'arrivait point à le reconnaître, disons naïvement que cela tenait à ce que, quoique le lieu fût situé dans l'intérieur de Paris, il ne l'avait jamais vu.

C'était, en effet, la forêt vierge de la rue d'Enfer, moins verdoyante, sans doute, que pendant cette nuit de printemps où nous y sommes entrés pour la première fois, mais non moins pittoresque à cette époque avancée de l'automne et à cette heure de la nuit.

C'est de là qu'étaient partis Salvator et le général Lebastard de Prémont pour arracher Mina aux bras de M. de Valgeneuse; c'est là qu'ils s'étaient donné rendez-vous pour arracher M. Sarranti au bras du bourreau.

Seulement, nous avons vu comment Salvator manquait au rendez-vous et y était remplacé par M. Jackal.

Nous connaissons donc, au visage près, quelques-uns des personnages qui sont assemblés dans la maison déserte.

C'est la *venta* des carbonari, renforcée à cette occasion de quatre autres ventes, et à laquelle, dans la nuit du 24 mai, le général Lebastard de Prémont était venu demander aide et protection pour délivrer son ami.

On se souvient de la réponse des carbonari à cette occasion ; nous l'avons dite dans le chapitre intitulé : *Aide-toi, le ciel t'aidera*. C'était un refus complet, absolu, unanime, de prendre une part quelconque à la délivrance du prisonnier. Nous nous trompons quand nous disons un refus unanime : un seul sur vingt, Salvator, avait offert son aide au général.

On sait ce qui s'ensuivit.

On se souvient aussi de la raison rigoureuse, quoique juste, par laquelle le tribunal avait motivé le sévère arrêt ; mais, de peur que nos lecteurs ne l'aient oubliée, nous allons en remettre le texte même sous leurs yeux.

L'orateur chargé de porter la parole au nom des frères, avait dit :

« C'est à regret que je vous fais cette réponse ; mais, à moins de preuves *évidentes, irrécusables, patentes, lumineuses* de l'innocence de M. Sarranti, l'avis de la majorité est que nous ne saurions prêter la main à une entreprise ayant pour but de soustraire à la loi celui que la loi a *justement* condamné. Je dis *justement*, entendez-moi bien, général, jusqu'à preuve du contraire. »

Or, le matin de ce jour, méditant son expédition de Vanvres, Salvator avait passé chez le général Lebastard de Prémont. Il ne l'avait pas trouvé et lui avait laissé cette instruction :

« Il y a réunion ce soir, à la forêt vierge ; allez-y, et dites aux frères que nous avons la preuve de l'innocence de M. Sarranti ; que cette preuve, je l'apporterai vers minuit.

» Cependant, dès neuf heures du soir, embusquez-vous avec une dizaine d'hommes dévoués aux environs de la rue de Jérusalem ; vous me verrez entrer à la police ; jusque-là, je suis sûr de tout ; mais, une fois dans l'intérieur de la préfecture, — quoique je doute que M. Jackal ait cette audace, me connaissant comme il me connaît, — je puis être arrêté.

» Si à dix heures je ne suis pas sorti, c'est que je serai prisonnier.

» Mais ma capture même nécessitera, de la part de M. Jackal, certaines démarches qui amèneront sa sortie.

» Prenez vos mesures comme un homme habitué à dresser des embuscades; emparez-vous de M. Jackal et du cocher; débarrassez-vous du cocher comme vous pourrez, et, à travers des chemins assez compliqués pour qu'il perde toute piste, conduisez M. Jackal à la forêt vierge.

» Une fois rendu à la liberté, je me charge de lui. »

On a vu que le général Lebastard de Prémont, — car c'était le général Lebastard de Prémont qui était le voisin de droite de M. Jackal; — on a vu, disons-nous, que le général Lebastard de Prémont, aidé de ses amis, avait exécuté de point en point les recommandations de Salvator.

La vente, ou plutôt les cinq ventes, réunies ce soir-là pour se concerter à l'endroit des élections, avaient été informées, dès dix heures du soir, par un messager du général, de l'arrestation de Salvator, de l'innocence de M. Sarranti et de la nécessité où l'on se trouvait d'enlever M. Jackal.

Une vente entière, c'est-à-dire vingt hommes avaient alors pris en un clin d'œil toutes les dispositions nécessaires pour que M. Jackal ne pût échapper, c'est-à-dire qu'outre les quatre hommes que M. Lebastard de Prémont avait mis à la préfecture, outre les trois qu'il avait emmenés avec lui au Cours-la-Reine, la vente serait échelonnée, quatre hommes par quatre hommes, le long de la rivière et au delà de la barrière de Passy.

Comme on le voit, M. Jackal ne pouvait guère échapper : aussi n'échappa-t-il point.

Nous l'avons suivi au milieu de tous les détours que, sur la recommandation de Salvator, on lui avait fait faire, et nous l'avons laissé au milieu du cercle des carbonari, attendant avec anxiété un arrêt qui, d'après les apparences, devait fort ressembler à une sentence de mort.

— Frères, dit le général Lebastard de Prémont d'une voix grave, vous avez devant vous l'homme que vous attendiez. Comme notre frère Salvator l'avait prévu, il a été arrêté; comme il l'avait ordonné, en cas d'arrestation, celui qui a eu l'audace de porter la main sur lui a été enlevé et est devant vous.

— Qu'il commence d'abord par donner l'ordre de remettre Salvator en liberté, dit une voix.

— Je l'ai fait, messieurs, s'empressa de dire M. Jackal.

— Est-ce vrai? demandèrent cinq ou six voix avec un empressement qui indiquait l'immense intérêt que chacun prenait à Salvator.

— Attendez, dit M. Lebastard de Prémont. C'est un très-habile homme, que celui sur lequel nous avons eu le bonheur de mettre la main; aussi, dès qu'il s'est vu notre prisonnier, s'est-il mis à songer, à part lui, pour quelle cause il était enlevé. Il est évident que cette idée s'est présentée à son esprit, qu'il répondait corps pour corps, tête pour tête, de notre ami, et que la première demande qu'on lui ferait, arrivé à destination, serait la liberté de Salvator. Il a donc voulu avoir le mérite de l'initiative, et a, en effet, comme il le dit, donné cet ordre; seulement, à mon avis, c'était avant de sortir de la préfecture qu'il devait le donner, et non pas une fois tombé entre nos mains.

— Mais, s'écria M. Jackal, ne vous ai-je pas dit, messieurs, que c'était par un simple, un pur oubli, que l'ordre n'avait pas été donné avant ma sortie de la préfecture.

— Oubli fâcheux, et que les frères apprécieront, dit le général.

— D'ailleurs, reprit la même voix qui avait déjà demandé au général si le chef de la police avait dit vrai, — d'ailleurs, vous n'êtes point ici, monsieur, pour répondre seulement de l'arrestation de Salvator. Vous êtes ici parce que nous avons mille griefs contre vous.

M. Jackal fit un mouvement pour répondre; mais l'orateur, lui imposant silence du geste:

— Je ne parle pas seulement des griefs politiques, continua-t-il; que vous aimiez la monarchie et que nous aimions la république, peu importe! vous avez le droit de servir un homme, comme nous avons celui de nous consacrer à un principe; ce n'est pas purement comme agent politique du gouvernement que vous êtes arrêté : c'est comme outrepassant les pouvoirs de votre charge, c'est comme faisant abus de ces pouvoirs. Il n'est pas de jour où une plainte contre vous ne soit remise au tribunal secret; il n'est pas de jour où quelque frère ne vienne demander vengeance contre vous. Depuis longtemps, monsieur, votre mort est donc décidée, et, si elle a été retardée jusqu'ici, c'est grâce à Salvator.

Le ton calme, la lenteur, la douceur triste avec lesquels ces paroles avaient été prononcées par l'orateur produisirent sur M. Jackal un aussi terrible effet que s'il eût entendu retentir le buccin de l'ange exterminateur. Il avait mille observations à faire ; il était éloquent à ses heures, et sa dernière heure arrivée, à l'improviste et bien avant le temps, était certes une magnifique occasion de déployer son éloquence. Cependant la pensée ne lui vint même pas de l'essayer, tant le silence solennel qui régnait parmi les assistants faisait de cette nombreuse assemblée une solitude imposante et terrible.

Ce silence que gardait M. Jackal donna à un autre orateur le loisir de prendre la parole qu'il ne réclamait pas.

— L'homme que vous avez fait arrêter, dit-il, bien que vous lui deviez dix fois la vie, nous est cher entre tous, monsieur, et, pour le fait seul de cette arrestation, pour avoir porté la main sur cet homme, qu'à tant de titres vous deviez estimer et respecter, vous avez mérité la mort. C'est donc votre mort que nous allons mettre en délibération. On va vous apporter une table, du papier, des plumes et de l'encre, et, si, pendant cette délibération que vous pouvez regarder comme suprême, vous avez quelques dispositions testamentaires à prendre, quelques volontés dernières à faire exécuter, quelques legs à laisser à vos proches et à vos amis, consignez vos désirs, et nous vous engageons tous sur l'honneur notre parole qu'ils seront ponctuellement exécutés.

— Mais, s'écria M. Jackal, pour faire un testament valable, il faut un notaire ; il en faut même deux.

— Pas pour un testament olographe, monsieur. Vous le savez, le testament olographe, écrit tout entier de la main du testateur, est le plus inattaquable des testaments, quand le signataire est sain de corps et d'esprit. Or, il y a ici cent témoins qui, au besoin, attesteront qu'au moment où votre testament a été écrit et signé, vous étiez on ne peut plus sain d'esprit et de corps. Voici la table, l'encre, le papier et les plumes ; écrivez, monsieur, écrivez. Nous, pour ne point vous troubler, nous nous retirons.

L'orateur fit un signe, et, comme si la foule n'eût attendu que ce signe, à peine avait-il été fait, que tous ces hommes, reculant d'un mouvement égal, se retirèrent et disparurent dans le bois comme par enchantement.

M. Jackal se trouva seul en face de la table et ayant une chaise à la portée de sa main.

Il n'y avait plus à douter : le papier qu'il avait devant lui était du papier timbré, ces hommes qui se retiraient ne se retiraient que pour délibérer sur sa mort.

C'était enfin un vrai testament qu'il s'agissait de faire.

M. Jackal le comprit et se gratta la tête en disant :

— Diable! diable! l'affaire est encore plus mauvaise que je ne le croyais.

Et, cependant, à quoi M. Jackal songea-t-il tout d'abord, et dès qu'il eut conscience de sa fin ? A faire son testament ? Non. Au bien qu'il eût pu faire et au mal qu'il avait fait ? Non. A Dieu ? Non. Au diable ? Non.

Il songea tout simplement à prendre une prise de tabac, la prit lentement, la huma sensuellement, la savoura voluptueusement, et, après avoir refermé la tabatière du bout de son doigt, il répéta, toujours à part lui :

— Certainement, l'affaire est encore plus mauvaise que je ne le croyais.

Ce fut à ce moment qu'il songea avec amertume que les forêts vierges d'Amérique, avec leurs pumas, leurs jaguars et leurs serpents à sonnettes, étaient cent fois moins dangereuses que la forêt fantastique dans laquelle il se trouvait.

Que faire, cependant ? Faute de mieux, il regarda sa montre.

Mais il n'eut pas même la joie de savoir l'heure ; sa montre, que, dans ses préoccupations de la veille, il avait oublié de remonter, était arrêtée.

Enfin, il regarda le papier, la plume et l'encre, et machinalement s'assit sur la chaise et s'accouda sur la table.

Ce n'était point que M. Jackal fût décidé à faire son testament ; non, peu lui importait de mourir après avoir fait son testament ou de mourir intestat! mais les jambes lui manquaient tout simplement.

Aussi, au lieu de prendre la plume et de tracer sur le papier des caractères quelconques, laissa-t-il tomber sa tête sur ses deux mains.

Il resta un quart d'heure ainsi absorbé dans ses pensées et complètement étranger à ce qui se passait autour de lui.

Il ne sortit de sa préoccupation qu'en sentant la pression d'une main sur son épaule.

Il tressaillit, releva la tête et se retrouva au milieu du cercle.

Seulement, les fronts étaient plus sombres, les regards plus flamboyants.

— Eh bien? dit à M. Jackal l'homme qui lui avait touché l'épaule.

— Que me voulez-vous? demanda le chef de police.

— Votre intention est-elle, oui ou non, de faire votre testament?

— Mais encore me faut-il le temps de l'écrire.

L'inconnu tira sa montre; moins préoccupé que M. Jackal, il l'avait remontée, de sorte qu'elle allait.

— Il est trois heures dix minutes du matin, dit-il; vous avez jusqu'à trois heures et demie: c'est vingt minutes, à moins que vous ne préfériez en finir tout de suite, auquel cas on ne vous fera pas attendre.

— Non pas, non pas! s'écria M. Jackal réfléchissant à la somme d'événements qui pouvaient s'accomplir en vingt minutes. J'ai, au contraire, des choses de la plus haute importance à consigner dans cet acte suprême; si importantes, que je doute que vingt minutes soient suffisantes.

— Il faudra cependant qu'elles suffisent, attendu qu'il ne vous est pas accordé une seconde de plus, dit l'homme à la montre, en posant la montre sur la table, devant les yeux de M. Jackal.

Puis il se retira et alla reprendre sa place dans le cercle.

M. Jackal jeta les yeux sur la montre: une minute sur les vingt était déjà écoulée. Il lui sembla que la montre précipitait ses battements, et que l'aiguille marchait d'un mouvement visible à l'œil.

Un nuage obscurcit sa vue.

— Eh bien, vous n'écrivez pas? dit l'homme à la montre.

— Si fait, si fait, répondit M. Jackal.

Et, pressant convulsivement la plume, il commença à écrire.

Se rendait-il bien compte de ce qu'il écrivait? C'est ce que nous ne saurions dire; car le sang commençait à lui monter à la tête. Il sentait des bouillonnements à ses tempes, comme un homme menacé d'apoplexie. Ses pieds, tout au contraire, lui semblaient se refroidir avec une rapidité effrayante.

Au reste, pas un souffle ne s'exhalait de la poitrine des hommes, pas un murmure ne descendait des branches des arbres, pas un oiseau, pas un insecte, pas un brin d'herbe ne bougeait.

On n'entendait que le grincement de la plume qui courait sur le papier et qui, par moment, le déchirait, tant la main qui conduisait cette plume était nerveuse, fébrile et démesurément agitée.

M. Jackal, comme pour se reposer de ce travail, leva la tête et regarda, ou plutôt essaya de regarder autour de lui; mais il baissa les yeux sur son papier, épouvanté par la sombre énergie qui était empreinte sur tous les visages qui l'entouraient.

Seulement, M. Jackal cessa d'écrire.

L'homme à la montre s'approcha alors et dit:

— Il faut en finir, monsieur: les vingt minutes sont écoulées.

M. Jackal frissonna; il objecta qu'il faisait froid, qu'il n'avait pas l'habitude de travailler en plein air, surtout la nuit; que sa main tremblait, comme on pouvait le remarquer, et que, vu la circonstance, il réclamait l'indulgence de l'assemblée; enfin, il accumula toutes les mauvaises raisons que l'on trouve au moment de la mort pour reculer de quelques secondes l'instant suprême.

— Vous avez cinq minutes, dit en rentrant dans les rangs l'homme qui s'était avancé.

— Cinq minutes! s'écria M. Jackal; y songez-vous? pour faire un testament, pour l'écrire, le signer, le parafer, le relire, le collationner!... cinq minutes pour un travail qui demanderait un mois, et une parfaite tranquillité d'esprit! — Franchement, messieurs, avouez-le, ce n'est pas raisonnable!

Les carbonari le laissèrent parler; puis l'homme à la montre, se rapprochant et jetant les yeux sur son chronomètre:

— Les cinq minutes sont écoulées, dit-il.

M. Jackal poussa un cri.

Le cercle se resserra si étroitement, qu'il sembla à M. Jackal qu'il étouffait dans cette muraille vivante.

— Signez ce testament, dit l'homme à la montre, et finissons-en, s'il vous plaît.

— Nous avons des affaires plus pressées et plus importantes que la vôtre, dit un second carbonaro.

— Et il y a déjà bien du temps de perdu, dit un troisième.

L'homme à la montre présenta la plume à M. Jackal.

— Signez, dit-il.

M. Jackal prit la plume et signa tout en protestant.

— Est-ce fait? demanda-t-on.

— Oui, dit l'homme à la montre.

Puis, à M. Jackal:

— Monsieur, ajouta-t-il, au nom de tous les frères ici présents, je jure devant Dieu que votre testament sera religieusement respecté, et que vos dernières volontés seront ponctuellement exécutées.

— Venez, dit un des hommes qui n'avait pas encore prononcé une parole, et que, vu ses proportions athlétiques, on pouvait prendre sans se tromper pour l'homme chargé par ce tribunal secret de faire les fonctions d'exécuteur. Venez !

Puis, saisissant vigoureusement M. Jackal par le collet, il l'entraîna et le fit passer à travers le cercle, qui s'ouvrit pour laisser sortir la victime et le bourreau.

M. Jackal avait déjà fait, ainsi entraîné par le colosse, huit ou dix pas dans le bois, et il apercevait, dans la pénombre, à la branche d'un arbre, une corde se balançant au-dessus d'une fosse fraichement creusée, lorsque deux hommes qui venaient du fond du bois apparurent tout à coup et lui barrèrent le passage.

CIX

Où différents moyens de sauver M. Sarranti sont soumis à l'approbation de M. Jackal.

Au moment où M. Jackal voyait se balancer, liane sinistre, la corde qui allait être, ainsi que l'eût dit M. Prudhomme, non pas le plus beau, mais le dernier jour de sa vie; au moment où, vigoureusement saisi au collet et enlevé du sol, il allait se voir passer autour du cou le nœud fatal; au dernier moment enfin, deux hommes, comme nous l'avons dit, apparurent brusquement, sortant on ne sait d'où, de terre sans doute, mais de quel côté? c'est ce que personne n'eût pu dire, et surtout M. Jackal, qui, on le comprend bien, ne jouissait pas en cet instant de sa présence d'esprit coutumière.

L'un des deux hommes étendit la main et prononça ce seul mot :

— Arrêtez !

A ce mot, le frère qui pour le moment était chargé du rôle d'exécuteur, — et qui n'était autre que notre ami Jean Taureau, — lâcha M. Jackal, lequel retomba sur ses pieds, et poussa un cri de joie et de surprise en reconnaissant Salvator dans l'homme qui avait dit : « Arrêtez ! »

C'était Salvator, en effet, suivi du frère que le général Lebastard de Prémont avait expédié, avec le mot du chef de police, pour faire mettre Salvator en liberté.

— Ah ! cher monsieur Salvator, s'écria M. Jackal transporté de reconnaissance, je vous dois la vie !

— Et c'est la seconde fois, autant que je puis me le rappeler, répondit sévèrement le jeune homme.

— La seconde, la troisième, se hâta de dire M. Jackal, je l'avoue à la face du ciel, en présence de cet instrument de supplice. Mettez ma reconnaissance à l'épreuve, et vous verrez si je suis ingrat.

— Soit, et à l'instant... Chez les hommes comme vous, monsieur Jackal, il ne faut pas donner à ces sortes de sentiments le temps de se refroidir. Suivez-nous, s'il vous plaît.

— Oh! avec plaisir, dit M. Jackal en jetant un dernier regard sur la fosse et sur la corde qui se balançait au-dessus d'elle.

Et il emboîta le pas derrière Salvator, non sans avoir légèrement frissonné en passant devant Jean Taureau, lequel ferma la marche, comme pour indiquer à M. Jackal qu'il n'en avait pas encore tout à fait fini avec cette corde et cette fosse dont on s'éloignait.

Au bout de quelques secondes, ils arrivèrent à l'endroit où M. Jackal avait fait tant de façons pour écrire son testament.

Les carbonari étaient toujours réunis et causaient à voix basse.

Le groupe s'entr'ouvrit et donna passage à Salvator, suivi de Jean Taureau, qui ne le quittait pas plus que son ombre, — ombre terrible et qui glaçait de peur M. Jackal!

M. Jackal remarqua, à son grand chagrin, en voyant tous les yeux se fixer sur lui, et tous les fronts se plisser à sa vue, que sa présence, qui semblait être pour chacun un objet de surprise, ne paraissait être pour personne un sujet de satisfaction.

En effet, tous ces regards fixés sur lui exprimaient unanimement cette même pensée : « Pourquoi nous ramenez-vous ce personnage? »

— Oui, oui, je comprends parfaitement, mes frères, dit Salvator. Vous vous étonnez de revoir M. Jackal parmi vous, au moment où vous le croyiez sérieusement occupé de rendre son âme à Dieu ou au diable. Eh bien, voici le raisonnement que je me suis fait et auquel M. Jackal doit la vie, momentanément du moins, je ne veux pas m'engager : j'ai compris que M. Jackal mort ne pouvait plus nous servir à rien, tandis que M. Jackal vivant pouvait nous être d'une grande utilité, pour peu qu'il y mît de la bonne volonté, ce dont je ne doute pas, avec la connaissance que j'ai de son caractère. N'est-ce pas, monsieur Jackal, ajouta Salvator en se tournant vers lui, n'est-ce pas que vous allez y mettre toute la bonne volonté possible ?

— Vous avez répondu de moi, monsieur Salvator ; je ne vous ferai pas mentir, soyez tranquille ; cependant, je m'adresse à votre suprême équité pour ne me demander que des choses dans la mesure de mes moyens.

Salvator fit un signe de tête qui voulait dire : « Soyez tranquille. »

Puis, se tournant vers les carbonari :

— Frères, dit-il, puisque l'homme qui pouvait déjouer nos plans est devant nous, je ne vois pas pourquoi nous ne discuterions pas ces plans en sa présence ; M. Jackal est de bon conseil, et je ne doute pas qu'il ne nous remette dans le droit chemin si nous nous égarons.

M. Jackal approuva ces paroles en hochant affirmativement la tête.

Le jeune homme se retourna vers lui.

— L'exécution est-elle toujours fixée à demain ? lui demanda-t-il.

— A demain, répondit M. Jackal, oui.

— A demain, quatre heures ?

— Quatre heures, répéta M. Jackal.

— Bien, dit Salvator.

Puis, jetant un regard à droite et à gauche et s'adressant au compagnon de voyage de M. Jackal :

— Qu'avez-vous donc fait dans cette prévision, frère ?

— Voici, répondit le carbonaro : j'ai loué toutes les fenêtres du premier étage du quai Pelletier et toutes les fenêtres de la place de Grève, depuis les mansardes jusqu'au rez-de-chaussée.

— Mais, fit M. Jackal, vous en aurez eu pour une certaine somme !

— Pour une misère : cela me coûte cent cinquante mille francs.

— Continuez, frère, dit Salvator.

— J'ai quatre cents fenêtres, continua le carbonaro ; à trois hommes par fenêtre, c'est douze cents hommes ; j'en ai éparpillé quatre cents rue du Mouton, rue Jean-de-Lépine, rue de la Vannerie, rue du Martroy et rue de la Tannerie, c'est-à-dire dans toutes les issues qui débouchent sur la place de l'Hôtel-de-Ville ; deux cents autres seront échelonnés de la porte de la Conciergerie à la place de Grève ; chacun de ces hommes sera armé d'un poignard et de deux pistolets.

— Peste ! cela a dû vous coûter plus cher que vos quatre cents fenêtres.

— Vous vous trompez, monsieur, répondit le carbonaro : cela ne m'a rien coûté ; les fenêtres se louent, mais les cœurs se donnent.

— Continuez, dit Salvator.

— Voici comment le mouvement s'opérera, reprit le carbonaro. Les bourgeois, les badauds, les femmes, les enfants, à mesure que l'on avancera vers la place, seront refoulés du côté du quai de Gèvres et du pont Saint-Michel, par nos hommes, qui, sous aucun prétexte, ne laisseront entamer leurs rangs.

M. Jackal écoutait avec la plus grande attention et le plus grand étonnement.

— La charrette, continua le carbonaro, suivie d'un piquet de gendarmerie, sortira de la Conciergerie vers trois heures et demie, et se dirigera vers la place de Grève par le quai aux Fleurs ; il ne lui sera fait aucun obstacle jusqu'au bout du pont Saint-Michel ; là, un de mes Indiens se jettera sous les roues de la voiture et se fera écraser.

— Ah ! interrompit M. Jackal, j'ai l'honneur de parler, à ce qu'il paraît, à M. le général Lebastard de Prémont.

— A lui-même, répondit celui-ci ; vous vous doutiez donc que j'étais à Paris ?

— J'en avis la certitude... Mais faites-moi la grâce de continuer, monsieur. Vous disiez donc qu'un de vos Indiens se jetterait sous les roues de la voiture et se ferait écraser...

Et M. Jackal, profitant de l'interruption qu'il avait faite lui-même, fouilla à sa poche, en tira sa tabatière, l'ouvrit, aspira avec sa sensualité ordinaire une énorme prise de tabac, et écouta comme si, en s'encombrant le nez, il s'était ouvert les oreilles.

— A la vue de cet accident, qui fera jeter les hauts cris à la foule et détournera un instant l'attention de l'escorte, reprit le général, tout ce qu'il y aura d'hommes à la portée de la charrette la renversera en poussant un cri convenu qui fera sortir tous nos hommes des rues adjacentes et descendre tous ceux qui seront aux fenêtres ; supposez que sept ou huit cents me manquent, c'est donc à peu près mille hommes qui, en une minute, entoureront la voiture à droite, à gauche, devant, derrière, interceptant le passage. Les traits des chevaux coupés, la charrette renversée, dix hommes à cheval enlèveront le condamné ; je serai un de ces dix hommes. Je réponds d'une chose sur deux : ou de me faire tuer, ou d'enlever M. Sarranti. — Frère, acheva le général en se tournant vers Salvator, voilà mon projet ; le croyez-vous praticable ?

— Je m'en rapporte à M. Jackal, dit Salvator en se tournant vers le chef de police ; lui seul peut nous dire combien nous avons de chances de réussite ou de défaite. Donnez-nous donc votre opinion, monsieur Jackal, mais donnez-la-nous dans toute sa sincérité.

— Mon Dieu, monsieur Salvator, répondit M. Jackal, qui, en voyant le danger, non pas disparaître, mais s'éloigner, retrouvait un peu de son sang-froid, je vous jure sur ce que j'ai de plus cher au monde, c'est-à-dire sur ma vie, que, si je connaissais un moyen de sauver M. Sarranti, je vous le donnerais ; mais, malheureusement, c'est moi qui ai pris les mesures pour qu'il ne pût pas être sauvé ; il en résulte que je cherche ce moyen, ardemment, je vous en réponds, mais que j'ai beau appeler à mon aide toutes les ressources de mon imagination, que j'ai beau appeler à mon secours tous mes souvenirs d'évasion et d'enlèvement de prisonnier, je ne trouve rien, absolument rien.

— Pardon, monsieur, répondit Salvator ; mais vous vous écartez de la question, ce me semble : je ne vous demande pas un moyen de sauver M. Sarranti, je vous demande seulement si vous croyez bon celui du général.

— Permettez, cher monsieur Salvator, répliqua M. Jackal, il me semble, au contraire, que je réponds on ne peut plus catégoriquement à votre question ; vous dire que je ne trouve pas de moyen, c'est vous dire que je n'approuve pas celui de l'honorable préopinant.

— Et pourquoi cela ? demanda le général.

— Expliquez-vous, insista Salvator.

— C'est bien simple, messieurs, continua M. Jackal ; par le désir même que vous avez de délivrer M. Sarranti, vous pouvez juger du désir qu'a le gouvernement qu'on ne le lui enlève pas ; or, et c'est ici que je vous demande bien humblement pardon ; j'ai été chargé d'assurer l'exécution du condamné ; je m'y suis donc pris à l'avance, et j'ai fait un plan qui est tout à fait le frère du vôtre, frère ennemi, bien entendu.

— Nous vous pardonnons, c'était votre devoir ; mais, maintenant, dites-nous toute la vérité ; c'est votre intérêt.

— Eh bien, continua M. Jackal avec un peu plus d'assurance, quand j'ai appris l'arrivée en France du général Lebastard de Prémont, à la suite de l'évasion manquée du roi de Rome...

— Vous saviez depuis si longtemps que j'étais à Paris ? demanda le général.

— Je l'ai su un quart d'heure après votre arrivée, répondit M. Jackal.

— Et vous ne m'avez pas fait arrêter ?

— C'eût été, permettez-moi de vous le dire, général, l'enfance complète de l'art : en vous faisant arrêter à votre arrivée à Paris, j'ignorais ce que vous y veniez faire, ou je n'en savais que ce que vous voudriez bien m'en dire ; tandis qu'au contraire en vous laissant agir, je me mettais au courant de tout. Ainsi j'avais cru d'abord que vous veniez recruter pour le compte de Napoléon II. Je me trompais ; mais, grâce à la liberté que je vous ai laissée, j'ai su l'amitié qui vous unissait à M. Sarranti ; j'ai appris que vous étiez en relation avec M. Salvator ; j'ai été averti de la visite que vous aviez faite ensemble au parc de Viry ; quand j'ai su enfin que le général, affilié aux carbonari, à Florence, s'était fait recevoir maçon à la loge du Pot-de-Fer, je me suis dit que le général, par cette double relation et agissant au nom de M. Sarranti, pouvait mettre cinq cents, mille, deux mille hommes même sur pied pour sauver M. Sarranti ; vous voyez que je ne me suis trompé que de deux cents. Je me suis dit encore : Le général est riche comme un nabab, il va dévaliser tous nos armuriers ; mais, par les armuriers eux-mêmes, je saurai à quoi m'en tenir sur le nombre des armes, et, par conséquent, sur le nombre des hommes ; or, il a été acheté, à Paris, depuis huit jours, treize cents paires de pistolets et huit cents fusils de chasse, et, en mettant à cent paires de pistolets les pistolets achetés par le public, à deux cents fusils de chasse les fusils achetés par les chasseurs, restent six cents fusils et douze cents paires de pistolets pour vous : quant aux poignards, vous avez dû en acheter de huit à neuf cents.

— C'est bien cela, dit le général.

— Qu'ai-je fait alors? continua M. Jackal. Ce que vous eussiez fait à ma place. Je me suis dit : Le général va armer deux mille hommes, armons-en six mille. Un tiers de ces six mille hommes stationne depuis hier dans les caves de l'hôtel de ville ; deux autres mille sont entrés cette nuit à Notre-Dame, dont les portes seront fermées aujourd'hui toute la journée, pour cause de réparations. Enfin, deux autres mille, les deux derniers, qui auront l'air de traverser Paris pour se rendre à Courbevoie, feront halte sur la place Royale, et, à trois heures et demie, marcheront droit sur la place de Grève ; vous voyez que vos dix-huit cents hommes seront pris comme dans un filet par mes six mille hommes. Voilà mon objection, général, comme stratégiste et comme philanthrope. Comme stratégiste, je vous bats ; j'ai l'avantage des armes, du drapeau, de l'uniforme, du ralliement, enfin. Comme philanthrope, je vous dis : Vous risquez une tentative inutile, qui ne peut être qu'une échauffourée, puisqu'elle est prévue ; en outre, — et ceci vaut bien la peine que vous y pensiez, monsieur Salvatur, — en outre, vous manquez vos élections. Les bourgeois, à qui vous aurez fait peur, et qui, pendant quatre jours, auront eu leurs boutiques fermées, se retireront de vous ; les royalistes crieront que Napoléon II s'entend avec les jacobins, et que tous les bons citoyens doivent se réunir contre la Révolution... Voilà, je crois, quelles seront les conséquences de cette catastrophe. Faites maintenant de mon avis ce que vous voudrez ; mais, du fond de mon cœur, je vous avertis que cet expédient ne sauve pas M. Sarranti et vous perd à tout jamais, d'autant plus que ce que vous aurez essayé de faire, vous ne l'aurez pas fait pour un bonapartiste ou un républicain ; vous l'aurez fait pour un assassin et un voleur. Le procès est là.

Salvator et le général Lebastard de Prémont échangèrent un regard qui fut compris par tous les carbonari.

— Vous avez raison, monsieur Jackal, dit Salvator. Et, bien que vous soyez l'unique cause de tout le mal qui pourrait nous arriver, je ne vous en remercie pas moins, au nom des frères présents et des frères absents. Quelqu'un a-t-il à présenter un plan meilleur? demanda-t-il en interrogeant des yeux tout le cercle.

Personne ne répondit.

M. Jackal poussa un profond soupir; il était véritablement au désespoir.

Ce désespoir semblait partagé par la meilleure partie des carbonari.

Salvator seul conservait son inaltérable sérénité.

Comme l'aigle plane au-dessus des nuages, il semblait planer au-dessus des destinées humaines.

CX

Où le moyen est trouvé.

Après un instant de silence, on entendit en quelque sorte descendre des hauteurs où il semblait planer, la voix de Salvator.

— Il y a pourtant un moyen, monsieur Jackal, dit-il.

— Bah! et lequel? demanda celui-ci, qui semblait profondément étonné qu'il y eût un moyen et qu'il ne l'eût pas trouvé.

— Un moyen tout simple, continua Salvator, et c'est pour cela que vous n'y avez pas songé, sans doute.

— Alors, dites vite, fit M. Jackal, qui semblait plus pressé de le connaître qu'aucun de ceux qui écoutaient Salvator.

— Je vais me répéter, dit Salvator; mais, puisque vous n'avez pas compris la première fois, peut-être comprendrez-vous mieux la seconde?

M. Jackal parut redoubler d'attention.

— Que suis-je venu faire tantôt chez vous, quelques instants avant d'être arrêté?

— Vous êtes venu déposer sur mon bureau les pièces de conviction de l'innocence de M. Sarranti, — disiez-vous, du moins, — un squelette d'enfant, trouvé dans un jardin de Vanvres, chez un M. Gérard. C'est bien cela, n'est-ce pas ?

— C'est tout à fait cela, répondit Salvator. Et pourquoi vous ai-je remis ces pièces ?

— Pour les déposer au parquet de M. le procureur du roi.

— L'avez-vous fait ? demanda d'un ton sévère le jeune homme.

— Je vous jure, monsieur Salvator, s'empressa de répondre M. Jackal d'un ton pénétré, que j'allais chez Sa Majesté, à Saint-Cloud, dans l'intention de parler à M. le ministre de la justice, qui se trouvait là, des pièces que vous m'aviez apportées.

— Abrégeons, dit Salvator, le temps presse. Vous ne l'avez pas fait ?

— Non, répondit M. Jackal, puisque j'ai été arrêté au moment où je me rendais à Saint-Cloud.

— Eh bien, ce que vous n'avez pas fait seul, nous allons le faire tous les deux.

— Je ne vous comprends pas, monsieur Salvator.

— Vous allez m'accompagner chez le procureur du roi, où vous raconterez les faits comme vous les comprenez à présent.

Quelque intérêt que M. Jackal parût avoir à adopter cet avis, il fut loin de le saisir au passage comme s'y attendait Salvator.

— Je le veux bien, répondit-il négligemment en hochant la tête, comme un homme qui n'a aucune confiance dans l'acte qu'il va accomplir.

— Vous semblez n'être point de mon avis, demanda Salvator ; désapprouvez-vous mon projet ?

— Complétement, répondit M. Jackal.

— Exposez vos motifs.

— Quand nous aurons donné à M. le procureu. du roi les preuves les plus irréfutables de l'innocence de M. Sarranti, M. Sarranti n'en sera pas moins condamné par un arrêt du jury, arrêt infaillible selon nos lois ; si claires que soient les preuves, on ne le mettra donc pas en liberté. Ce sera une nouvelle instruction à faire, un nouveau procès à suivre ;

en attendant, M. Sarranti restera en prison. Un procès, cela n'a pas de limites précises ; un procès dure un an, deux ans, dix ans ; un procès dure toujours, si l'on a intérêt à ce qu'il ne finisse pas. Eh bien, supposez une chose : c'est que ces longs délais lassent M. Sarranti ; lassé, il perd courage, il tombe dans le marasme, lutte quelque temps contre le spleen ; puis, enfin, un beau jour, il lui passe par l'esprit d'en finir avec la vie.

Ces mots, après lesquels M. Jackal s'arrêta pour juger de l'effet produit, eurent à peu près le résultat d'une commotion électrique : les cent hommes frissonnèrent comme un seul corps.

M. Jackal s'effraya lui-même de l'émotion qu'il venait de soulever. Il pensa qu'elle pouvait lui être défavorable, et, pour détourner toutes ces colères qui pouvaient éclater sur lui, concentrées en un seul orage, il ajouta vivement :

— Remarquez, monsieur Salvator, et faites bien remarquer à ces messieurs que je ne suis qu'un agent, un rouage dans une machine ; je reçois l'impulsion, je ne la donne pas ; je ne commande pas, j'exécute ; on me dit : « Faites, » et j'obéis.

— Continuez, monsieur, continuez ; loin de vous en vouloir, ces messieurs et moi vous remercions de nous éclairer.

Ces mots parurent rendre instantanément le courage à M. Jackal.

— Je vous disais donc, continua-t-il, qu'un beau jour, au moment où le procès tirera à sa fin, — si l'on va jusque-là, même, — il est possible qu'on lise dans les journaux du matin que le geôlier de la Conciergerie, en entrant dans la prison de M. Sarranti, l'a trouvé pendu comme Toussaint-Louverture, ou étranglé comme Pichegru ; car, enfin, ajouta M. Jackal avec une naïveté terrible, vous comprenez bien que, lorsqu'un gouvernement se met en marche, il ne s'arrête pas à la première borne du chemin.

— Assez !... dit Salvator d'un voix sombre ; vous aviez raison, monsieur Jackal, c'est un mauvais moyen. Heureusement, s'empressa-t-il d'ajouter, qu'en renonçant à celui-là comme nous avons renoncé à celui du général Lebastard de Prémont, j'ai un troisième moyen, que je crois meilleur que les deux autres.

L'assemblée respira.

— Je vais vous en faire juge, continua Salvator.

Chacun prêta l'oreille, retenant son souffle ; — inutile de dire que M. Jackal n'était pas le moins attentif des auditeurs du jeune homme.

— De même, reprit Salvator s'adressant à M. Jackal, que vous avez utilement employé votre temps depuis l'emprisonnement de M. Sarranti, je n'ai pas perdu le mien : il y a donc trois mois que, prévoyant, ou à peu près, ce qui arrive en ce moment, j'ai formé le plan que je vais vous communiquer.

— Vous n'avez pas idée de l'intérêt avec lequel je vous écoute, dit M. Jackal.

Salvator sourit imperceptiblement.

— Vous connaissez la Conciergerie sur le bout de votre doigt, n'est-ce pas, monsieur Jackal? continua-t-il.

— Naturellement, répondit celui-ci, étonné que l'on pût lui faire une question si simple.

— En entrant par la grille située entre les deux tours, c'est-à-dire par l'entrée et la sortie ordinaire des prisonniers, on traverse la cour et l'on se trouve, une fois le guichet franchi, dans la geôle, c'est-à-dire dans le vestibule de la prison.

— C'est cela, fit M. Jackal avec un signe de tête.

— Au milieu de la geôle est un poêle autour duquel causent guichetiers, agents de police et gendarmes ; juste en face de la porte d'entrée, la porte du fond s'ouvre, dans le corridor donnant sur les cachots ordinaires ; nous n'avons rien à faire avec ceux-là. C'est à gauche de la porte d'entrée, à gauche du poêle, dans une chambre dallée, dont la porte avec une ouverture grillée donne sur un corridor particulier, que se trouve la chambre des condamnés à mort.

M. Jackal continua d'approuver de la tête ; la description topographique était des plus exactes.

— C'est là naturellement qu'a dû être enfermé M. Sarranti, sinon depuis son jugement, du moins depuis trois ou quatre jours.

— Depuis trois jours, dit M. Jackal.

— Et c'est là qu'il est à cette heure, n'est-ce pas, et qu'il restera jusqu'à l'heure de son exécution?

M. Jackal répondit par un nouveau signe affirmatif.

— Voilà déjà un premier point arrêté ; passons au second.

Il y eut un moment de silence.

— Voyez un peu ce que c'est que le hasard, reprit Salvator, et combien, quoi qu'en disent les pessimistes, il protège les honnêtes gens! Un jour, vers quatre heures du soir, en sortant du Palais, où j'avais assisté à l'une des dernières séances du procès Sarranti, je descends au bord de la rivière, et je tourne du côté de la pile du pont Saint-Michel, où j'ai d'habitude un canot amarré. Voilà qu'en longeant le bord de la rivière, j'aperçois au-dessus de la berge et au-dessous du quai de l'Horloge, quatre ou cinq ouvertures fermées par des grilles de fer à doubles croisillons; je n'avais jamais fait attention à ces ouvertures, qui ne sont rien autre chose que de simples égouts; mais, cette fois, tout en proie que j'étais au pénible sentiment où me jetait la condamnation probable de M. Sarranti, je m'en approchai et les examinai dans l'ensemble d'abord, puis ensuite dans les détails. Le résultat de l'examen fut que rien n'était plus facile que de desceller ces grilles, et de pénétrer ainsi sous le quai, et même, selon toute probabilité, sous la prison; mais à quelle profondeur? C'est ce qu'il m'était impossible de deviner. Je ne m'en occupai pas davantage, ce jour-là ; ce qui ne m'empêcha point d'y songer toute la nuit. Mais, le lendemain, vers huit heures du matin, j'étais à la Conciergerie. Il faut vous dire que j'ai un ami à la Conciergerie; vous allez voir tout à l'heure qu'il est bon d'avoir des amis partout ; — j'allai le trouver; et, tout en causant et en me promenant avec lui, j'acquis la certitude que l'une des ouvertures donnant sur la berge de la rivière aboutissait au préau des prisonniers. Le tout était de bien connaître le chemin que parcourait souterrainement cette espèce de canal, qui ne devait point passer très-loin du cachot des condamnés à mort. « Bien! me dis-je, c'est une mine à creuser, et nos carriers des catacombes ne sont pas gens à reculer pour si peu. »

Cinq ou six des auditeurs de Salvator firent de la tête un signe d'assentiment.

C'étaient les carriers auxquels le jeune homme venait d'adresser son interpellation.

Salvator reprit:

— Je levai donc le plan de la Conciergerie, ce qui me fut facile, au reste, en décalquant un vieux plan que je trouvai à la bibliothèque du Palais, et, une fois bien pénétré de mon sujet, je désignai trois de nos frères pour me suivre. La même nuit, continua Salvator, nuit qui était heureusement une nuit sombre, après avoir descellé sans bruit la grille de l'égout, je pénétrai dans l'infect souterrain ; mais, au bout de dix pas, je fus forcé de m'arrêter : le souterrain était barré dans toute sa hauteur et toute sa largeur par une grille semblable à celle qui donnait sur la Seine. Je revins sur mes pas, et je fis engager un de mes hommes, armé de ses outils, dans le sombre et étroit passage ; au bout de dix minutes, il revint tomber à mes pieds sur la berge. Il était à moitié asphyxié, il n'avait voulu revenir que la besogne faite. Sur la certitude que l'obstacle avait disparu, je m'engageai de nouveau dans la gorge sombre et fétide ; cette fois, je fis vingt pas, à peu près ; mais, au bout de vingt pas, je rencontrai une nouvelle grille. Je regagnai le bord de l'eau, presque suffoqué moi-même, en encourageant un autre de mes compagnons à m'ouvrir le passage... Il revint à moitié mort ; mais, comme le premier, il avait accompli sa besogne : la seconde grille était descellée. Je rentrai dans le souterrain, et, dix pas plus loin que la seconde grille, j'en rencontrai une troisième ; je revins triste, mais non découragé, vers mes hommes. Deux sur trois étaient exténués : il ne fallait pas compter sur eux. Un troisième était frais et plein d'ardeur ; avant que j'eusse achevé de formuler mon désir, il s'était élancé dans le sombre conduit... Dix minutes s'écoulèrent, puis un quart d'heure, l'homme ne revenait pas... Je m'engageai dans le souterrain pour me mettre à sa recherche. A dix pas de la gueule de l'égout, je heurtai un obstacle que je ne connaissais pas, j'étendis les mains, je reconnus un corps, j'entraînai ce corps par la blouse, et je l'amenai sur la berge : il était trop tard, le corps n'était plus qu'un cadavre ; le pauvre diable était asphyxié !... Tels furent les travaux du premier jour, ou plutôt de la première nuit, acheva froidement Salvator.

Tous les assistants écoutaient le récit de ce labeur héroïque avec un recueillement et un intérêt que nous n'avons pas besoin de décrire.

M. Jackal, surtout, regardait le narrateur avec un sorte de stupéfaction ; il se sentait lâche et petit auprès de ce vaillant jeune homme, qui lui paraissait haut de cent coudées.

Quant au général Lebastard de Prémont, à peine Salvator eut-il achevé les derniers mots de son récit, qu'il s'avança vers le jeune homme.

— Et sans doute celui qui est mort avait une femme et des enfants? demanda-t-il.

— Ne vous occupez point de cela, général, dit-il : tout est bien de ce côté. La femme a douze cents francs de rente viagère, ce qui est une fortune pour elle ; les deux enfants sont à l'école d'Amiens.

Le général fit un pas en arrière.

— Continuez, mon ami, dit-il.

— Le lendemain, reprit Salvator, je me rendis au même endroit avec les deux hommes restants, et qui m'avaient déjà accompagné. J'entrai seul, avec une bouteille de chlore dans chaque main. La troisième grille était enlevée, je pus donc continuer mon chemin. Après la troisième grille, l'égout tournait à droite. A mesure que j'appuyais vers cette droite, l'envergure du souterrain se rétrécissait ; bientôt j'entendis que l'on marchait au-dessus de ma tête : c'était évidemment une ronde de guichetiers ou de soldats qui traversait le préau. Je n'avais rien à faire par là. J'avais calculé mes distances d'une façon infaillible : je savais qu'au trentième mètre, je devais creuser à gauche ; ma courbe, ou plutôt mon angle était mesuré avec la certitude d'une mine stratégique. Je revins, répandant du chlore tout le long de ma route pour désinfecter, autant que possible, le souterrain ; nous rescellâmes la première grille, et nous nous éloignâmes, comme la veille. Les études topographiques étaient faites ; il restait à commencer les travaux pratiques, travaux dont vous apprécierez la difficulté quand je vous dirai que trois hommes, en se relayant d'heure en heure, et en travaillant chacun deux heures par nuit, ont mis soixante-sept nuits, pour mener à bonne fin ce travail.

Un cri de reconnaissance, un murmure d'admiration, sortirent de toutes les bouches.

Trois hommes seulement se turent.

C'étaient le charpentier Jean Taureau et ses deux compagnons, le maçon Sac-à-Plâtre et le charbonnier Toussaint-Louverture.

Ils firent un pas en arrière en entendant les carbonari manifester si hautement leur admiration.

— Voici les trois auteurs de ce gigantesque travail, dit Salvator en les désignant à l'assemblée.

Les trois mohicans eussent donné beaucoup pour être enfouis au plus profond de la mine qu'ils avaient percée.

Ils baissèrent les yeux comme des enfants.

— Que nous sauvions ou que nous ne sauvions pas M. Sarranti, dit tout bas le général Lebastard à Salvator, la fortune de ces trois hommes est faite.

Salvator échangea une poignée de main avec le général.

— Au bout de deux mois, reprit le jeune homme, nous étions juste au-dessous du cachot des condamnés à mort, cachot presque toujours vide, puisque l'on n'y met les condamnés que deux ou trois jours avant leur exécution. Nous pouvions donc, arrivés là, travailler sans crainte d'éveiller l'attention des geôliers ; au bout de sept jours, nous avions descellé une dalle, ou plutôt, il suffisait de pousser un peu fortement cette dalle taillée en biseau pour la soulever et donner, par cette ouverture, passage au prisonnier. Pour plus de sûreté, et dans le cas où le geôlier entrerait au bruit que ferait le prisonnier en s'évadant, Sac-à-Plâtre a scellé dans la dalle, et pour la retenir au-dessous, un anneau que Jean Taureau retiendra énergiquement, jusqu'à ce que M. Sarranti ait gagné la rivière, où je l'attendrai avec une barque. Une fois M. Sarranti dans la barque, je réponds de tout ! — Voilà mon projet, messieurs, continua Salvator ; tout est prêt ; il ne s'agit plus que de le mettre à exécution, à moins que M. Jackal ne nous prouve radicalement que nous pouvons échouer. Parlez donc, monsieur Jackal, et parlez vite ; car nous n'avons que bien juste le temps de nous mettre à l'œuvre.

— Monsieur Salvator, répondit sérieusement le chef de la police de sûreté, si je ne craignais de passer pour un homme qui flagorne les gens afin de les mettre dans ses intérêts, je vous exprimerais l'admiration profonde que j'éprouve pour ce gigantesque projet.

— Je ne vous demande pas de compliments, monsieur, répondit le jeune homme, je vous demande votre avis.

— Admirer votre projet, c'est l'applaudir, monsieur, répondit l'homme de la police. Oui, monsieur Salvator, aussi vrai que je me suis conduit comme un sot en vous faisant arrêter, je trouve votre projet excellent, immanquable ; je vous affirme qu'il réussira ; mais permettez-moi de vous faire une question. Une fois le prisonnier en liberté, que comptez-vous faire de lui?

— Je vous ai dit que je répondais de sa personne, monsieur Jackal.

M. Jackal hocha la tête en homme qui voulait dire que l'assurance ne lui suffisait pas.

— Eh bien, je vais tout vous dire, monsieur, et vous allez être, je l'espère, de mon avis pour la fuite comme vous l'avez été pour l'évasion. Une chaise de poste attend dans une des petites rues aboutissant au quai : les relais sont préparés tout le long de la route ; j'ai un courrier envoyé d'avance ; il y a cinquante-trois lieues d'ici au Havre : on les fait en dix heures, n'est-ce pas? Au Havre, un bateau à vapeur anglais attend, tout chauffé ; de sorte que, juste à l'heure où l'on se bousculera sur la place de Grève pour voir exécuter M. Sarranti, M. Sarranti quittera la France avec le général Lebastard de Prémont, qui, M. Sarranti parti, n'aura plus aucun motif de rester à Paris.

— Vous oubliez le télégraphe, dit M. Jackal.

— Pas le moins du monde. Qui peut donner l'éveil, indiquer la route prise, faire jouer le télégraphe? C'est la police, c'est-à-dire M. Jackal. Eh bien, puisque M. Jackal reste avec nous, tout est dit.

— C'est juste, fit M. Jackal.

— Vous allez donc avoir la bonté de suivre ces messieurs à l'appartement qui vous est destiné.

— Je suis à vos ordres, monsieur Salvator, dit l'homme de police en s'inclinant.

Mais Salvator l'arrêta en étendant la main sans le toucher.

— Je n'ai pas besoin de vous recommander une prudence extraordinaire, soit dans vos actions, soit dans vos paroles ; toute tentative d'évasion, par exemple, serait, vous le savez, réprimée à l'instant même d'une manière irréparable ; car je ne serais point là pour vous sauvegarder comme je l'ai fait tout à l'heure. Allez donc, monsieur Jackal, et que Dieu vous conduise!

Deux hommes prirent M. Jackal chacun par un bras et disparurent dans les épaisseurs de la forêt vierge.

Lorsqu'on eut cessé de le voir, Salvator prit de son côté

avec lui le général Lebastard de Prémont, fit signe à Jean Taureau, à Toussaint-Louverture et à Sac-à-Plâtre de le suivre, et tous cinq disparurent dans le souterrain.

Nous ne les accompagnerons pas dans le dédale des catacombes, où nous nous sommes engagés déjà à la suite de M. Jackal et d'où ils sortirent par une maison de la rue Saint-Jacques, située auprès de la rue des Noyers.

Arrivés là, ils se séparèrent — moins Salvator et le général, qui continuèrent leur route ensemble — pour se rejoindre sur la berge du quai de l'Horloge, où, comme nous l'avons dit, était amarrée la barque de Salvator.

On s'arrêta sous l'ombre projetée par l'arche du pont.

On plaça le général Lebastard, Toussaint-Louverture et Sac-à-Plâtre dans la barque, de manière à n'avoir plus qu'à la détacher.

Salvator et Jean Taureau restèrent seuls sur la berge.

— Maintenant, dit Salvator à voix basse, mais de façon toutefois à être entendu, non-seulement du charpentier, mais encore de ses trois autres compagnons; maintenant, Jean Taureau, écoute-moi bien, et ne perds pas une de mes paroles, car ce sont tes dernières instructions.

— J'écoute, dit le charpentier.

— Tu ramperas sans t'arrêter, et le plus vite possible, jusqu'à l'extrémité du passage.

— Oui, monsieur Salvator.

— Quand nous nous serons assurés que nous n'avons rien à craindre, tu appuieras tes épaules à la dalle, et tu pousseras vigoureusement, mais lentement toutefois, de façon à soulever la dalle, et non à la renverser dans le cachot, ce qui réveillerait le gardien; quand tu en seras là, c'est-à-dire quand tu sentiras qu'avec un dernier effort la dalle est soulevée, tu me tireras par la manche : je ferai le reste. M'as-tu bien compris?

— Oui, monsieur Salvator.

— Alors, en marche! dit Salvator.

Jean Taureau enleva la première grille et s'enfonça dans le souterrain, qu'il parcourut aussi vite qu'il était possible de le faire à un homme de sa taille.

Salvator s'y engagea quelques secondes après lui.

Ils arrivèrent à un pas de distance sous le cachot des condamnés à mort.

Là, Jean Taureau fit volte-face et écouta, tandis que Salvator écoutait de son côté.

Le silence le plus profond régnait autour d'eux et au-dessus d'eux.

N'entendant rien, Jean Taureau s'arc-bouta le mieux qu'il put, rentra sa tête dans son cou et son cou dans ses épaules, et, appuyant solidement ses deux mains sur ses deux genoux, il poussa la dalle d'une si vigoureuse façon, qu'au bout de quelques secondes d'efforts il la sentit céder sous sa rude pression.

Il tira la manche de Salvator.

— C'est fait? demanda celui-ci.

— Oui, murmura Jean Taureau tout haletant.

— Bien ! dit le jeune homme en se préparant à son tour ; à moi maintenant. Pousse, Jean Taureau ! pousse !

Jean Taureau poussa, la dalle se détacha du sol et se souleva lentement ; une faible lueur, la lueur d'une lampe funèbre, pénétra dans le souterrain. Salvator passa sa tête par l'ouverture, jeta un regard rapide sur toute l'étendue du cachot et poussa un cri de terreur.

Le cachot était vide !

CXI

Ce qui s'était passé tandis que M. Jackal faisait arrêter Salvator et que Salvator faisait arrêter M. Jackal.

Pour que nous arrivions à trouver l'explication du mystère qui vient d'épouvanter Salvator, il faut que nous en revenions à M. Gérard, sortant du bureau de M. Jackal, muni de son passe-port et plein de hâte de quitter la France.

Nous ne dirons pas les émotions multiples auxquelles le philanthrope de Vanvres était en proie, en suivant le long corridor et l'escalier obscur et tortueux qui conduisaient du cabinet de M. Jackal à la cour de la préfecture : les confrères de l'honnête personnage, groupés ou errants sous cette voûte sombre, disparue aujourd'hui ou près de disparaître, et qui semblait sans exagération un soupirail de l'enfer, lui firent l'effet d'autant de démons prêts à fondre sur lui et à lui enfoncer les ongles dans la chair.

Aussi franchit-il rapidement la cour, comme s'il eût craint d'être reconnu et arrêté par les agents, plus rapidement encore la grille, comme s'il eût craint que la grille ne se fermât devant lui et ne le retînt prisonnier.

A la porte, il retrouva son cheval, — dont il avait mis la bride aux mains d'un commissionnaire, — donna quelques pièces de monnaie à l'homme, et sauta sur la bête avec la légèreté d'un coureur de Newmarket ou d'Epsom.

La route fut un long cauchemar, une marche forcée au triple galop de son cheval ; quelque chose de pareil à la course fantastique du roi des Aunes à travers la forêt.

De l'orage qui venait de s'abattre avec tant de bruit et de flamme sur la terre, il restait une grande nuée noire qui couvrait la lune ; de rapides éclairs, dernières palpitations de la tempête, jetaient seuls et de temps en temps, sans être suivis d'aucun fracas, leur lumière livide et sinistre sur le fantastique voyageur, qui, rappelé aux terreurs de sa jeunesse, eût fait, s'il l'eût osé, le signe de la croix à chacun de ces éclairs. En somme, c'était une sombre nuit, faite pour jeter l'épouvante dans la conscience la moins coupable ; aussi le philanthrope de Vanvres, qui se rendait justice, et était loin de se ranger dans la catégorie des cœurs innocents, sentit-il une sueur froide ruisseler le long de son corps, tandis que tout son sang semblait se figer de plus en plus dans ses veines.

Encore dix minutes de cette course effrénée, et il atteignit Vanvres. Mais son cheval, si vigoureux qu'il fût, harcelé de coups d'éperon, depuis la rue de Jérusalem, et fatigué déjà de sa première course, semblait chanceler entre ses jambes et menacer de s'abattre à chaque pas ; le vent s'engouffrait dans ses naseaux démesurément ouverts, mais semblait ne plus pouvoir pénétrer jusqu'à ses poumons.

M. Gérard jeta un regard perçant sur l'horizon insondable, afin de juger dans combien de minutes il pouvait arriver, soutint l'animal de la bride et des genoux, et, comprenant que, s'il s'arrêtait un instant, son cheval tomberait là où il s'arrêterait, il lui enfonça impitoyablement ses éperons dans le ventre

Au bout de cinq ou six minutes qui lui parurent des heures, il commença de distinguer dans l'obscurité la silhouette sombre de son château; quelques secondes après, il était devant la porte.

Ce qu'il avait prévu arriva; au moment où il s'arrêtait devant cette porte, son cheval s'affaissa sous lui.

Il s'attendait à cet accident, de sorte qu'il prit ses précautions, et se trouva debout au moment où le cheval, lui, se trouvait à terre.

Cet événement, qui, en tout autre temps, eût éveillé l'attendrissement de M. Gérard, dont la philanthropie débordait d'habitude des hommes sur les animaux, ne produisit en ce moment sur lui qu'un assez mince effet; son but, son seul but, son unique but, était de prendre autant d'avance que possible sur les estafiers que la fantaisie de M. Jackal, — et M. Gérard savait combien son protecteur était fantaisiste,— que la fantaisie de M. Jackal, se ravisant derrière lui, pouvait mettre à ses trousses. Il était arrivé chez lui, son but était atteint; peu lui importait dès lors la vie ou la mort du noble animal qui l'avait sauvé.

On sait que le philanthrope de Vanvres n'était pas précisément un modèle de gratitude.

Il laissa donc le cheval où il était, sans le desseller, assez peu inquiet de ce que deviendrait le cadavre, qui, selon toute probabilité, ne serait reconnu que le lendemain matin, l'animal étant tombé contre la maison, et non au milieu de la route ; puis il ouvrit précipitamment la porte, la referma plus précipitamment encore derrière lui à double pêne et à triple verrou, monta rapidement deux étages, tira d'un cabinet qui lui servait de botterie, une énorme malle de cuir, la traîna dans sa chambre à coucher, et alluma une bougie.

Là, il respira une seconde... Son cœur battait de telle

façon, qu'il put craindre un instant qu'il ne se rompît. Pendant cette seconde, il demeura debout, la main appuyée sur sa poitrine, essayant de se rendre maître de sa respiration ; puis, échappé à cette espèce d'asphyxie, il commença à s'occuper de ce suprême préparatif de départ qu'on appelle faire sa malle.

Un homme caché dans un coin de cette chambre à coucher, si peu perspicace qu'il fût, eût découvert dans M. Gérard un criminel, rien qu'à voir la façon insensée dont il brassait cette besogne, qui demande d'habitude tant de réflexion, — entassant au hasard, dans les profondeurs de la malle, le linge et les vêtements qu'il arrachait de l'armoire à glace et des tiroirs de la commode; mêlant les bas avec les faux cols, les chemises avec les gilets; fourrant des bottes dans les poches d'habit, des souliers dans les manches des redingotes; tressaillant au moindre bruit, et s'arrêtant pour essuyer avec une chemise ou une serviette son front pâle et ruisselant de sueur.

Lorsqu'il s'agit de fermer la malle, elle était tellement bourrée, que M. Gérard ne put venir à bout de rapprocher la gâche de la serrure; il y employa toutes ses forces, mais inutilement. Alors, au hasard, il prit à pleines mains linge et habits, jeta tout par la chambre, et finit par joindre le dessus au dessous.

Après quoi, il ouvrit son secrétaire, prit dans un tiroir fermé à double tour un portefeuille qui contenait pour deux ou trois millions de valeurs sur les banques d'Autriche et d'Angleterre, valeurs qu'il tenait toutes préparées pour ce cas de fuite qui se présentait enfin.

Il détacha deux pistolets à double canon, accrochés à son chevet et à la portée de sa main, puis descendit rapidement les escaliers, courut aux écuries, attela lui-même les deux chevaux de voiture à sa calèche, — qu'il comptait conduire en cocher jusqu'à Saint-Cloud; là, il trouverait des chevaux de poste, laisserait ses chevaux à lui, recommanderait au maître de poste d'en avoir soin jusqu'à son retour, et prendrait la route de Belgique.

En vingt heures et en payant doubles guides aux postillons, il aurait passé la frontière.

Les chevaux attelés, il mit les pistolets dans les poches de la calèche, ouvrit la grille de la rue pour n'avoir pas à descendre de son siége et remonta pour prendre sa malle.

La malle était horriblement lourde. M. Gérard fit quelques efforts pour la charger sur son épaule; mais il comprit qu'il se livrait à un travail inutile.

Il prit donc le parti de la traîner après lui.

Mais, au moment où il se penchait pour la saisir par la poignée de cuir, il lui sembla entendre un léger bruit, comme le frôlement d'une robe du côté de l'escalier.

Il se retourna vivement.

Dans l'encadrement sombre de la porte, une figure blanche avait apparu.

La porte figurait la niche; la figure blanche, la statue.

Que signifiait cette apparition?

Quelle qu'elle fût, M. Gérard recula devant elle.

L'apparition sembla détacher péniblement ses pieds du sol, et fit deux pas en avant.

Moins la plate et vile figure du meurtrier, on eût cru assister à une représentation de *Don Juan*, au moment où le commandeur, marchant à pas muets sur les dalles de la salle du festin, fait reculer devant lui son hôte épouvanté.

— Qui est là? demanda enfin M. Gérard, dont les dents claquaient de terreur.

— Moi, répondit le fantôme d'une voix si grave, qu'elle semblait sortir du fond d'un sépulcre.

— Vous? demanda M. Gérard, le cou tendu et l'œil fixe, cherchant à reconnaître le nouveau venu sans pouvoir y réussir, tant la terreur étendait sur sa vue un voile épais; — qui est-ce, vous?

Le fantôme ne répondit point, mais, de nouveau, fit deux pas en avant, et, entré dans le cercle de lumière tremblante projeté par la bougie, il abaissa son capuchon.

C'était bien un fantôme, en effet; jamais maigreur plus dévorante ne s'était si despotiquement emparée d'une créature humaine; jamais pâleur plus cadavéreuse ne s'était répandue sur un visage humain.

— Le moine! s'écria l'assassin, de la même voix qu'il eût dit: « Je suis mort! »

— Ah! vous me reconnaissez enfin! dit l'abbé Dominique.

— Oui... oui... oui... je vous reconnais !... balbutia M. Gérard.

Puis, réfléchissant à la faiblesse apparente du moine, et à l'humble et pieuse mission qu'il avait à accomplir sur la terre, il reprit avec un peu plus de courage :

— Que me voulez-vous ?

— Je vais vous le dire, répondit doucement l'abbé.

— Pas dans ce moment, dit M. Gérard : demain... après demain.

— Pourquoi pas tout de suite?

— Parce que je quitte Paris pour vingt-quatre heures, que je suis très-pressé de partir, et que je ne puis retarder mon départ d'un seul moment.

— Il faut cependant que vous m'écoutiez, dit le moine d'une voix ferme.

— Un autre jour, mais pas aujourd'hui, pas ce soir, pas en ce moment.

Et M. Gérard prit sa malle; il fit deux pas en la tirant après lui et en se dirigeant vers la porte.

Le moine recula de manière à fermer la porte avec son corps.

— Vous ne passerez pas! dit-il.

— Laissez-moi passer! hurla l'assassin.

— Non, dit le moine d'une voix calme mais ferme.

M. Gérard comprit alors qu'il allait se passer entre lui et ce vivant fantôme quelque chose de terrible.

Il jeta les yeux sur la place où d'habitude étaient suspendus ses pistolets.

Il venait de les détacher et de les porter dans la calèche.

Il regarda autour de lui s'il n'apercevait point quelque arme à la portée de sa main.

Aucune.

Il fouilla convulsivement ses poches pour y trouver un couteau.

Rien.

— Oui, n'est-ce pas? dit le moine, vous me tueriez, — comme vous avez tué votre neveu! — Mais, eussiez-vous une arme, vous ne me tueriez pas! Dieu veut que je vive!

En voyant ce visage ferme, en entendant cette voix solennelle, M. Gérard sentit sa première terreur s'emparer de nouveau de lui.

— Et maintenant, dit le moine, voulez-vous m'écouter?

— Parlez donc! dit M. Gérard en grinçant des dents.

— Je viens pour la dernière fois, dit le moine d'une voix triste, vous demander la permission de révéler votre confession.

— Mais c'est ma mort que vous me demandez là! c'est me conduire par la main à l'échafaud! — Jamais! jamais!

— Non, je ne demande pas votre mort; car, cette permission, qui me relève de mon vœu, une fois accordée, je vous laisse partir.

— Oui, et derrière moi vous allez me dénoncer, derrière moi vous faites jouer le télégraphe, et je ne suis pas à dix lieues, qu'on m'arrête!... Jamais! jamais!

— Je vous donne ma parole, monsieur, — et vous savez si je suis esclave de ma parole, — que, demain à midi seulement, j'userai de la permission.

— Non! non! non! répéta M. Gérard en s'encourageant lui-même par la violence de son refus.

— Demain à midi, vous pouvez être sorti de France.

— Et si vous obtenez l'extradition?

— Je ne la demanderai pas. Je suis un homme de paix, monsieur; je demande que le pécheur se repente et non qu'il soit puni. Je veux, non pas que vous mouriez, mais que mon père ne meure pas.

— Jamais! jamais! vociféra l'assassin.

— Ah! c'est épouvantable! dit, comme s'il se parlait à lui-même, l'abbé Dominique. Mais vous n'entendez donc pas, vous ne comprenez donc pas mes paroles? vous ne voyez donc pas ma douleur? vous ne savez donc pas que je viens de faire huit cents lieues à pied, que j'ai été à Rome et que j'en suis revenu pour obtenir du saint-père le droit de révéler votre confession, et... et que je ne l'ai pas obtenu?...

M. Gérard avait cru sentir passer l'aile de la Mort; mais, cette fois encore, l'aile de la Mort s'éloignait sans toucher son front.

Sa tête, courbée un instant, se releva.

— Oh! vous le savez, dit-il, l'engagement que vous avez pris vis-à-vis de moi est formel. Après ma mort, oui! mais, tant que je vivrai, non!...

Le moine frissonna et répéta machinalement:

— Après sa mort, oui! mais, tant qu'il vivra, non!...

— Laissez-moi donc passer, reprit M. Gérard, puisque vous ne pouvez rien contre moi.

— Monsieur, dit le moine en étendant ses deux bras blancs pour barrer la porte, ce qui lui donna l'attitude d'un crucifix, dont il avait déjà la pâleur; — savez-vous que l'exécution de mon père est fixée à demain quatre heures?

M. Gérard ne répondit point.

— Savez-vous qu'à Lyon, je suis tombé malade de fatigue? savez-vous que j'ai pensé y mourir? savez-vous qu'ayant fait vœu d'accomplir la route à pied, et n'ayant pu me remettre en chemin qu'il y a huit jours, savez-vous que j'ai fait aujourd'hui près de vingt lieues?

M. Gérard continua de garder le silence.

— Savez-vous, reprit le moine, que j'ai fait tout cela, fils pieux, autant pour sauver l'honneur que la vie de mon père? savez-vous qu'au fur et à mesure que les obstacles s'élevaient devant moi, je faisais serment que nul obstacle ne m'empêcherait de le sauver? savez-vous qu'après ce serment terrible, quand je pouvais trouver votre grille fermée, j'ai trouvé cette grille ouverte; que, quand je pouvais vous trouver parti, je vous trouve présent; que, quand je pouvais ne vous revoir jamais, je vous revois face à face? N'apercevez-vous pas la main de Dieu dans tout cela, monsieur?

— Je vois, au contraire, que Dieu ne veut pas que je sois puni, moine, puisque la religion te défend de révéler la confession, et que tu as été inutilement à Rome pour obtenir une dispense du saint-père!

Puis, faisant un mouvement de menace qui indiquait qu'à défaut d'armes, il était décidé à recourir à une lutte corps à corps:

— Laissez-moi donc passer, ajouta-t-il.

Mais le moine étendit de nouveau les bras pour lui fermer la porte.

Puis, de la même voix calme et ferme:

— Monsieur, lui dit-il, croyez-vous que, pour vous persuader, j'aie employé toutes les paroles, toutes les prières, toutes les supplications qui peuvent avoir un écho dans le cœur de l'homme? croyez-vous qu'il y ait un moyen de sauver mon père en dehors de celui que je vous propose? S'il y en a un, dites-le, je ne demande pas mieux que de l'employer, — dût-il tuer mon corps dans ce monde, dût-il perdre mon âme dans l'autre! — oh! si vous en connaissez un, dites! dites-le! je me mets à vos genoux pour vous supplier de sauver mon père...

Et le moine tomba à genoux, les mains étendues, le regard suppliant.

— Je n'en connais pas, dit impudemment le misérable; laissez-moi passer.

— J'en connais un, moi, dit le moine; que Dieu me pardonne de l'employer... Puisque je ne puis révéler ta confession qu'après ta mort, meurs donc !

Et, en même temps, tirant un couteau de sa poitrine, il le plongea dans le cœur de l'assassin.

M. Gérard ne poussa pas un cri.

Il tomba roide mort.

L'abbé Dominique se releva, alla au cadavre, et reconnut que toute vie avait cessé.

— Mon Dieu, dit-il, prenez pitié de son âme, et pardonnez-lui dans le ciel comme je lui pardonne sur la terre!

Puis, remettant le couteau tout ensanglanté dans sa poitrine, il sortit de la chambre sans même regarder derrière lui, descendit l'escalier, traversa lentement le parc et sortit par la grille qui lui avait donné entrée.

Le ciel était calme, la nuit sereine; la lune brillait comme un globe de topaze, les étoiles scintillaient comme des diamants.

CXII

Où le roi ne s'amuse pas.

Ainsi que nous l'avons dit, il y avait soirée, c'est-à-dire fête au château de Saint-Cloud.

Triste fête !

Sans doute, les visages habituellement tristes, chagrins et refrognés de MM. de Villèle, de Corbière, de Damas, de Chabrol, de Doudeauville et du maréchal Oudinot, — quoique la figure souriante et satisfaite de lui-même de M. de Peyronnet leur servît de contre-poids, — n'étaient pas propres à fomenter une exubérante hilarité; mais la physionomie de tous les courtisans était, cette nuit-là, d'une mélancolie beaucoup plus expressive encore qu'à l'ordinaire : l'inquiétude était peinte dans leurs regards, dans leurs paroles, dans leurs gestes, dans leur attitude, dans leurs moindres mouvements enfin. Ils se regardaient entre eux comme pour s'interroger sur le parti à prendre afin de sortir de la mauvaise situation où tout le monde se trouvait placé.

Charles X, en habit d'officier général, le cordon bleu à l'épaule, l'épée au côté, se promenait mélancoliquement de salle en salle, répondant, par un sourire insignifiant et un salut distrait, aux marques de respect que provoquait son passage.

De temps en temps, il s'approchait d'une fenêtre, et regardait au dehors avec la plus grande attention.

Que regardait-il?

Il regardait le ciel lumineux de cette belle nuit, et paraissait désavantageusement comparer sa royale et terne soirée à la fête éclatante et joyeuse que la lune donnait aux étoiles.

De temps en temps encore, il poussait un profond soupir, absolument comme s'il eût été seul dans sa chambre à coucher, et qu'au lieu de s'appeler Charles X, il se fût appelé Louis XIII.

A quoi songeait-il?

Était-ce au sombre résultat de la session législative de 1827? Était-ce à l'inique loi contre la presse? Était-ce aux outrages faits aux restes de M. de la Rochefoucauld-Liancourt? Était-ce aux outrages reçus à la revue du Champ de Mars? Était-ce au licenciement de la garde nationale et à l'effervescence qui en avait été la suite? Était-ce à la loi sur la liste du jury, ou à la loi sur les listes électorales, qui jetaient Paris dans un si grand trouble? Était-ce aux conséquences de la dissolution de la Chambre des députés ou au rétablissement de la censure? Était-ce à cette nouvelle infraction aux promesses faites, qui venait de retentir dans Paris et qui plongeait la population dans une fiévreuse consternation ? Était-ce, enfin, à l'arrêt de mort de M. Sarranti, qu'on devait exécuter le lendemain, et qui pouvait, nous l'avons vu par la discussion établie entre Salvator et M. Jackal, amener de si grands troubles dans la capitale ?

Non.

Ce qui préoccupait, inquiétait, attristait, consternait le roi Charles X, c'était un dernier nuage noir, reste obstiné de l'ouragan disparu, qui obscurcissait le front blanc de la lune.

C'était l'orage évanoui qu'il craignait de voir reparaître.

En effet, il y avait, pour le lendemain, grande chasse à tir organisée dans la forêt de Compiègne, et Sa Majesté Charles X, qui était, comme chacun sait, le plus grand chasseur devant Dieu qui eût paru depuis Nemrod, gémissait profondément à la pensée que cette chasse pouvait manquer, ou tout au moins être contrariée par le mauvais temps.

— Nuage du diable! grommelait-il intérieurement; lune maudite! murmurait-il sourdement.

Et, à cette pensée, il fronçait si tristement son front olympien, que les courtisans se demandaient tout bas :

— Savez-vous ce que peut avoir Sa Majesté ?

— Devinez-vous ce que peut avoir Sa Majesté ?

— Supposez-vous ce que peut avoir Sa Majesté ?

— Sans doute, se disait-on, Manuel est mort! Mais cette mort, douloureuse au parti de l'opposition, n'est point, pour la monarchie, un malheur qui doive tellement préoccuper le roi.

— Ce n'est qu'un Français de moins en France! ajoutait-on en parodiant ce mot tout national de Charles X à son entrée à Paris : « Ce n'est qu'un Français de plus en France. »

— Sans doute, se disait-on encore, on exécute demain M. Sarranti, lequel, assure-t-on, n'est coupable ni du vol ni de l'assassinat dont on l'accuse; mais, s'il n'est ni un voleur ni un assassin, il est un bonapartiste, ce qui est bien pis! et, s'il n'a mérité qu'une demi-mort d'une façon, il a bien, à coup sûr, mérité une triple mort de l'autre! Il n'y a donc point, là encore, de quoi rider l'auguste front de Sa Majesté.

A ce moment, et comme une inquiétude si mortelle commençait à se répandre parmi les invités, qu'ils menaçaient de prendre la fuite, le roi, le visage toujours collé contre la vitre d'une des fenêtres, poussa une exclamation de joie si expressive, qu'elle se répercuta comme une étincelle électrique dans la poitrine de tous les assistants, et que, passant de salle en salle, elle s'étendit jusqu'aux antichambres.

— Sa Majesté s'amuse, dit la foule, dont la respiration comprimée se détendit.

En effet, le roi s'amusait prodigieusement.

Le nuage noir qui obscurcissait la lune, sans disparaître totalement, avait quitté la place qu'il occupait depuis si longtemps, et, ballotté par deux courants contraires, il allait de l'est à l'ouest et de l'ouest à l'est avec la grâce d'un volant entre deux raquettes.

C'était là ce qui égayait Sa Majesté; c'était ce spectacle qui lui faisait pousser la joyeuse exclamation qui rassérénait le cœur des courtisans.

Mais sa félicité — le bonheur n'est pas fait pour les mortels ! — mais sa félicité fut bien courte.

Tandis que le ciel s'éclaircissait, la terre s'obscurcissait.

On annonça le préfet de police.

Le préfet de police entrait le sourcil plus froncé que ne l'avait jamais été le sourcil du roi.

Il alla droit à Charles X, et, s'inclinant avec le respect qu'inspirait la double majesté de l'âge et du rang :

— Sire, dit-il, j'ai l'honneur, vu la gravité des circonstances, de solliciter du roi l'autorisation de prendre toutes les mesures qu'exigeraient les événements graves dont la capitale peut être demain le théâtre.

— En quoi les circonstances sont-elles graves, et de quels événements voulez-vous parler? demanda le roi, qui ne comprenait pas qu'il pût se passer en ce moment sur le globe quelque chose de plus intéressant que ce qui se passait entre la lune, le nuage noir et les deux courants d'air.

— Sire, dit M. Delavau, je n'apprends rien à Votre Majesté en lui disant que Manuel est mort.

— Je le sais, en effet, interrompit Charles X avec impatience; c'était un homme d'un grand mérite, à ce qu'on assure; mais, comme on assure en même temps que c'était un révolutionnaire, cette mort ne doit pas nous attrister outre mesure.

— Aussi n'est-ce point dans ce sens que la mort de Manuel m'afflige ou plutôt m'effraye.

— Dans quels sens? Parlez, monsieur le préfet.

— Le roi se souvient, continua celui-ci, des scènes déplorables dont les obsèques de M. de la Rochefoucauld-Liancourt ont été l'occasion ou plutôt le prétexte?

— Je m'en souviens, dit le roi. Il n'y a pas assez longtemps que ces événements se sont passés pour que je les aie oubliés.

— Ces malheureux événements, reprit le préfet de police, ont causé dans la Chambre une agitation qui s'est communiquée à une portion notable de votre bonne ville de Paris.

— Ma bonne ville de Paris!... ma bonne ville de Paris! grommela le roi. Enfin, continuez.

— La Chambre...

— La Chambre est dissoute, monsieur le préfet; n'en parlons donc plus.

— Soit, dit le préfet légèrement découragé; mais c'est justement parce qu'elle est dissoute et que nous ne l'avons pas pour nous appuyer sur elle que je viens demander directement au roi la permission de mettre Paris en état de siège, afin de prévenir les événements qui peuvent résulter des funérailles de Manuel.

Ici, le roi parut prêter une plus vive attention aux paroles du préfet de police, et ce fut d'une voix quelque peu troublée qu'il lui demanda :

— Le danger est-il donc si imminent, monsieur le préfet?

— Oui, sire, répondit d'une voix ferme M. Delavau, qui reprenait courage au fur et à mesure qu'il voyait poindre l'inquiétude sur le front du roi.

— Expliquez-vous, dit Charles X.

Puis, se tournant vers les ministres :

— Venez, messieurs, continua-t-il en leur faisant signe de le suivre.

Il les conduisit dans l'embrasure d'une fenêtre; puis, arrivé là avec eux, et voyant le conseil à peu près au complet, il répéta au préfet :

— Expliquez-vous.

— Sire, reprit celui-ci, si je n'avais à craindre que les obsèques de Manuel, je ne parlerais même pas de mes inquiétudes au roi. En effet, en annonçant les funérailles pour mardi et en faisant enlever le corps à sept ou huit heures du matin, j'aurais bon marché de l'effervescence populaire; mais que le roi daigne songer que, s'il est déjà difficile de réprimer un mouvement révolutionnaire, il est, pour ainsi dire, impossible de s'en rendre maître quand à ce premier mouvement il s'en joindra un second.

— Et de quel mouvement parlez-vous? demanda le roi étonné.

— D'un mouvement bonapartiste, sire, répondit le préfet de police.

— Fantôme! s'écria le roi, Croquemitaine dont on peut effrayer les bonnes femmes et les enfants! le bonapartisme a fait son temps, il est mort avec M. de Buonaparte; n'en parlons donc pas plus que des agitations de la Chambre — morte aussi. *Requiescant in pace!*

— Permettez-moi d'insister, sire, dit le préfet avec fermeté. Le parti bonapartiste vit si bien, que, depuis un mois, il a, pour ainsi dire, dévalisé toutes les boutiques d'armurier, et que les fabriques d'armes de Saint-Étienne et de Liége fonctionnent pour son compte.

— Que m'apprenez-vous là?... dit le roi étonné.

— La vérité, sire.

— Faites-vous mieux comprendre alors, dit le roi.

— Sire, on exécute demain M. Sarranti.

— M. Sarranti?... Attendez, dit le roi rappelant ses souvenirs; j'ai, sur la demande d'un moine, accordé à ce condamné quelque chose comme une grâce.

— Sur la demande de son fils, qui vous a demandé trois mois pour aller à Rome, d'où il devait, disait-il, rapporter la preuve de l'innocence de son père, vous avez accordé un sursis.

— C'est cela.

— Les trois mois, sire, expirent aujourd'hui, et, en vertu des ordres que j'ai reçus, l'exécution doit avoir lieu demain.

— Ce moine me paraissait un digne jeune homme, dit le roi pensif, et semblait bien sûr de l'innocence de son père.

— Oui, sire; mais il ne l'a pas prouvée, mais il n'a même point reparu.

— Et c'est demain le dernier jour demandé par lui et accordé par moi ?

— C'est demain, oui, sire.

— Continuez.

— Eh bien, un des hommes les plus dévoués à l'empereur, celui-là même qui a tenté d'enlever le roi de Rome, a dépensé, depuis huit jours, plus d'un million pour sauver M. Sarranti, son compagnon d'armes et son ami.

— Croyez-vous, monsieur, demanda Charles X, qu'un homme qui serait en réalité un voleur et un assassin inspirerait un pareil dévouement ?

— Sire, il a été condamné.

— Bien, dit Charles X. Et vous savez de quelles forces dispose le général Lebastard de Prémont ?

— D'une force considérable, sire.

— Eh bien, opposez-lui une force double, triple, quadruple.

— Ces mesures sont prises, sire.

— Mais, alors, que redoutez-vous ? demanda le roi impatient et regardant le ciel à travers les vitres.

Le nuage avait entièrement disparu ; la figure du roi s'éclaircit en raison de l'éclaircissement du ciel.

— Ce que je redoute, sire, reprit le préfet de police, c'est la coïncidence des obsèques de Manuel et de l'exécution de M. Sarranti ; c'est la réunion, à ce propos, des bonapartistes et des jacobins ; c'est la renommée des deux hommes dans les deux partis ; ce sont enfin divers symptômes alarmants, tels que l'enlèvement et la disparition d'un des agents les plus habiles et les plus dévoués à Votre Majesté.

— Qui donc a été enlevé ? demanda le roi.

— M. Jackal, sire.

— Comment ! demanda le roi stupéfait, on a enlevé M. Jackal ?

— Oui, sire.

— Quand cela ?

— Il y a trois heures à peu près, sire, sur la route de Paris à Saint-Cloud, comme il se rendait au palais du roi pour conférer avec moi et le ministre de la justice, sur de nouveaux faits qui venaient, à ce qu'il paraît, de se révéler. J'ai donc l'honneur, sire, continua le préfet de police en reprenant son discours, de vous prier, en prévision de malheurs incalculables, de prononcer la mise en état de siége de Paris.

Le roi hocha la tête sans répondre.

Voyant que le roi ne répondait pas, les ministres gardèrent le silence.

Le roi ne répondait pas, pour deux raisons.

D'abord, la mesure lui paraissait grave.

Puis l'on se rappelle cette belle chasse à tir de Compiègne arrêtée depuis trois jours, et dont le roi se faisait une si grande fête : il était difficile de chasser à grand bruit le jour même où l'on mettait Paris en état de siége.

Le roi Charles X connaissait les journaux de l'opposition et savait parfaitement qu'ils ne se tairaient point lorsqu'il leur fournirait une si belle occasion de parler.

Paris mis en état de siége, et, le même jour, le roi chassant à Compiègne, c'était impossible; il fallait renoncer à la chasse ou à l'état de siége.

— Eh bien, messieurs, demanda le roi, que pensent Vos Excellences de la proposition de M. le préfet de police ?

Il y eut, au grand étonnement du roi, unanimité pour l'état de siége.

C'est que le ministère de Villèle, cimenté sur le roc depuis cinq ans, sentait à de sourds tremblements de terre un ébranlement progressif, et n'attendait, disons mieux, ne cherchait qu'une occasion de livrer une grande bataille au pays.

Ce parti extrême ne sembla aucunement du goût du roi.

Il hocha la tête une seconde fois, mouvement qui signifiait qu'il ne partageait pas l'avis du conseil.

Tout à coup, et comme illuminé d'une idée subite, le roi s'écria :

— Si je faisais grâce à M. Sarranti! non-seulement je diminuerais de moitié les chances de l'émeute, mais encore, je me ferais peut-être, par cette mansuétude, bon nombre de partisans.

— Sire, dit M. de Peyronnet, Sterne a eu bien raison de dire qu'il n'y avait pas un grain de haine dans l'âme des Bourbons.

— Qui a dit cela, monsieur? demanda Charles X visiblement flatté du compliment.

— Un auteur anglais, sire.

— Vivant ?

— Non, mort depuis soixante ans.

— Cet auteur nous connaissait bien, monsieur, et je regrette, moi, de ne pas l'avoir connu ; mais ne nous écartons pas de la question. Je le répète, cette histoire de M. Sarranti ne me paraît pas claire. Je ne veux pas que l'on reproche à mon règne d'avoir ses Calas et ses Lesurques. Je le répète, j'ai bien envie de faire grâce à M. Sarranti.

Mais les Excellences, comme la première fois, gardèrent le silence.

On eût dit les Excellences de cire du salon de Curtius, qui existait encore à cette époque.

— Eh bien, dit le roi légèrement irrité, vous ne répondez pas, messieurs ?

Le ministre de la justice, soit qu'il fût plus hardi que ses collègues, soit que la grâce du condamné le regardât plus personnellement, fit un pas vers le roi, et, s'inclinant :

— Sire, dit-il, si Votre Majesté me permet d'exprimer librement mon opinion, j'oserai dire que la grâce du condamné produirait le plus triste effet sur l'esprit des fidèles sujets du roi ; on attend l'exécution de M. Sarranti comme s'il était le dernier rejeton du parti bonapartiste, et sa grâce, au lieu d'être regardée comme un acte d'humanité, ne manquerait pas d'être taxée de faiblesse. Je supplie donc le roi, — et je crois, en faisant ainsi, exprimer l'opinion de tous mes collègues, — je supplie donc le roi de laisser la justice suivre son cours.

— Est-ce, en effet, l'avis du conseil ? demanda le roi.

Tous les ministres répondirent d'une seule voix qu'ils partageaient l'avis du ministre de la justice.

— Qu'il soit donc fait comme vous le voulez, dit le roi d'un air désespéré.

— Alors, dit le préfet de police en échangeant un regard avec le président du conseil, le roi me permet de prononcer la mise en état de siège de la ville de Paris ?

— Hélas ! il le faut bien, répondit lentement le roi, puisque c'est votre avis à tous ; quoique, à vrai dire, cette mise en état de siège me semble un mode de répression bien rigoureux.

— Il y a des rigueurs nécessaires, sire, dit M. de Villèle,

et l'esprit du roi est trop juste pour ne pas comprendre que le moment est venu de recourir à ces rigueurs.

Le roi poussa un profond soupir.

— Maintenant, dit le préfet de police, j'oserai exprimer au roi un profond désir.

— Lequel ?

— Je ne sais quelles étaient les intentions du roi pour demain.

— Pardieu ! dit le roi, j'allais chasser à Compiègne, et j'aurais eu un temps magnifique.

— Eh bien, je convertirai mon désir en prière, et supplierai le roi de ne pas quitter Paris.

— Hum ! fit le roi en regardant les uns après les autres tous les membres de son conseil.

— C'est notre avis, sire, dirent les ministres. Nous autour du roi, mais le roi au milieu de nous.

— Eh bien, dit le roi, n'en parlons plus.

Et, avec un soupir plus douloureux qu'aucun de ceux qu'il eût encore poussés :

— Qu'on appelle mon grand veneur, dit-il.

— Votre Majesté va donner l'ordre ?...

— De remettre la chasse à une autre fois, messieurs, puisque vous le voulez absolument.

Puis, jetant les yeux sur le ciel :

— Oh ! un si beau temps ! murmura-t-il, quel malheur !

En ce moment, un huissier s'approcha du roi.

— Sire, dit-il, un moine qui prétend avoir l'autorisation de Votre Majesté de pénétrer jusqu'à elle, la nuit comme le jour, vient de se présenter aux antichambres.

— A-t-il dit son nom ?

— L'abbé Dominique, sire.

— C'est lui ! s'écria le roi ; faites-le passer dans mon cabinet.

Puis, se retournant du côté de ses ministres étonnés :

— Messieurs, dit le roi, que personne ne bouge jusqu'à mon retour ; on m'annonce un homme dont l'arrivée va peut-être changer la face des choses.

Les ministres se regardèrent avec étonnement ; mais l'ordre était si péremptoire, qu'il n'y avait point à l'éluder.

Sur sa route, le roi rencontra son grand veneur.

— Sire, que me dit-on? demanda celui-ci, que la chasse de demain ne peut avoir lieu?

— C'est ce que nous saurons tout à l'heure seulement, répondit Charles X ; en attendant, ne recevez d'ordres que de moi.

Et il continua son chemin, à demi rasséréné par l'espoir que cette arrivée inattendue allait peut-être modifier les dispositions terribles qu'on lui proposait pour le lendemain.

CXIII

Où il est expliqué pourquoi M. Sarranti n'était plus dans le cachot des condamnés à mort.

En entrant dans son cabinet, la première chose qu'aperçut le roi fut le moine, debout, pâle, immobile et roide comme une statue de marbre, à l'autre extrémité de l'appartement.

Ne pouvant s'asseoir, la rigide et sombre figure s'était adossée au lambris pour ne pas tomber.

Le roi s'arrêta court en voyant cette espèce de spectre.

— Ah! fit Charles X, c'est vous, mon père?

— Oui, sire, répondit le prêtre d'une voix si faible, qu'elle semblait sortir de la bouche d'un fantôme.

— Mais vous semblez mourant?

— Mourant, en effet, sire... Je viens, selon mon vœu, de faire plus de huit cents lieues à pied. Dans les défilés du mont Cenis, je suis tombé malade : j'avais pris la fièvre en traversant les Maremmes. Je suis resté un mois dans une auberge entre la vie et la mort. Puis, enfin, comme le temps pressait, comme le jour de l'exécution de mon père arrivait, je me suis remis en chemin. Au risque de mourir adossé à quelque borne de la route, j'ai mis quarante jours à faire cent cinquante lieues, et je suis arrivé il y a deux heures...

— Mais pourquoi n'avez-vous pas pris une voiture quelconque? Ne fût-ce que par charité, on vous eût abrégé les fatigues du chemin.

— J'avais fait vœu d'aller à Rome à pied et d'en revenir à pied, sire : je devais avant tout accomplir mon vœu.

— Et vous l'avez accompli?

— Oui, sire.

— Vous êtes un saint.

Un sourire d'une profonde tristesse passa sur les lèvres du moine.

— Oh! ne vous pressez point de me donner ce titre, dit-il. Je suis, au contraire, un criminel qui vient vous demander justice pour les autres et justice contre lui-même.

— Un mot avant tout, monsieur.

— Que le roi parle, dit l'abbé Dominique en s'inclinant.

— Vous étiez allé à Rome... dans quel but? pouvez-vous me le dire maintenant?

— Oui, sire. J'étais allé à Rome pour supplier Sa Sainteté de briser pour moi le sceau posé sur mes lèvres en m'autorisant à révéler le secret de la confession.

— De sorte, dit le roi avec un soupir, de sorte que, convaincu toujours de l'innocence de votre père, vous n'apportez cependant aucune preuve de cette innocence?

— Si fait, sire, et une preuve irrécusable.

— Parlez, alors.

— Le roi peut-il m'accorder cinq minutes?

— Le temps que vous voudrez, monsieur; vous m'intéressez vivement. Mais asseyez-vous. Je doute que vous ayez la force de parler debout.

— Cette force, qui était près de me manquer, la bonté du roi me la rend. Je parlerai debout, sire, comme il convient à un sujet qui parle à son roi... ou plutôt, je parlerai à genoux, comme il convient à un coupable qui parle à son juge.

— Arrêtez, monsieur, dit le roi.

— Pourquoi, sire?

— Vous allez me dire ce qu'il vous est défendu de révéler : le secret de la confession. Je ne veux pas être de moitié dans un sacrilége.

— Que le roi me pardonne. Si terrible que soit le court récit que j'ai à lui faire, il peut, sans sacrilége aucun, l'entendre maintenant.

— Alors, je vous écoute, monsieur.

— Sire, j'étais debout près du lit d'un mort, lorsqu'on m'appela au lit d'un moribond. Le mort n'avait plus besoin de mes prières, le mourant avait besoin de mon absolution ; j'allai au mourant...

Le roi s'approcha du prêtre, dont la voix arrivait à peine jusqu'à lui, et, sans s'asseoir, appuya sa main sur une table.

Il était évident qu'il s'apprêtait à écouter avec le plus profond intérêt.

— Le mourant commença sa confession ; mais à peine en avait-il dit quelques mots, que je l'arrêtai.

» — Vous êtes Gérard Tardieu, lui dis-je ; je ne puis écouter un mot de plus de ce que vous allez dire.

» — Et pourquoi cela ? demanda le moribond.

» — Parce que je suis Dominique Sarranti, le fils de celui que vous avez accusé de vol et d'assassinat.

» Et je reculai mon fauteuil de son lit.

» Mais lui me retint par ma robe.

» — Mon père, dit-il, c'est la Providence, au contraire, qui vous conduit près de moi. J'eusse été vous chercher au bout du monde, si j'eusse su où vous trouver, pour vous faire écouter ce que vous allez entendre... Moine, c'est mon crime que je dépose dans votre sein. Fils, c'est l'innocence de votre père que je vous rends. Je vais mourir ; moi mort, dites tout ce que je vais vous raconter...

» Et alors, sire, il me raconta une chose terrible : d'abord qu'il s'était volé lui-même pour faire retomber les soupçons sur mon père, qui, ce jour-là même, ayant conspiré contre votre frère, était forcé de fuir.

» Puis il aborda le crime, le vrai crime, sire !...

— Mais comment pouvez-vous me dire tout cela, monsieur, puisque vous n'avez su tout cela que sous le sceau de la confession ?

— Laissez-moi achever, sire... Je vous dis, je vous jure,

je vous proteste que je ne veux pas induire votre âme en péché, que la mienne seule court risque de se perdre... ou plutôt, — Seigneur mon Dieu! ajouta le moine en levant les yeux au ciel, — ou plutôt elle est déjà perdue.

— Continuez, fit le roi.

— Alors, Gérard Tardieu me raconta que, cédant aux conseils d'une femme avec laquelle il vivait, il avait résolu de se défaire de ses deux neveux. Certes, ce ne fut pas sans hésitations, sans combats, sans remords qu'il arriva à cette résolution; mais, enfin, il y arriva... Les deux complices se partagèrent l'horrible besogne : lui se chargea du petit garçon; elle, de la petite fille. Lui réussit en jetant son neveu dans un étang et en l'assommant avec une rame chaque fois qu'il revenait sur l'eau...

— Savez-vous que c'est horrible, ce que vous me racontez là!

— Horrible! oui, sire, je le sais.

— Et qu'il faudra me donner la preuve de tout ce que vous avancez.

— Je vous la donnerai, sire.

— La femme échoua, continua le moine : au moment où elle allait égorger la pauvre enfant, un chien, attiré par les cris de la petite fille, rompit sa chaîne, brisa une fenêtre, sauta au cou de la femme et l'étrangla. La petite fille s'enfuit tout ensanglantée...

— Et elle vit? demanda le roi.

— Je ne sais. Votre police l'a fait disparaître pour effacer ce témoignage en faveur de mon père.

— Monsieur, je vous jure, foi de gentilhomme, que justice sera faite de tout cela... Seulement, la preuve! la preuve!

— La preuve, dit le moine en tirant un manuscrit de sa poche, la voilà.

Et, s'inclinant devant le roi, il lui remit le rouleau de papier sur lequel étaient écrits ces mots :

« Ceci est ma confession générale devant Dieu et devant les hommes, pour être, si besoin est, rendue publique après ma mort.

» GÉRARD TARDIEU. »

— Et depuis quand avez-vous ce papier? demanda le roi.

— Je l'ai toujours eu, sire, répondit le moine ; l'assassin me le donna, croyant qu'il allait mourir.

— Et, ayant ce papier, vous n'avez rien dit, vous ne l'avez pas mis sous les yeux des juges, vous ne me l'avez pas donné ?

— Sire, ne voyez-vous pas, sur ce papier lui-même, que la confession du coupable ne pouvait être rendue publique qu'après sa mort ?

— Il est donc mort, alors ?

— Oui, sire, répondit le moine.

— Depuis quand ?

— Depuis trois quarts d'heure ; le temps qu'il m'a fallu pour venir de Vanvres à Saint-Cloud.

— Oh ! le misérable ! dit le roi. C'est une permission de Dieu qu'il soit mort à temps.

— Oui, je crois que c'est une permission de Dieu, sire... Mais je sais, continua le moine en mettant un genou en terre, je sais un homme aussi misérable, plus misérable que celui qui est mort.

— Que voulez-vous dire ? demanda le roi.

— Je veux dire que M. Gérard n'est pas mort de sa mort naturelle, sire.

— Il s'est suicidé ? s'écria le roi.

— Non sire : il a été assassiné !

— Assassiné ! s'écria le roi, qui apercevait au milieu de toutes ces ténèbres une lueur pareille à celle d'un éclair ; assassiné ! et par qui ?

Le moine tira de sa poitrine le couteau avec lequel il avait tué M. Gérard, et le déposa aux pieds du roi.

Le couteau était tout ensanglanté.

La main du moine était sanglante.

— Oh ! fit le roi en reculant d'un pas, l'assassin, c'est... Il n'osa pas achever.

— C'est moi, sire, dit le moine en courbant la tête ; c'était le seul moyen de sauver l'honneur et la tête de mon père. L'échafaud est dressé, sire ; ordonnez que j'y monte !

Il se fit un moment de silence, pendant lequel le moine resta le front courbé en attendant son arrêt.

Mais, au grand étonnement de l'abbé Dominique, le roi, qui, à la vue du poignard taché de sang, avait fait un pas en arrière, le roi, sans s'avancer vers lui, mais d'une voix douce :

— Relevez-vous, monsieur, dit-il ; votre crime est sans doute un crime horrible, épouvantable ; mais il a son explication, sinon son excuse, dans votre dévouement à votre père : c'est votre amour filial qui vous a mis le couteau à la main, et, quoiqu'il ne soit donné à personne de se faire justice dans sa propre cause, la loi appréciera, et je n'ai rien à dire, rien à faire jusqu'à l'heure du jugement qui sera porté contre vous.

— Mais mon père, sire ! mon père ! s'écria le jeune homme.
— C'est autre chose.

Le roi sonna ; un huissier parut sur la porte.

— Prévenez M. le préfet de police et M. le garde des sceaux que je les attends ici.

Puis, comme le moine était resté le genou en terre malgré l'invitation qui lui avait été faite de se relever :

— Relevez-vous, monsieur, lui dit une seconde fois Charles X.

Le moine obéit ; mais il était si faible, qu'il fut obligé de s'appuyer sur la table pour ne pas tomber.

— Asseyez-vous, monsieur, dit le roi.
— Sire ! balbutia le moine.
— Je vois bien qu'il vous faut un ordre. Je vous ordonne donc de vous asseoir.

Le moine tomba à moitié évanoui sur un fauteuil.

En ce moment, le préfet de police et le ministre de la justice parurent à la porte, se rendant au commandement du roi.

— Messieurs, leur dit le roi presque gaiement, j'avais raison lorsque je vous disais tout à l'heure que l'arrivée de la personne que l'on m'annonçait pourrait bien changer la face des choses.

— Que veut dire Votre Majesté ? demanda le ministre de la justice.

— Je veux dire que j'avais grandement raison lorsque je prétendais qu'il ne fallait se servir de l'état de siége qu'à la dernière extrémité ; or, nous n'en sommes pas là, Dieu merci !

Puis, se retournant vers le préfet de police :

— Vous m'avez dit, monsieur, que, sans la complication

de la mort de Manuel et de l'exécution de M. Sarranti, vous vous faisiez fort d'être maître de la situation, sans coup férir.

— Oui, sire.

— Eh bien, vous n'avez plus de complication à redouter. A partir de ce moment, M. Sarranti est libre; j'ai en main les preuves de son innocence.

— Mais..., dit le préfet de police stupéfait.

— Vous allez prendre monsieur dans votre voiture, dit le roi en montrant frère Dominique; vous irez avec lui à la Conciergerie; vous mettrez à l'instant même M. Sarranti en liberté. Je vous répète qu'il est innocent et que je ne veux pas qu'un innocent, du moment où son innocence m'est prouvée, reste une minute de plus sous les verrous.

— Oh! sire! sire! dit le moine en tendant ses mains reconnaissantes vers le roi.

— Allez, monsieur, dit Charles X, et ne perdez pas un instant.

Puis, se tournant vers le moine:

— Vous avez huit jours pour vous remettre des fatigues de votre voyage, mon frère, lui dit-il; dans huit jours, vous vous constituerez prisonnier.

— Oh! oui, sire! s'écria le moine; faut-il que je vous jure?

— Je ne vous demande pas de serment; votre parole me suffit.

Puis, se tournant vers le préfet:

— Allez, monsieur, dit-il, et qu'il soit fait comme je le désire.

Le préfet de police s'inclina et sortit, suivi du moine.

— Votre Majesté me fera-t-elle la grâce de m'expliquer...? hasarda le ministre de la justice.

— L'explication sera courte, monsieur, dit le roi. Prenez ce papier: il renferme la preuve de l'innocence de M. Sarranti. Je vous engage à le communiquer à M. le ministre de l'intérieur. Selon toute probabilité, éprouvera-t-il quelque mortification en lisant le nom du véritable assassin et en reconnaissant, dans ce nom, celui d'un homme dont il soutenait la candidature. Quant au moine, comme il faut que justice se fasse, vous aurez soin que son affaire soit appelée aux prochaines assises... Ah! tenez, monsieur, prenez ce couteau: c'est une pièce de conviction.

Et, laissant le garde des sceaux libre de se retirer ou de le suivre, le roi rentra tout joyeux dans le salon où l'attendait la grand veneur.

— Eh bien, sire? demanda celui-ci.

— La chasse tient pour demain, mon cher comte, dit le roi : tâchez qu'elle soit bien menée !

— Le roi me permet-il de lui dire, fit le grand veneur, que jamais je ne lui ai trouvé meilleur visage?

— En effet, mon cher comte, répondit Charles X, depuis un quart d'heure, je me sens rajeuni de vingt ans.

Puis, aux ministres qui écoutaient tout ébahis :

— Messieurs, dit-il, d'après les nouvelles qu'il vient d'apprendre, M. le préfet de police répond de la tranquillité de la ville de Paris pour demain.

Et, les saluant de la main, il fit un dernier tour dans les salons, prévint le dauphin que la chasse tenait, dit un mot gracieux à madame la duchesse d'Angoulême, embrassa madame la duchese de Berry, donna une tape de grand-père sur la joue du duc de Bordeaux, ni plus ni moins qu'eût fait un bourgeois de la rue Saint-Denis ou du boulevard du Temple, et rentra dans sa chambre à coucher.

Là, il alla au baromètre placé en face de son lit, poussa un cri de joie en voyant qu'il était au beau fixe, dit ses prières, se coucha, et s'endormit en prononçant ces consolantes paroles.

— Ah! Dieu merci ! nous aurons demain un beau temps pour la chasse !

C'est par suite des événements que nous venons de raconter qu'en pénétrant dans le cachot de M. Sarranti, Salvator avait trouvé ce cachot vide.

CXIV

Histoire de politiquer un instant.

Parmi les personnages qui ont joué un rôle sinistre dans le drame que nous faisons passer sous les yeux du lecteur, il en est un que, nous l'espérons du moins, ils n'auront pas entièrement oublié.

Nous voulons parler du colonel Rappt, le père et le mari de Régina de la Mothe-Houdan.

Il va sans dire que, grâce à l'emprunt fait à maître Baratteau, et à la restitution de Gibassier, rien n'avait transpiré de l'affaire des lettres.

Toutefois, et afin que l'on comprenne bien les scènes qui vont suivre, nous demandons à nos lecteurs la permission de leur redire en quelques mots ce que, plus longuement déjà, nous leur avons dit du comte Rappt.

Pétrus avait fait ainsi son portrait physique :

« Tout est froid et immobile comme le marbre dans cet homme, et semble, par un certain instinct matériel, tendre vers la terre; ses yeux sont ternes comme un verre dépoli; ses lèvres sont minces et serrées; le nez est rond; le teint, couleur de cendre; la tête remue, jamais les traits. Si l'on pouvait recouvrir un masque de glace d'une peau vivante, mais qui eût cependant cessé d'être animée par la circulation du sang, ce chef-d'œuvre d'anatomie pourrait donner une faible idée du visage de cet homme. »

De son côté, Régina avait fait son portrait moral ou plutôt immoral.

Elle lui avait dit, le soir de ses noces, dans la scène terrible que nous avons racontée :

« Vous êtes à la fois ambitieux et dissipateur ; vous avez de grands besoins, et ces grands besoins vous mettent en face de grands crimes. Devant ces crimes, un autre reculerait peut-être ; vous, point ! Vous épousez votre fille pour deux millions ; vous vendrez votre femme pour être ministre... »

Puis elle avait ajouté :

« Tenez, monsieur, voulez-vous savoir toute ma pensée ? voulez-vous connaître une bonne fois ce qu'il y a pour vous au fond de mon cœur ? Eh bien, il y a ce sentiment que vous éprouvez pour tout le monde, vous, et que je n'avais jamais éprouvé pour personne, moi : il y a de la haine. Je hais votre ambition ; je hais votre orgueil ; je hais votre lâcheté. Je vous hais de la tête aux pieds, car, de la tête aux pieds, vous n'êtes que mensonge ! »

Le comte Rappt, avant son départ pour Saint-Pétersbourg, où il avait été, on se le rappelle, envoyé en mission extraordinaire, avait donc, au physique, un visage de marbre, au moral, un cœur de pierre.

Voyons si son voyage vers le pôle avait changé, modifié, animé l'un ou l'autre.

On était au vendredi 16 novembre, c'est-à-dire à la veille des élections, deux mois environ après les événements qui ont fait le sujet de nos précédents chapitres.

Le 16 novembre, avait paru au *Moniteur* l'ordonnance de dissolution de la Chambre et de convocation des colléges électoraux d'arrondissement, pour le 17 du même mois.

C'étaient donc dix jours seulement que l'on accordait aux électeurs pour se réunir, se concerter et choisir leurs candidats. Cette convocation précipitée aurait pour résultat infaillible, à ce que rêvait M. de Villèle du moins, de diviser les électeurs de l'opposition, qui, pris à l'improviste, perdraient le temps à discuter leurs choix, tandis que les électeurs ministériels, serrés, unis, disciplinés, passifs, voteraient comme un seul homme.

Mais tout Paris, depuis longtemps, flairait la dissolution de la Chambre et se faisait une fête de ne pas réaliser le rêve de M. de Villèle ; car on a beau chercher à l'aveugler, ce grand Paris : il a cent yeux comme Argus, et il transperce les ténèbres ; car on a beau le terrasser comme Antée : comme Antée, il reprend sa force lorsqu'il touche la terre ; car on a beau, lorsqu'on le croit mort, l'enterrer comme Encelade : chaque fois qu'il se retourne dans sa tombe, comme Encelade il remue le monde.

Tout Paris, sans dire un mot — c'est son éloquence que de se taire, c'est sa diplomatie que de garder le silence — tout Paris, sans dire un mot, silencieusement attentif, le front rouge de honte, le cœur brisé et saignant, tout Paris, tout Paris opprimé, avili et en apparence esclave, s'apprêta au combat et choisit tacitement et savamment ses champions.

Un des candidats, et ce ne fut pas celui qui produisit le le moindre effet sur la population, un des candidats fut le colonel comte Rappt.

On se souvient qu'il était propriétaire ostensible d'un journal qui défendait énergiquement la monarchie légitime, et qu'en même temps il était, en secret, rédacteur principal d'une revue qui attaquait à outrance le gouvernement et conspirait contre lui en faveur du duc d'Orléans.

Dans le journal, il avait vigoureusement soutenu, prôné, défendu la loi contre la liberté de la presse; dans le numéro suivant de la revue, il avait reproduit le discours de Royer-Collard, où, entre autres paroles, on lisait ces lignes, tout à la fois éloquentes et railleuses:

« L'invasion n'est pas dirigée seulement contre la liberté de la presse, mais contre toute liberté naturelle, politique et civile, comme essentiellement nuisible et funeste. Dans la pensée intime de la loi, il y a eu de l'imprudence, au grand jour de la création, à laisser l'homme s'échapper libre et intelligent au milieu de l'univers; de là sont sortis le mal et l'erreur. Une plus haute sagesse vient réparer la faute de la Providence, restreindre sa liberté imprudente, et rendre à l'humanité, sagement mutilée, le service de l'élever enfin à l'heureuse innocence des brutes. »

S'agissait-il de l'expropriation, de mesures violentes, frauduleuses, tyranniques, ayant pour but de ruiner une entreprise utile, la revue attaquait énergiquement l'arbitraire et l'immoralité de ces mesures, que, de son côté, le journal défendait avec acharnement.

Plus d'une fois, M. Rappt avait déposé avec orgueil la plume qui avait attaqué dans l'un, défendu dans l'autre, et s'était félicité intérieurement de cette souplesse de talent et d'esprit qui lui permettait de fournir de si excellentes raisons à deux opinions si opposées.

Tel était le colonel Rappt, en tout temps, mais particulièrement à la veille des élections.

Dès le jour de son arrivée, il était allé rendre compte au roi du résultat de ses négociations, et le roi, enthousiasmé de la diligence et de l'habileté avec lesquelles il avait rempli sa mission, lui avait laissé entrevoir un portefeuille de ministre.

Le comte Rappt était revenu au boulevard des Invalides enchanté de sa visite au Tuileries.

Il s'était mis aussitôt à ourdir une circulaire électorale que le plus vieil expert en diplomatie eût été bien embarrassé d'expliquer.

En effet, rien n'était plus vague, plus ambigu, plus à double entente que cette circulaire. Le roi devait en être ravi, les congréganistes en devaient être satisfaits, et les électeurs de l'opposition agréablement surpris.

Au reste, nos lecteurs apprécieront ce chef-d'œuvre d'amphibologie, s'ils veulent bien assister aux différentes scènes jouées par ce grand comédien devant quelques-uns de ses électeurs.

Le théâtre représente le cabinet de travail de M. Rappt; au milieu est une table recouverte d'un tapis vert et chargée de papiers, devant laquelle est assis le colonel. A droite, en entrant, près d'une fenêtre, une autre table devant laquelle est assis le secrétaire du futur député, M. Bordier.

Un mot sur M. Bordier.

C'est un homme de trente-cinq ans, maigre, blême, à l'œil creux comme Basile : voilà pour le physique.

Au moral, c'est l'hypocrisie, l'astuce et la méchanceté de Tartufe.

M. Rappt a cherché longtemps, comme Diogène, non pas pour trouver un homme, mais pour trouver cet homme.

Enfin, il l'a trouvé : il y a des gens qui ont du bonheur.

Il est trois heures de l'après-midi, à peu près, au moment où nous levons le rideau sur ces deux personnages, dont l'un est bien connu de nos lecteurs, que nous prions, au reste, de ne pas accorder à l'autre plus d'importance qu'il n'en mérite.

Depuis le matin, M. Rappt reçoit électeurs sur électeurs : en 1848, c'était le candidat qui les allait chercher; vingt ans auparavant, ils venaient encore trouver le candidat.

Le front de M. Rappt ruisselle de sueur ; il a l'air fatigué d'un acteur qui vient de jouer ses quinze tableaux de drame.

— Est-ce qu'il y a encore beaucoup de monde dans l'antichambre, Bordier? demande-t-il à son secrétaire d'un air découragé.

— Je ne sais, monsieur le comte; mais on peut s'en assurer, répond celui-ci.

Et il alla entr'ouvrir la porte.

— Il y a au moins vingt personnes encore, dit-il presque aussi découragé que son maître.

— Jamais je n'aurai la patience d'écouter toutes ces niaiseries! dit le colonel en s'essuyant le front; c'est à devenir fou! J'ai envie de ne plus recevoir personne, ma parole d'honneur!

— Du courage, monsieur le comte! dit le secrétaire d'un ton languissant; comprenez donc qu'il y a là des électeurs qui disposent de vingt-cinq, trente et même quarante voix!

— Et vous êtes sûr, Bordier, qu'il n'y a pas, dans tout cela, des électeurs de contrebande? Remarquez qu'il n'y a pas un seul individu qui me promette sa voix sans me mettre le pistolet sous la gorge, autrement dit sans me demander quelque chose pour lui ou pour les siens!

— Ce n'est pas d'aujourd'hui, je le présume, que M. le comte apprend à apprécier le désintéressement du genre humain? dit Bordier de l'air dont Laurent eût répondu à Tartufe, ou Bazin à Aramis.

— Voyons, Bordier, connaissez-vous ces électeurs? dit le comte en faisant un effort.

— Je les connais pour la plupart, monsieur le comte; en tout cas, j'ai des notes sur chacun d'eux.

— Alors, continuons. Sonnez Baptiste.

Bordier sonna; un domestique parut.

— Quel nom, Baptiste? demanda le secrétaire.

— M. Morin.

— Attendez.

Et le secrétaire lut à demi voix les notes qu'il avait recueillies sur M. Morin.

« M. Morin, marchand de draps en gros. Il a une fabrique à Louviers. Homme très-influent, disposant personnellement de dix-huit à vingt voix ; caractère faible, ayant passé du rouge au tricolore et du tricolore au blanc ; disposé, selon son intérêt, à refléter toutes les couleurs du prisme. Il a un fils, mauvais sujet, ignorant et incapable, qui dévore d'avance son patrimoine. Il a écrit, il y a quelques jours, à M. le comte, pour le prier de placer ce fils. »

— Est-ce tout, Bordier ?
— Oui, monsieur le comte.
— Lequel des deux Morin est là, Baptiste ?
— Un jeune homme de vingt-huit à trente ans.
— C'est le fils, alors.
— Il vient chercher une réponse à la lettre de son père, dit finement Bordier.
— Faites entrer, dit le comte Rappt avec découragement.

Baptiste ouvrit la porte et annonça M. Morin.

Un jeune homme de vingt-huit à trente ans, ainsi que l'avait dit le domestique, entra d'un air dégagé dans le cabinet du comte Rappt, comme la dernière syllabe de son nom tremblait encore aux lèvres de celui qui l'avait annoncé.

— Monsieur, dit le jeune homme sans attendre que M. Rappt ou son secrétaire lui adressât la parole, je suis le fils de M. Morin, négociant en draps, électeur et éligible de votre circonscription. Mon père vous a écrit dernièrement pour vous prier de...

M. Rappt, qui tenait à ne point paraître oublieux, l'interrompit.

— En effet, monsieur, dit-il, j'ai reçu une lettre de monsieur votre père. Il s'adressait à moi pour que je vous fisse avoir une place. Et il me promet que, dans le cas où j'aurais le bonheur de vous être utile, je pourrais compter sur sa voix et sur celle de ses amis.

— Mon père, monsieur, est l'homme le plus influent du quartier. Il est regardé par tout son arrondissement comme le plus zélé défenseur du trône et de l'autel... oui, quoiqu'il aille rarement à la messe ; son commerce le tient. Mais, vous savez, les pratiques extérieures, grimaces ! n'est-ce pas ? Du reste, à côté de cela, c'est l'ordre incarné. Il se ferait tuer pour l'homme de son choix ; c'est vous dire que, puisqu'il vous a choisi, monsieur le comte, il combattra vos adversaires avec acharnement.

— Je suis fort heureux, monsieur, de connaître la bonne opinion que monsieur votre père a conçue de moi, je souhaite la mériter toujours; mais revenons à vous : quelle place désirez-vous, monsieur ?

— A vous parler franchement, monsieur le comte, dit le jeune homme en se fouettant, avec désinvolture, le mollet, de sa badine, je suis fort embarrassé pour vous répondre.

— Que savez-vous faire?

— Ma foi, pas grand'chose.

— Vous avez fait votre droit?

— Non ; je déteste les avocats.

— Vous avez étudié la médecine ?

— Non ; mon père déteste les médecins.

— Vous êtes artiste peut-être ?

— Étant enfant, j'ai appris à jouer du flageolet et à dessiner le paysage ; mais j'ai abandonné tout cela. Mon père me laissera trente mille livres de rente, monsieur.

— Au moins, avez-vous fait vos études comme tout le monde?

— Un peu moins que tout le monde, monsieur.

— Vous avez été au collège ?

— On est si mal chez tous ces marchands de soupe ! ma santé en souffrait, mon père m'en a retiré.

— Mais, enfin, en ce moment-ci, que faites-vous ?

— Moi ?

— Oui, vous, monsieur.

— Absolument rien... Voilà pourquoi mon cher papa désirerait que je fisse quelque chose.

— Alors, dit en souriant M. Rappt, vous continuez vos études?

— Ah! dit M. Morin fils se renversant en arrière pour rire à son aise, le mot est charmant! Oui, je continue mes études. Ah ! monsieur le comte, je redirai ce soir votre mot au Cercle.

M. Rappt regarda le jeune homme avec un air de profond mépris et se mit à réfléchir.

Puis, après un moment de réflexion :

— Aimez-vous les voyages, monsieur ? demanda-t-il

— C'est ma passion.

— Alors, vous avez déjà voyagé?

— Jamais; sans cela, je serais probablement dégoûté des voyages.

— Eh bien, je vous ferai donner une mission pour le Thibet.

— Avec un titre?

— Pardieu! qu'est-ce que la place, sans le titre?

— C'est ce que je pensais. Et que ferez-vous de moi? Voyons! dit M. Morin fils de l'air d'un homme qui croit embarrasser très-fort son prochain.

— On vous nommera inspecteur général des phénomènes météorologiques du Thibet. Vous savez que le Thibet est le pays des phénomènes?

— Non. Je ne connais que les chèvres du Thibet, avec lesquelles on fait le cachemire; et encore je n'ai jamais voulu me déranger pour aller voir celles qui sont arrivées au Jardin des Plantes.

— Eh bien, vous les verrez dans leur patrie, ce qui est toujours plus intéressant.

— Sans doute; d'abord, parce que l'on en voit davantage. Mais il vous faudra déplacer quelqu'un pour moi?

— Rassurez-vous, cette place n'existe pas.

— Mais, si elle n'existe pas, monsieur, s'écria le jeune homme, qui se crut mystifié, comment pourrai-je la remplir?

— On la créera exprès pour vous, dit le comte Rappt en se levant et en congédiant M. Morin par ce mouvement.

Le comte avait prononcé ces derniers mots avec tant de gravité, que le jeune homme fut convaincu.

— Soyez assuré, monsieur, dit celui-ci en mettant la main sur son cœur, soyez assuré de ma reconnaissance personnelle et de la reconnaissance plus efficace de mon père.

— Au plaisir de vous revoir, monsieur, dit le comte Rappt tandis que Bordier sonnait.

Le domestique entra, croisant M. Morin fils, qui sortait en criant:

— Quel grand homme!

— Quel idiot! fit M. Rappt; et dire qu'un homme comme moi est obligé de faire sa cour à des hommes comme celui-là!...

— Qui est là, Baptiste? demanda le secrétaire.

— M. Louis Renaud, pharmacien.

Nos lecteurs se souviennent sans doute du brave pharmacien du faubourg Saint-Jacques, qui mit tant de zèle à aider Salvator et Jean Robert à saigner Barthélemy Lelong, menacé d'une apoplexie foudroyante à la suite de la descente rapide que lui avait fait faire Salvator pendant la nuit du mardi gras au mercredi des Cendres.

C'est de sa cour, si on veut bien se le rappeler, que les deux jeunes gens avaient entendu ces doux accords de violoncelle qui les avaient conduits chez notre ami Justin, que nous retrouverons, un jour ou l'autre, dans la retraite où il se cache avec Mina.

— Qu'est-ce que M. Louis Renaud? demanda le comte Rapt, pendant que le domestique introduisait le pharmacien.

CXV

Un voltairien.

Le secrétaire prit le dossier relatif à M. Louis Renaud, et lut :

« M. Louis Renaud, pharmacien, faubourg Saint-Jacques, propriétaire de deux ou trois immeubles, et notamment d'une maison située rue Vanneau, où il a fait élection de domicile personnel, et où demeurent une douzaine d'électeurs dont il dispose; bourgeois incarné, ancien girondin, exécrant le nom de Napoléon, qu'il n'appelle jamais que M. de Buonaparté, et ne pouvant voir en face les hommes d'Église, qu'il désigne tous sous le nom collectif de *calotins;* homme à ménager, voltairien classique, abonné à toutes les publications libérales, au Voltaire, édition Touquet, et prisant dans une tabatière à la Charte. »

— Que diable peut venir demander celui-là? fit le comte Rappt.
— On n'a pu le savoir, répondit Bordier; mais...
— Chut! le voici, dit le comte.
Le pharmacien se montrait.
— Entrez, entrez, monsieur Renaud, dit d'une voix affable le député en herbe, lequel, voyant que le pharmacien, plein d'humilité, restait sur le seuil de la porte, alla à lui, le prit par la main et le força en quelque sorte d'entrer.
En l'attirant à lui, le comte Rappt lui serra vivement la main.
— C'est trop d'honneur, monsieur, murmurait le pharmacien; c'est, en vérité, trop d'honneur.
— Comment! trop d'honneur? Les braves gens comme vous sont rares, monsieur Renaud, et il y a plaisir, quand on les rencontre, à leur serrer la main. D'ailleurs, un grand poëte n'a-t-il pas dit :

> Les mortels sont égaux; ce n'est point la naissance,
> C'est la seule vertu qui fait la différence.

Vous connaissez ce grand poëte, n'est-ce pas, monsieur Louis Renaud?
— Oui, monsieur le comte : c'est l'immortel Arouet de Voltaire. Mais que je connaisse et que j'admire M. Arouet de Voltaire, il n'y a rien d'étonnant à cela; ce qui m'étonne, moi, c'est que vous me connaissiez.
— Si je vous connais, cher monsieur Renaud! dit le comte Rappt sur le même ton que don Juan dit : « Cher monsieur Dimanche, si je vous connais! je le crois bien, et de longue date, allez! » — Aussi j'ai été enchanté quand j'ai su que vous quittiez la rue Saint-Jacques pour vous rapprocher de nous; car, si je ne me trompe, vous habitez maintenant la rue Vanneau?
— En effet, monsieur, dit le pharmacien de plus en plus étonné.
— Et quelle circonstance me procure le bonheur de vous voir, cher monsieur Renaud?

— J'ai lu votre circulaire, monsieur le comte.

Le comte s'inclina.

— Oui, je l'ai lue, et relue même, appuya le pharmacien; et la phrase où vous parlez des injustices qui se commettent sous le manteau de la religion m'a décidé, malgré ma répugnance, à sortir de ma sphère, — car je suis philosophe, moi, monsieur le comte, — à venir vous faire une visite et à vous soumettre quelques faits à l'appui de votre dire.

— Parlez, cher monsieur Renaud, et croyez que je vous serai on ne peut plus reconnaissant des renseignements que vous voudrez bien me donner. Ah! cher monsieur Renaud, nous vivons dans un triste temps!

— Temps d'hypocrisie et de cafardise, monsieur, répondit le pharmacien à voix basse, règne de calotins! Vous savez ce qui s'est passé dernièrement à Saint-Acheul?

— Oui, monsieur, oui.

— Des magistrats, des maréchaux, ont été vus suivant la procession avec des cierges.

— C'est déplorable; mais je présume que ce n'est point de Saint-Acheul que vous avez à me parler.

— Non, monsieur, non.

— Eh bien, causons de nos petites affaires; car vos affaires sont les miennes, mon cher voisin. Mais asseyez-vous donc.

— Jamais, monsieur!

— Comment, jamais?

— Demandez-moi tout ce que voudrez, monsieur le comte, mais pas de m'asseoir devant vous; je sais trop ce que je vous dois.

— Allons, je ne veux pas vous contrarier. Dites-moi ce qui vous amène, mais, là, comme à un camarade, comme à un ami.

— Monsieur, je suis propriétaire et pharmacien, et j'exerce honorablement les deux états, comme vous paraissez le savoir.

— Je le sais, en effet, monsieur, je le sais.

— J'exerce l'état de pharmacien depuis trente ans.

— Oui, je comprends : vous avez commencé par ce dernier, et, tout doucement, il vous a conduit à l'autre.

— On ne saurait rien vous cacher, monsieur; eh bien,

j'ose dire que, depuis trente ans, quoique nous ayons passé par le consulat et l'empire de M. Buonaparté, j'ose dire que, depuis trente ans, monsieur le comte, on n'a rien vu de pareil à ce qui se passe.

— Que voulez-vous dire? Vous m'effrayez, cher monsieur Renaud !

— Le commerce ne va pas; on gagne à peine sa vie, monsieur !

— Et d'où vient une pareille stagnation, dans votre commerce surtout, cher monsieur Renaud?

— Ce n'est plus mon commerce, monsieur le comte, et c'est ce qui vous prouve combien je suis désintéressé dans la question; c'est celui de mon neveu : je lui ai cédé mon fonds depuis trois mois.

— Et à de bonnes conditions, à des conditions paternelles ?

— Paternelles, c'est le mot: moyennant des payements échelonnés. Eh bien, monsieur le comte, le commerce de mon neveu est arrêté, suspendu momentanément; — quand je dis momentanément, c'est une espérance plutôt qu'une conviction. Imaginez-vous que l'on ne fait rien de rien, monsieur.

— Diable! diable! diable! fit le futur député paraissant confondu. Et qui peut donc entraver le commerce de monsieur votre neveu, je vous le demande, cher monsieur Renaud? Ses opinions politiques ou les vôtres un peu trop avancées, peut-être?

— Nullement, monsieur, nullement; les opinions politiques n'ont rien à voir là dedans.

— Ah! reprit le comte d'un air fin et en donnant en même temps à ses paroles et à son accent une intonation d'une certaine vulgarité qui, il faut le dire, n'était point dans ses habitudes, mais qu'il crut devoir affecter en cette circonstance pour se rapprocher de son client; c'est que nous avons des pharmaciens qui sont des cadets...

— Oui, M. Cadet-Gassicourt, pharmacien du soi-disant empereur, M. de Buonaparté; car vous savez que je l'appelle toujours M. de Buonaparté.

— C'est une locution qu'affectionnait particulièrement S. M. Louis XVIII.

— Je l'ignorais: roi philosophe, celui-là, à qui nous devons la Charte. Mais, pour en revenir au commerce de mon neveu...

— Je n'eusse point osé vous y ramener, cher monsieur Renaud; mais, puisque vous y revenez de vous-même, vous me faites plaisir.

— Eh bien, je disais donc, que l'on soit girondin ou jacobin, royaliste ou empiriste, c'est ainsi que je désigne les napoléoniens, monsieur.

— La désignation me paraît pittoresque.

— Je disais donc que les opinions, quelles qu'elles fussent, n'empêchaient ni les rhumes de poitrine, ni les rhumes de cerveau.

— Alors, cher monsieur Renaud, permettez-moi de vous dire que je ne comprends pas ce qui peut arrêter le débit des médicaments à l'usage des personnes enrhumées.

— Cependant, murmura en demi-aparté le pharmacien, qui parut réfléchir profondément, cependant j'ai lu votre circulaire; je crois bien en avoir compris le sens intime, et dès lors il me semble que nous devrions nous entendre au premier mot.

— Expliquez-vous, s'il vous plaît, cher monsieur Renaud, dit le comte Rappt, qui commençait à s'impatienter; car, à vous parler franchement, je ne vois pas nettement quel rapport ma circulaire peut avoir avec la stagnation des affaires de monsieur votre neveu.

— Vous ne le voyez pas? demanda le pharmacien étonné.

— En vérité, non, répondit assez sèchement le futur député.

— N'avez-vous pas fait une allusion transparente aux infamies commises par les calotins? C'est ainsi que j'appelle les prêtres, moi.

— Entendons-nous, monsieur, interrompit en rougissant M. Rappt, qui ne voulait pas être entraîné trop loin dans les voies du libéralisme comme l'entendait *le Constitutionnel.* J'ai parlé, sans doute, d'injustices commises par certaines personnes sous le manteau de la religion; mais je ne me suis pas servi d'expressions aussi... sévères que celles que vous venez d'employer.

— Passez-moi l'expression, monsieur le comte; comme dit M. de Voltaire:

J'appelle un chat un chat et Rolet un fripon.

Le comte Rapt allait faire observer au digne pharmacien que sa citation était inexacte à l'endroit de l'auteur si elle était fidèle à l'endroit du vers; mais il songea que ce n'était point le moment d'engager une polémique littéraire, et il se tut.

— Je ne sais pas jouer sur les mots, continua le pharmacien. Je n'ai reçu d'éducation que ce qu'il m'en a fallu pour élever honnêtement ma famille, et je n'ai point la prétention de m'exprimer comme un académicien; mais j'en reviens à votre circulaire, et je soutiens que nous sommes d'accord, si je l'ai bien comprise.

Ces mots, dits avec une certaine rudesse, interloquèrent un moment le candidat, qui, pensant que son électeur pouvait le mener trop loin, s'empressa de l'arrêter par ces hypocrites paroles:

— On est toujours d'accord avec les honnêtes gens, monsieur Louis Renaud.

— Eh bien, puisque nous sommes d'accord, dit Louis Renaud, je puis donc vous raconter ce qui se passe.

— Parlez, monsieur.

— Dans la maison que j'habitais quand j'ai cédé à mon neveu, maison dont je vous parle sciemment, puisque j'en suis le propriétaire, demeurait, il y a quelques jours encore, un pauvre vieux maître d'école, c'est-à-dire, de son état primitif, ce n'était pas un maître d'école, c'était un musicien.

— N'importe.

— Oui, n'importe! Il se nommait Müller et instruisait presque gratuitement une vingtaine d'enfants, remplaçants dans cette noble et pénible mission, le véritable instituteur nommé Justin et parti pour l'étranger, par suite, non pas de mauvaises affaires, mais d'événements de famille. Eh bien, le digne M. Müller jouissait de l'estime de tout le quartier; mais les hommes noirs de Montrouge passaient souvent devant l'école et ils ne voyaient pas sans chagrin et sans haine des enfants élevés par d'autres qu'eux. Or, un matin, on est venu signifier au pauvre maître d'école par intérim, qu'il lui fallait déguerpir, lui et ses enfants, et la famille de l'instituteur qu'il remplaçait; et, depuis quinze jours, ce sont les frères ignorantins qui ont pris l'école; rien qu'au point de vue de la morale, vous comprenez comment cela doit marcher, n'est-ce pas?

— Je ne comprends pas trop, fit M. Rappt embarrassé.

— Comment, vous ne comprenez pas trop?

Alors, s'approchant du comte et clignant de l'œil :

— Vous connaissez la nouvelle chanson de Béranger, cependant.

— Je dois la connaître, dit M. Rappt; mais il faudrait me pardonner si je ne la connaissais pas : depuis deux mois et demi, je suis hors de France, à la cour du tzar.

— Ah! si M. de Voltaire vivait, le grand philosophe ne dirait plus comme du temps de Catherine seconde :

C'est du Nord aujourd'hui que nous vient la lumière.

Monsieur Louis Renaud, fit le comte impatienté, par grâce, revenons...

— A la nouvelle chanson de Béranger. Vous voulez que je vous la chante, monsieur le comte? Volontiers.

Et le pharmacien commença :

« Hommes noirs, d'où sortez-vous?
— Nous sortons de dessous terre... »

— Non, dit le comte, revenons à votre M. Müller; vous réclamez pour lui une indemnité, n'est-ce pas?

— Il y a toute sorte de droits, répondit le pharmacien; mais ce n'est pas de lui seulement que je veux vous parler : je m'en rapporte à vous pour réparer cette injustice qui vous a frappé, je le vois bien; non, je veux vous parler du commerce de mon neveu.

— Remarquez, mon cher monsieur, que je vous y ramène sans cesse et de toutes mes forces.

— Eh bien, il est interrompu d'une part, le commerce de mon neveu, d'abord, parce que les frères ignorantins font chanter les enfants toute la journée, et que les pratiques se sauvent en entendant ces cris forcenés.

— J'aviserai au moyen de les faire déménager, monsieur Renaud.

— Attendez un moment, reprit le pharmacien; car ce n'est pas le tout; d'une autre part, ces frères ont des sœurs: autrement dit, près de ces frères il y a des sœurs, lesquelles sœurs débitent, à 40 pour 100 au-dessous du cours, des médicaments qu'elles fabriquent elles-mêmes, de véritables drogues, celles-là! Si bien qu'il se passe des journées, à la pharmacie, où l'on ne voit pas un chat! si bien qu'il faudra que mon neveu, qui a encore trois payements à me faire, ferme boutique si vous ne trouvez pas moyen de remédier au mal que lui causent à la fois les sœurs et les frères!

— Eh quoi! s'écria M. Rappt d'un air indigné, car il vit bien qu'il n'en finirait jamais avec le filandreux apothicaire, s'il n'abondait pas dans son sens, eh quoi! des sœurs ignorantes se permettent de débiter des médicaments au préjudice d'un des plus honnêtes pharmaciens de la ville de Paris?

— Oui, monsieur, dit Louis Renaud, vivement ému du profond intérêt que le comte Rappt paraissait prendre à sa cause, oui, monsieur, elles ont cette audace, les calotines!

— C'est incroyable! s'écria le comte Rappt en laissant tomber sa tête sur sa poitrine et ses mains sur ses genoux. En quels temps vivons-nous, mon Dieu! mon Dieu!

Et il ajouta, comme plein de doute :

— Et vous pourriez me donner la preuve de ce que vous avancez, cher monsieur Renaud?

— La voici, monsieur, répliqua l'apothicaire en tirant de sa poche une feuille de papier pliée en quatre; c'est une pétition signée par douze médecins les plus notables de l'arrondissement.

— Voilà qui me révolte véritablement! répliqua M. Rappt. Remettez-moi cette pièce, cher monsieur Renaud : je vous en rendrai bon compte; on y fera droit, je vous jure, ou j'y perdrai mon nom d'honnête homme.

— Ah! l'on m'avait bien dit que je pouvais me fier à vous! s'écria le pharmacien touché du résultat de sa visite.

— Oh! quand je vois une injustice, je suis impitoyable, moi, dit le comte en se levant et en reconduisant son électeur. Avant peu, vous aurez de mes nouvelles, et vous verrez comment je tiens ce que je promets !

— Monsieur, dit le pharmacien en se retournant et en tenant, comme un habile acteur, à dire son dernier mot sur sa sortie, je ne saurais vous exprimer combien je suis ému de votre franchise et de votre droiture : j'avais peur, en entrant, je l'avoue, de n'être pas compris par vous comme je le désirais.

— Est-ce que l'on ne se comprend pas toujours entre gens de cœur?... se hâta de dire M. Rappt en poussant Louis Renaud vers la porte.

Le brave homme sortit, et Baptiste annonça :

— M. l'abbé Bouquemont et M. Xavier Bouquemont, son frère.

— Qu'est-ce que c'est que ces Bouquemont? demanda le comte Rappt au nomenclateur Bordier.

Bordier lut :

« L'abbé Bouquemont, quarante-cinq ans; il a une cure aux environs de Paris; homme rusé et intrigant insatiable. Il rédige une prétendue revue bretonne encore inédite, intitulée *l'Hermine*. Il a fait tous les métiers pour être abbé, et, maintenant qu'il est abbé, il ferait tous les métiers pour être évêque; son frère est peintre *sacré*, c'est-à-dire qu'il ne fait que les tableaux d'église; il fuit le nu. Il est hypocrite, vaniteux et envieux comme tous les artistes sans talent. »

— Peste! dit le comte Rappt, ne faites pas attendre.

CXVI

Trio de masques.

Baptiste introduisit l'abbé Bouquemont et M. Xavier Bouquemont.

Le comte Rappt, qui venait de s'asseoir, se releva et salua les deux nouveaux venus.

— Monsieur le comte, dit l'abbé d'une voix criarde ; — l'abbé était un homme petit, trapu, gras et grêlé, d'une laideur basse ; — monsieur le comte, dit-il, je suis propriétaire et rédacteur en chef d'une modeste revue dont le nom n'a pas eu encore, selon toute probabilité, l'honneur d'arriver jusqu'à vous.

— Je vous demande pardon, monsieur l'abbé, interrompit le futur député, je suis, au contraire, un des lecteurs les plus assidus de *l'Hermine*; car c'est bien là le nom de la revue que vous dirigez, n'est-ce pas ?

— Oui, monsieur le comte, dit l'abbé confondu, mais doutant que M. Rappt fût réellement un des lecteurs les plus assidus d'un recueil qui n'avait pas encore paru.

Mais Bordier, qui, sans avoir l'air d'ouvrir les yeux et de tourner les oreilles, était là voyant et entendant tout, Bordier comprit la défiance de l'abbé, et, tendant à M. Rappt une brochure avec une couverture jaune :

— Voici le dernier numéro, dit-il.

M. Rappt jeta un coup d'œil sur la brochure, s'assura qu'elle était coupée et la tendit à M. l'abbé Bouquemont.

Mais celui-ci la repoussa de la main.

— Dieu me garde, dit-il, de douter de vos paroles, monsieur le comte !

Mais, au fond, il en avait douté parfaitement.

— Diable! se dit-il à part lui, tenons-nous bien! nous avons affaire à forte partie. Pour que cet homme-là ait chez lui un exemplaire d'une revue qui n'a pas encore été mise en circulation, il faut que ce soit un rude gaillard. Tenons-nous bien!

— Votre nom, continua M. Rappt, s'il n'est pas en ce moment, sera du moins bientôt un des plus illustres de la presse militante. En fait de polémique ardente, je connais peu de publicistes destinés à monter à votre hauteur. Si tous les champions de la bonne cause étaient aussi vaillants que vous, monsieur l'abbé, ou je m'abuse, ou nous n'aurions pas longtemps à combattre.

— En effet, avec des généraux comme vous, colonel, répondit l'abbé sur le même ton, la victoire me paraît facile; c'est ce que nous disions ce matin encore, mon frère et moi, en lisant la phrase de votre circulaire où vous rappelez que tous les moyens sont bons pour terrasser les ennemis de l'Église. Et, à propos de mon frère, permettez-moi de vous le présenter, monsieur le comte.

Puis, faisant passer son frère devant lui :

— M. Xavier Bouquemont, dit-il.

— Peintre d'un grand talent, dit le comte Rappt avec son plus aimable sourire.

— Comment! vous connaissez aussi mon frère? demanda l'abbé étonné.

— J'ai l'honneur d'être connu de vous, monsieur le comte? dit à demi-voix et avec un fausset agaçant M. Xavier Bouquemont.

— Je vous connais comme tout Paris, mon jeune maître, répondit M. Rappt : de réputation. Qui ne connaît les peintres célèbres?

— Ce n'est point la célébrité que mon frère a cherchée, dit l'abbé Bouquemont en joignant les mains dévotement et en baissant humblement les yeux. Qu'est-ce que la célébrité? Le plaisir vaniteux d'être connu de ceux que vous ne connaissez pas. Non, monsieur le comte, mon frère a la foi. N'est-ce pas que tu as la foi, Xavier? Mon frère ne connaît que le grand art des peintres chrétiens du XIVe et du XVe siècle.

— Je fais ce que je puis, monsieur le comte, dit le peintre

d'une voix hypocrite; mais j'avoue que je n'eusse jamais espéré que ma pauvre réputation fût venue jusqu'à vous.

— Ne l'écoutez pas, monsieur le comte, s'empressa d'ajouter l'abbé; il est d'une timidité et d'une modestie révoltantes, et, si je n'étais sans cesse sur ses talons pour l'éperonner, il ne ferait point un pas en avant. Ainsi, croyez-vous, par exemple, qu'il refusait énergiquement de venir avec moi vous faire visite, sous prétexte que nous avions un léger service à vous demander?

— Vraiment, monsieur? dit le comte Rappt stupéfait de l'impudente outrecuidance du prêtre.

— N'est-ce pas, Xavier? Voyons, sois franc, dit l'abbé: n'est-ce pas que tu refusais de venir?

— C'est la vérité, répondit le peintre en baissant les yeux.

— J'avais beau lui répéter que vous étiez un des officiers les plus distingués des temps modernes, un des plus grands hommes d'État de l'Europe, un des protecteurs des beaux-arts les plus éclairés de France, sa maudite timidité, sa susceptibilité désolante ne voulait rien entendre, et, je vous le répète, j'ai été presque forcé d'user de violence pour l'amener ici.

— Hélas! messieurs, dit le comte Rappt, décidé à lutter jusqu'au bout d'hypocrisie avec eux, je n'ai pas l'honneur d'être artiste, et c'est un profond chagrin pour moi. En effet, qu'est-ce que la gloire militaire, qu'est-ce que la renommée politique, à côté de la couronne immortelle que Dieu met au front des Raphaël et des Michel-Ange? Mais, si je n'ai pas cette gloire, j'ai du moins le bonheur d'être en relation intime avec les artistes les plus fameux de l'Europe. Quelques-uns d'entre eux, même, et c'est un honneur dont je suis fier, ont la bonté d'avoir quelque amitié pour moi, et je n'ai pas besoin de vous dire, monsieur Xavier, que je serais heureux que vous fussiez du nombre.

— Eh bien, Xavier, fit l'abbé d'une voix émue, et en passant sa main sur ses yeux, comme pour essuyer une larme, eh bien, Xavier, que te disais-je? T'ai-je surfait la réputation de cet homme incomparable?

— Monsieur! dit le comte Rappt comme honteux d'un pareil éloge.

— Incomparable! je ne m'en dédis pas, et je déclare que je ne saurai comment vous remercier, si vous obtenez pour

Xavier la commande de dix fresques dont nous nous proposons d'enrichir les murs de notre pauvre église.

— Ah! mon frère, mon frère, tu abuses! tu sais bien que ces fresques, c'est un vœu que j'ai fait lors de la maladie de notre pauvre mère, et que, payées ou non, tu es sûr de les avoir.

— Sans doute; mais ce vœu est au-dessus de tes forces, malheureux! et tu mourras de faim en l'accomplissant; car, moi, monsieur le comte, je n'ai que ma cure, dont le revenu appartient à mes paroissiens pauvres; et toi, Xavier, tu n'as que ton pinceau.

— Tu te trompes, mon frère, j'ai la foi, dit le peintre en levant les yeux au ciel.

— Vous l'entendez, monsieur le comte, vous l'entendez! Je vous le demande, n'est-ce pas désolant?

— Messieurs, dit le comte Rapp t en se levant pour indiquer aux deux frères que l'audience était finie, dans huit jours, vous recevrez l'expédition officielle de la commande des dix fresques.

— Après vous avoir cent fois, mille fois, un million de fois assuré de toutes nos actions de grâces, et de la part active que nous prendrons à la grande bataille de demain, dit l'abbé, nous permettez-vous de nous dire vos tout dévoués serviteurs et de nous retirer?

En disant ces mots, l'abbé Bouquemont, après s'être profondément incliné devant le comte Rapp t, faisait mine de se retirer en effet, lorsque son frère Xavier l'arrêta par le bras avec une certaine violence, en lui disant:

— Un instant, mon frère! j'ai quelques mots à dire de mon côté à M. le comte Rapp t. Permettez-vous, monsieur le comte?

— Parlez, monsieur, dit le patient sans pouvoir dissimuler un certain découragement.

Les deux frères étaient certes trop perspicaces pour ne pas s'apercevoir du mouvement; mais ils firent semblant de ne pas comprendre cette pantomime, et le peintre, à son tour, commença intrépidement:

— Mon frère Sulpice, dit-il en désignant l'abbé, vient de vous parler de ma timidité et de ma modestie; permettez-moi, à mon tour, monsieur le comte, de vous entretenir de son désintéressement, désintéressement incurable. Sachez d'abord une chose : c'est que je n'ai consenti à le suivre ici, malgré ma répugnance à vous déranger, que dans l'intention bien positive de lui venir en aide et d'appeler sur lui toute votre sollicitude. Oh! s'il ne se fût agi que de moi, croyez bien, monsieur le comte, que je n'eusse jamais consenti à troubler votre repos. Moi, je n'ai besoin de rien, j'ai la foi! et, si j'avais besoin de quelque chose, je saurais attendre. Est-ce que je ne me dis pas, d'ailleurs, à chaque instant, que nous vivons dans un siècle et dans un pays où ceux que l'on appelle les grands maîtres sont à peine dignes de laver les pinceaux de Beato Angelico et de Fra Bartolomeo! et pourquoi cela, monsieur le comte? Parce que les artistes de notre époque n'ont pas la foi. Moi, je l'ai; ce qui fait que je n'ai besoin de rien, que je n'ai besoin de personne, et que, par conséquent, je ne sais pas solliciter, pour moi, du moins. Mais, quand je vois mon frère, mon pauvre frère, monsieur, le saint que vous avez là devant les yeux ; quand je le vois donner aux pauvres les douze cents francs de sa cure, et ne pas se réserver de quoi acheter le vin avec lequel il communie le matin, voyez-vous, monsieur le comte, mon cœur se serre, ma langue se dénoue, je ne crains plus d'être importun ; car ce n'est plus pour moi que je demande, c'est pour mon frère.

— Xavier, mon ami! fit l'abbé hypocritement.

— Oh! tant pis, j'ai parlé. Vous savez maintenant, monsieur le comte, ce que vous avez à faire. Je ne vous dicte rien, je ne vous impose rien; j'abandonne tout à votre noble cœur. Ah! nous ne sommes pas de ces gens qui viennent dire à un candidat : « Nous sommes propriétaires et rédacteurs d'un journal; vous avez besoin de l'appui de notre feuille, payez-le. Stipulons d'avance le prix du service, et ce service, nous vous le rendrons. » Non, monsieur le comte, non, Dieu merci, nous ne sommes pas de ces gens-là.

— De pareils hommes peuvent-ils exister, mon frère? demanda l'abbé.

— Hélas! oui, monsieur l'abbé, ils existent, dit le comte Rapp. Mais, comme le dit votre frère, vous n'êtes pas de ces gens-là, vous. Je m'occuperai de vous, monsieur l'abbé. Je verrai le ministre des cultes, et nous tâcherons de faire doubler au moins vos pauvres émoluments.

— Eh! mon Dieu, vous savez, monsieur le comte, dit

l'abbé, pendant que l'on demande, autant demander une chose qui en vaille la peine. Le ministre, qui ne peut rien vous refuser, puisque, comme député, vous le tenez dans votre main, vous accordera aussi bien une cure de six mille francs qu'une de trois. Ce n'est pas pour moi, mon Dieu! je vis de pain et d'eau, moi; mais mes pauvres, ou plutôt les pauvres du bon Dieu! ajouta l'abbé en levant les yeux au ciel; les pauvres vous béniront, monsieur le comte, et, instruits par moi d'où leur vient le bienfait, ils prieront pour vous.

— Je me recommande à leurs prières et aux vôtres, dit le comte Rappt se levant une seconde fois. Regardez-vous comme ayant la cure.

Les deux frères firent la même manœuvre, déjà faite une fois.

Ils s'avançaient vers la porte, suivi du candidat, qui croyait de son devoir de les reconduire, lorsque l'abbé, s'arrêtant :

— A propos, dit-il, monsieur le comte, j'oubliais...

— Quoi, monsieur l'abbé ?

— Il vient de mourir dernièrement, dans ma cure de Saint-Mandé, répondit l'abbé d'une voix pleine de componction, un des hommes les plus recommandables de la France chrétienne, un homme d'une charité qui ne s'est jamais démentie, d'une religion des mieux éclairées : le nom de ce saint personnage est certainement venu jusqu'à vous.

— Comment l'appelez-vous? demanda le comte, qui cherchait vainement où l'abbé en voulait venir et quel nouveau tribut il allait lui imposer.

— Il s'appelait le vidame Gourdon de Saint-Herem.

— Oh! oui, Sulpice! tu as bien raison. interrompit Xavier. Oui, cet homme était un véritable chrétien!

— Je serais indigne de vivre, dit M. Rappt, si je ne connaissais pas le nom de cet homme pieux!

— Eh bien, dit l'abbé, le pauvre digne homme est mort en déshéritant une famille indigne et en léguant à l'Église tous ses biens, meubles et immeubles.

— Ah! pourquoi rappeler ces douloureux souvenirs? dit Xaxier Bouquemont en portant son mouchoir à ses yeux.

— Parce que l'Église n'est pas une héritière ingrate, mon frère.

Puis, revenant à M. Rappt après avoir donné cette leçon de reconnaissance à Xavier :

— Il a laissé, monsieur le comte, six volumes de lettres religieuses inédites, de véritables instructions du chrétien, une seconde édition de l'*Imitation de Jésus-Christ*. Nous devons incessamment publier ces six volumes; vous en verrez un fragment dans le prochain numéro de la revue. J'ai cru, mon très-cher frère en Dieu, aller au-devant de vos vœux en vous associant à cette belle et bonne œuvre, et je vous ai inscrit sur la liste des privilégiés pour quarante exemplaires.

— Vous avez bien fait, monsieur l'abbé, dit le futur député en se mordant de rage les lèvres jusqu'au sang, mais en continuant de sourire à la surface.

— J'en étais sûr! dit Sulpice en reprenant son chemin vers la porte.

Mais Xavier resta comme cloué à la même place.

— Eh bien, que fais-tu donc? lui demanda Sulpice.

— C'est moi-même, dit Xavier, qui te demanderai ce que tu fais.

— Mais je m'en vais; je laisse M. le comte libre : il me semble que depuis assez longtemps nous l'accaparons.

— Et tu t'en vas, oubliant justement la chose pour laquelle nous sommes venus, celle qui nous préoccupait principalement.

— Oh! c'est vrai! dit l'abbé; excusez-moi, monsieur le comte!... oui, l'on s'occupe de détails et l'on néglige le fond.

— Dis plutôt, Sulpice, que, retenu par ta déplorable timidité, tu n'osais pas fatiguer M. le comte d'une nouvelle demande.

— Eh bien, oui, dit l'abbé, oui, je l'avoue, c'est cela.

— Il sera toujours le même, monsieur le comte, et, à moins que vous ne lui arrachiez avec un tire-bouchon les paroles de la bouche, il ne parlera pas.

— Parlez; voyons, dit M. Rappt. Pendant que nous y sommes, cher abbé, autant en finir tout de suite.

— C'est vous qui m'encouragez, monsieur le comte, dit l'abbé d'une voix pateline et en paraissant faire des efforts surhumains pour vaincre sa timidité. Eh bien, il s'agit d'une école que nous avons, avec mille peines et mille sa-

7.

crifices, fondée, plusieurs frères et moi, au faubourg Saint-Jacques. Nous voulons, en continuant de nous imposer des privations croissantes, acheter la maison fort cher, et alors l'occuper depuis le rez-de-chaussée jusqu'au troisième ; mais un pharmacien habite le rez-de-chaussée et une partie de l'entre-sol. Il y a un laboratoire d'où sortent des émanations et des bruits qui altèrent la santé des enfants. Nous voudrions trouver un moyen honnête de faire déménager le plus promptement possible cet hôte incommode ; car, comme on dit, monsieur le comte, il y a péril en la demeure.

— Je suis au courant de cette affaire, monsieur l'abbé, interrompit le comte Rappt ; j'ai vu le pharmacien.

— Vous l'avez vu ? s'écria l'abbé. — En effet, je te l'avais bien dit, Xavier, c'était lui qui sortait comme nous entrions.

— Moi, je disais que ce n'était pas lui, parce que j'étais loin de me douter qu'il eût l'audace de se présenter chez M. le comte.

— Il l'a eue, répondit le futur député.

— Eh bien, alors, dit l'abbé, rien qu'en le regardant, vous avez dû deviner ce qu'il était.

— Je suis assez physionomiste, messieurs, et, en effet, je crois l'avoir deviné.

— En ce cas, vous n'avez pas manqué de remarquer le prodigieux développement des ailes de son nez ?

— Il a, en effet, un nez énorme.

— C'est l'indice des passions les plus mauvaises.

— Lavater le dit.

— C'est le signalement auquel on reconnaît les hommes pernicieux.

— Je le crois.

— Rien qu'à le voir, on devine qu'il professe les opinions politiques les plus dangereuses.

— Il est, en effet, voltairien.

— Qui dit voltairien dit athée.

— Il a été girondin.

— Qui dit girondin dit régicide.

— Le fait est qu'il n'aime pas les prêtres.

— Qui n'aime pas les prêtres n'aime pas Dieu, et qui n'aime pas Dieu n'aime pas le roi, puisque le roi règne de droit divin.

— C'est donc décidément un méchant homme.

— Un méchant homme? C'est-à-dire que c'est un révolutionnaire ! dit l'abbé.

— Un buveur de sang ! dit le peintre, qui ne rêve que la subversion de l'ordre social.

— J'en étais sûr, dit M. Rappt; il a l'air trop calme pour n'être pas un homme violent... Je vous dois des remerciments, messieurs, pour m'avoir signalé un pareil homme.

— Nullement, monsieur le comte, dit Xavier, nous n'avons fait que notre devoir.

— Le devoir de tout bon citoyen, ajouta Sulpice.

— Si vous pouviez, messieurs, me donner des preuves écrites et indubitables de la malignité de ce personnage, on pourrait peut-être le faire disparaître, se débarrasser de lui d'une façon ou d'une autre; pouvez-vous me donner ces preuves ?

— Rien de plus facile, dit l'abbé avec un sourire de vipère ; nous avons, par bonheur, toutes les preuves dans les mains.

— Toutes ! affirma le peintre.

L'abbé tira de sa poche, comme avait fait le pharmacien, une feuille de papier pliée en quatre, et, la présentant à M. Rappt :

— Voici, dit-il, une pétition signée par douze des plus notables médecins du quartier, laquelle prouve que les médicaments débités par cet empoisonneur ne sont point préparés avec la prudence exigée en pareille matière ; de sorte que quelques-unes de ces drogues ont indubitablement causé la mort.

— Diable ! diable ! diable ! voilà qui est grave, dit M. Rappt; donnez-moi cette pétition, messieurs, et croyez que j'en ferai bon usage.

— Le moins qu'on puisse réclamer contre un pareil homme, monsieur le comte, ne pouvant pas l'enfermer dans un cabanon à Rochefort ou à Brest, c'est un cabanon à Bicêtre.

— Ah ! monsieur l'abbé, que vous êtes un grand exemple de charité chrétienne ! dit le comte Rappt ; vous voulez le repentir et non la mort du pécheur.

— Monsieur le comte, dit l'abbé en s'inclinant, j'ai fait depuis longtemps, à l'aide de renseignements que je me suis péniblement procurés, votre biographie. Je n'attendais qu'une conversation telle que celle que nous venons d'avoir ensemble pour la faire paraître. Je l'annoncerai dans le prochain numéro de *l'Hermine.* J'y ajouterai un trait de plus, l'amour de l'humanité.

— Monsieur le comte, ajouta Xavier, je n'oublierai jamais cette visite, et, quand je peindrai le Juste, je vous demande la permission de me souvenir de votre noble visage.

Pendant ce dialogue, en sa qualité de grand général, titre que lui avait donné l'abbé, le colonel avait manœuvré en habile stratégiste et poussé les deux frères jusqu'à la porte.

Soit qu'il eût compris la manœuvre, soit qu'il n'eût plus rien à demander, l'abbé se décida à porter la main sur le bouton.

En ce moment, la porte s'ouvrit, non pas du fait de l'abbé, mais mue par une impulsion extérieure, et la vieille marquise de la Tournelle, que nos lecteurs n'ont pas oubliée, je l'espère, et qui tenait par plus d'un lien de parenté au comte Rappt, se précipita toute haletante dans la chambre.

— Dieu soit loué! murmura M. Rappt se croyant enfin tiré des griffes des deux frères.

CXVII

Où il est dit franchement ce qui causait le désordre de madame de la Tournelle.

— Au secours! je me meurs! s'écria la marquise d'une voix faible et en tombant, les yeux fermés, dans les bras de l'abbé Bouquemont.

— Ah! mon Dieu, madame la marquise, fit celui-ci, qu'est-il donc arrivé?

— Comment! vous connaissez madame la marquise? dit le comte Rappt, qui s'était avancé pour porter secours à madame de la Tournelle et qui reculait en la voyant dans les bras d'un ami.

Rien au monde ne pouvait lui causer plus d'effroi que de voir madame de la Tournelle l'amie d'un homme aussi venimeux que l'abbé.

Il connaissait la légèreté d'esprit de la marquise, et quelquefois, la nuit, il s'éveillait en sursaut et couvert de sueur, en songeant que ses secrets étaient aux mains d'une femme qui l'aimait de tout son cœur, mais qui, pareille à l'ours de la Fontaine, pouvait, un jour ou l'autre, l'écraser en lui jetant, pour chasser une mouche, un de ses secrets à la tête.

Puis, si la marquise était l'amie des deux frères, il connaissait assez la marquise pour savoir qu'au lieu d'être un renfort pour lui, elle serait un renfort pour les gens d'Église.

Il fut donc de plus en plus atterré quand, à ces mots, qui lui étaient échappés presque malgré lui : « Comment ! vous connaissez madame la marquise ? » l'abbé Bouquemont répondit, parodiant la phrase du comte à propos de M. de Saint-Herem :

— Je serais indigne de vivre si je ne connaissais pas une des personnes les plus pieuses de Paris !

Le comte vit qu'il fallait prendre son parti de cette connaissance, et, revenant à la marquise, qui simulait, par habitude, à soixante ans, un de ces évanouissements qui lui allaient si bien à vingt :

— Qu'avez-vous donc, madame ?... lui demanda-t-il à son tour. Ne nous laissez pas, je vous en supplie, plus longtemps dans l'inquiétude.

— J'ai que je meurs ! répondit la marquise sans ouvrir les yeux.

C'était tout à la fois répondre et ne pas répondre.

Aussi le comte Rappt, qui vit que la chose n'était point aussi inquiétante qu'il l'avait craint d'abord, se contenta-t-il de dire à son secrétaire :

— Il faut appeler du secours, Bordier.

— Inutile, répondit la marquise en rouvrant les yeux et en regardant autour d'elle avec effroi.

Elle vit l'abbé.

— Ah ! c'est vous, monsieur l'abbé, dit la vieille dévote du ton le plus tendre.

Ce ton fit frémir le comte Rappt.

— Oui, madame la marquise, c'est moi, répondit joyeusement l'abbé; et j'ai l'honneur de vous présenter mon frère, M. Xavier Bouquemont.

— Peintre de grand mérite, dit la marquise avec le plus gracieux sourire, et que je recommande de tout mon cœur à notre futur député.

— Inutile, madame, répondit M. Rappt, ces messieurs, Dieu merci! se recommandent suffisamment par eux-mêmes.

Les deux frères baissèrent les yeux, et s'inclinèrent modestement et d'un mouvement si parfaitement pareil, qu'on eût dit qu'il leur était imprimé par le même ressort.

— Que vous est-il donc arrivé, marquise? demanda à demi-voix M. Rappt, comme pour indiquer aux deux visiteurs qu'en se prolongeant, leur visite deviendrait indiscrète.

L'abbé comprit l'intention, et fit mine de se retirer.

— Mon frère, dit-il, je commence à m'apercevoir que nous abusons du temps de M. le comte.

Mais la marquise le retint par le pan de sa redingote.

— Nullement, dit-elle, monsieur l'abbé; la cause de ma douleur n'est un secret pour personne. D'ailleurs, comme vous n'êtes pas tout à fait étranger à ce qui m'arrive, je suis ravie de vous rencontrer ici.

Le front du futur député s'obscurcit; le front de l'abbé, au contraire, rayonna de joie.

— Que voulez-vous dire, madame la marquise? s'écria-t-il, et comment, moi qui donnerais ma vie pour vous, puis-je avoir le chagrin de ne pas être étranger à votre douleur?

— Ah! monsieur l'abbé, dit la marquise avec un accent désespéré, vous connaissiez bien Croupette?

— Croupette? exclama l'abbé d'un ton qui, évidemment, voulait dire : « Qu'est-ce que cela?

Le comte, qui savait, lui, ce que c'était que Croupette, et qui pressentait la cause de cette grande douleur de la marquise, tomba sur un fauteuil en poussant un soupir de découragement, et comme un homme qui abandonne, de guerre lasse, la position à ses ennemis.

— Oui, Croupette, reprit la marquise d'un ton dolent.

Vous ne connaissez qu'elle; vous m'avez vu vingt fois avec elle.

— Où cela, madame la marquise? reprit l'abbé.

— Mais à votre cure, monsieur l'abbé; à la confrérie, à Montrouge. Je l'emmène, ou plutôt, hélas! je l'emmenais toujours avec moi. Oh! grand Dieu! la pauvre bête, elle eût fait de beaux cris, si je l'eusse laissée seule à l'hôtel.

— Ah! j'y suis, s'écria l'abbé mis enfin au courant par cette exclamation : « Pauvre bête! » J'y suis.

Et, se frappant le front comme un homme désespéré :

— Il s'agit de votre charmante petite chienne! une adorable petite bête, gracieuse et intelligente! Lui serait-il arrivé quelque malheur, madame la marquise, à cette chère petite Croupette?

— Malheur! Je le crois bien, qu'il lui est arrivé malheur, s'écria la marquise en sanglotant; elle est morte, monsieur l'abbé!

— Morte! s'écrièrent en chœur les deux frères.

— Morte victime d'un crime odieux, d'un guet-apens abominable!

— O ciel! s'écria Xavier.

— Et quel est l'auteur de cet exécrable forfait? demanda l'abbé.

— Qui? Vous le demandez! fit la marquise.

— Oui, nous le demandons, dit Xavier.

— Eh bien, dit la marquise, c'est notre ennemi à tous, l'ennemi du gouvernement, l'ennemi du roi, le pharmacien du faubourg Saint-Jacques!

— J'en étais sûr! s'écria l'abbé.

— Je l'aurais juré! dit le peintre.

— Mais comment cela s'est-il fait, mon Dieu?

— J'étais allée chez nos bonnes sœurs, fit la marquise; en passant devant le pharmacien, la pauvre Croupette, que je tenais en laisse, s'arrête. — Je crois que la pauvre bête a besoin de s'arrêter.— Je m'arrête aussi... Tout à coup, elle pousse un cri d'angoisse, me regarde avec douleur et tombe roide morte sur le pavé.

— Horrible! s'écria l'abbé en levant les yeux vers le plafond.

— Épouvantable! dit le peintre en se voilant la face.

Pendant ce récit, le comte Rappt avait déversé son impatience sur un paquet de plumes qu'il avait complétement déchiqueté.

Madame la marquise de la Tournelle s'aperçut à la fois du peu d'intérêt qu'il portait au récit de cette touchante catastrophe et de l'impatience que lui causait la présence des deux frères.

Elle se leva.

— Messieurs, dit-elle avec une froide dignité, je vous suis d'autant plus reconnaissante des marques d'intérêt que vous donnez à la malheureuse Croupette, qu'elles font contraste avec l'indifférence profonde de monsieur mon neveu, qui, tout préoccupé de ses projets d'ambition, n'a pas de temps à donner aux choses du cœur.

Les deux frères regardèrent le comte Rappt avec indignation.

— Crapaud et vipère ! murmura celui-ci.

Puis, à la marquise :

— Si fait, madame, lui dit-il, et la preuve, au contraire, que je prends la part la plus vive à votre chagrin, c'est que je me mets à votre disposition pour poursuivre l'auteur du délit.

— Ne vous avions-nous pas dit, monsieur le comte, fit l'abbé, que cet homme était un misérable, capable de tous les crimes ?

— Un profond scélérat! fit Xavier.

— Vous me l'avez dit, en effet, messieurs, répliqua le député se levant et saluant les deux frères, en homme qui dit: « Maintenant que nous nous entendons, maintenant que nous sommes du même avis, maintenant qu'aucune dissension ne nous divise, allez-vous-en chez vous et laissez-moi tranquille chez moi. »

Les deux frères comprirent le mouvement, et surtout le regard.

— Adieu donc, monsieur le comte, dit alors l'abbé Bouquemont d'un air légèrement froid. Je regrette que vous ne puissiez nous consacrer quelques instants de plus; nous avions encore, mon frère et moi, quelques questions importantes à vous soumettre.

— Des plus importantes, reprit Xavier.

— Ce n'est que partie remise, dit l'ex-député, et je me flatte que j'aurai le bonheur de vous revoir.

— C'est notre vœu le plus ardent, fit le peintre.

— A bientôt donc, fit l'abbé.

Puis, saluant le comte, l'abbé sortit le premier, suivi du peintre, qui, après avoir imité en tout son aîné, sortit à son tour.

Le comte Rappt ferma la porte derrière eux, et resta quelque temps la main appuyée sur le bouton de la porte comme pour s'assurer qu'ils ne rentreraient pas.

Puis, s'adressant à son secrétaire d'une voix qui semblait n'avoir conservé de force que pour donner ce dernier ordre :

— Bordier, dit-il, vous connaissez bien ces deux hommes?

— Oui, monsieur le comte, fit Bordier.

— Eh bien, Bordier, je vous chasse s'ils remettent jamais les pieds dans mon cabinet.

— Quelle fureur contre ces hommes de Dieu, mon cher Rappt! dit dévotement la marquise.

— Des hommes de Dieu, eux? rugit le futur député. Des suppôts de Satan, des messagers du diable, vous voulez dire !

— Vous vous trompez, monsieur, et du tout au tout, je vous jure, dit la marquise.

— Ah! c'est vrai, j'oubliais qu'ils sont vos amis.

— Et j'ai pour la piété de l'un la plus profonde admiration, et pour le talent de l'autre la plus cordiale sympathie.

— Eh bien, je vous en fais mon sincère compliment, marquise, dit le comte en s'essuyant le front; votre sympathie et votre admiration sont bien placées. J'ai vu bon nombre de coquins depuis que je suis aux affaires; mais c'est la première fois, dans toute ma carrière, que j'ai rencontré des intrigants de ce calibre-là. Oh ! l'Église choisit bien ses lévites. Cela ne m'étonne pas qu'elle soit si impopulaire !

— Monsieur, s'écria la marquise courroucée, vous blasphémez!

— Vous avez raison ; ne parlons donc plus d'eux; parlons d'autre chose.

Alors, se retournant vers son secrétaire:

— Bordier, j'ai à causer d'une affaire de la plus haute importance avec ma chère tante, dit-il essayant de regagner le chemin qu'il venait de perdre dans l'esprit de la marquise. Il m'est donc impossible de continuer à recevoir. Passez dans l'antichambre, et, à part deux ou trois personnes dont je laisse le choix à votre perspicacité, renvoyez tout le reste. Sur mon honneur, je suis brisé de fatigue.

Le secrétaire sortit, et le comte Rappt resta seul avec la marquise de la Tournelle.

— Oh! que les hommes sont méchants! murmura sourdement la marquise en se laissant tomber, toute défaillante, sur son fauteuil.

M. Rappt avait bonne envie d'en faire autant; mais le désir d'avoir, avec sa tante cette conversation importante qu'il avait annoncée à Bordier l'arrêta.

— Chère marquise, dit-il en allant à elle et en lui touchant légèrement l'épaule avec la main, je suis prêt, surtout en ce moment, à abonder dans votre sens; mais vous savez que ce n'est pas le moment de nous perdre dans des considérations générales : les élections ont lieu après-demain.

— Voilà pourquoi, reprit la marquise, je vous trouve fort imprudent de vous être fait des ennemis de deux hommes aussi influents que le sont dans le parti clérical l'abbé de Bouquemont et son frère.

— Comment! deux ennemis? s'écria le comte Rappt; deux ennemis de ces deux coquins?

— Oh! vous pouvez y compter. J'ai reconnu de la haine dans le regard que vous ont jeté, en prenant congé de vous, ces deux dignes jeunes gens.

— Ces deux dignes jeunes gens!... En vérité, vous me faites damner, ma tante... Des ennemis!... Je me suis fait des ennemis de ces deux drôles!... Un regard de haine!... Ils m'ont jeté un regard de haine en me quittant!... Mais, quand ils m'ont quitté, madame la marquise, savez-vous qu'ils étaient ici depuis plus d'une heure? savez-vous qu'ils ont passé cette heure à me caresser et à me menacer tour à tour? savez-vous que j'ai promis à l'un une cure de cinq à six mille francs, à l'autre toute une église à décorer; qu'après avoir abreuvé leur avidité, j'ai été obligé de repaître leur haine? Oh! par ma foi, le cœur, si peu susceptible que je sois, a fini par me lever de dégoût, et, s'ils n'étaient pas sortis, je crois, Dieu me pardonne, que j'allais les mettre à la porte.

— Et vous auriez eu grand tort : l'abbé Bouquemont est le dévoué de monseigneur Coletti, qui me paraît déjà fort mal disposé envers vous.

— Ah! voyons, en effet, abordons la question, il en est

temps. Que me dites-vous là, que monseigneur Coletti est mal disposé envers moi ?

— Très-mal.

— Vous l'avez donc vu ?

— Ne m'aviez-vous pas priée de le voir ?

— Sans doute, puisque cette visite, justement, est l'affaire importante dont je voulais vous parler.

— Il faut que quelqu'un, mon cher comte, vous ait nui dans l'esprit de monseigneur.

— Voyons, pas d'ambages, marquise ; expliquons-nous. Vous m'aimez de tout votre cœur, n'est-ce pas ?

— Mon cher Rappt, pouvez-vous en douter ?

— Je n'en doute pas. Voilà pourquoi je parle franchement avec vous. J'ai besoin d'être renommé. Je veux l'être. C'est pour moi le *to be or not to be*; mon avenir est là. L'ambition me tiendra lieu de bonheur. Mais il faut que cette ambition soit satisfaite. Il faut que je sois député, pour être ministre ; je veux être ministre ; il faut que je sois ministre. Eh bien, monseigneur Coletti avait promis que, par madame la duchesse d'Angoulême, dont il est le confesseur, il amènerait le roi à cette nomination. A-t-il fait ce qu'il avait promis ?

— Non, dit la marquise.

— Il ne l'a pas fait ? s'écria le comte étonné.

— Et, dit la marquise, je ne crois pas même qu'il soit disposé à le faire.

— Voyons, — car, en vérité, ma tête se fend ! — il refuse de m'appuyer ?

— Absolument.

— Il vous l'a dit ?

— Il me l'a dit.

— Ah çà ! mais il a donc oublié que c'est moi qui l'ai fait nommer évêque, et que c'est par vous qu'il est entré dans la maison de madame la duchesse d'Angoulême ?

— Il se souvient de tout cela ; mais tout cela, dit-il, ne saurait le faire mentir à sa conscience.

— Sa conscience ! sa conscience !... murmura le comte Rappt. Chez quel usurier l'avait-il donc mise en gage, et lequel de mes ennemis lui a fourni l'argent pour la retirer ?

— Mon cher comte ! mon cher comte ! s'écria la marquise

en se signant, mais je ne vous reconnais plus ; la passion vous égare !

— C'est, en vérité, à se briser le front contre les murs. Encore un que je croyais acheté et qui veut faire son prix avant de se vendre ! Ma chère marquise, montez en voiture... vous avez du monde aujourd'hui, n'est-ce pas ?

— Oui.

— Eh bien, allez chez monseigneur Coletti, invitez-le.

— Vous n'y songez pas, il est trop tard.

— Vous direz que vous avez voulu lui faire l'invitation vous-même.

— Je sors de chez lui et ne lui en ai pas dit un mot.

— Comment, sachant le peu de temps que j'ai, n'avez-vous pas obtenu de lui qu'il vînt avec vous ?

— Il a refusé, en disant que, si vous croyiez avoir affaire à lui, c'était à vous à venir chez lui, et non pas à lui à venir chez vous.

— J'irai demain.

— Il sera trop tard.

— Comment cela ?

— Les journaux auront paru, et ce que l'on aura à dire contre vous sera imprimé.

— Que peut-il avoir à dire contre moi ?

— Qui sait !

— Comment, qui sait ? Expliquez-vous.

— Monseigneur Coletti est, vous le savez, en train de convertir la princesse Rina à la religion catholique.

— Elle n'est pas encore convertie ?

— Non ; mais sa santé s'affaiblit tous les jours ; il est, de plus, le confesseur de votre femme.

— Oh ! Régina n'a rien pu dire contre moi.

— Qui sait ! en confession...

— Madame, fit le comte Rappt indigné, pour les plus mauvais prêtres, la confession est sacrée.

— Enfin, que sais-je, moi ! mais, si j'ai un conseil à vous donner, c'est...

— C'est... quoi ?

— C'est de monter en voiture vous-même et d'aller faire votre paix avec lui.

— Mais j'ai encore là trois ou quatre électeurs à recevoir.

— Remettez-les à demain.
— Je perdrai leurs voix.
— Mieux vaut perdre trois voix que mille.
— Vous avez raison. — Baptiste ! cria M. Rappt en se pendant à la sonnette. Baptiste !

Baptiste parut.

— Ma voiture, dit le comte, et envoyez-moi Bordier.

Un instant après, le secrétaire rentrait dans le cabinet.

— Bordier, dit le comte, je sors par l'escalier dérobé ; renvoyez tout le monde.

Et, ayant baisé vivement la main de la marquise, M. Rappt s'élança hors de son cabinet, mais pas si vivement toutefois qu'il ne pût entendre madame de la Tournelle dire à son secrétaire :

— Et maintenant, Bordier, nous allons chercher, n'est-ce pas, les moyens de venger la mort de Croupette ?

CXVIII

Où il est démontré que deux augures ne peuvent pas se regarder sans rire.

Le comte Rappt arriva rapidement rue Saint-Guillaume, où était situé l'hôtel qu'habitait monseigneur Coletti.

Monseigneur occupait un pavillon entre cour et jardin. Rien de plus charmant que ce retrait : un vrai nid de poète, d'amoureux ou d'abbé, ouvert en plein aux rayons du midi, hermétiquement fermé aux cruels vents du nord.

L'intérieur de ce pavillon décelait, à première vue, le sensualisme raffiné du personnage sacré qui l'habitait. Un air tiède, balsamique, voluptueux, vous saisissait dès qu'on entrait dans l'appartement, et un homme qu'on eût amené là les yeux bandés, eût pu se croire, rien qu'en humant le parfum de l'atmosphère, dans un de ces boudoirs mystérieux, enivrants, où les beaux du Directoire allaient chanter leurs cantiques et brûler leur encens.

Un domestique, moitié huissier, moitié prêtre, introduisit le comte Rappt dans un petit salon à demi éclairé, ou plutôt à demi obscur, qui précédait le salon de réception.

— Sa Grandeur est profondément occupée en ce moment, dit le domestique, et je ne sais si elle pourra recevoir ; mais si monsieur veut dire son nom...

— Annoncez le comte Rappt, répondit le futur député.

Le domestique s'inclina profondément, et entra dans le salon.

Il revint quelques instants après, en disant :

— Sa Grandeur va recevoir M. le comte.

Le colonel n'attendit pas longtemps. Au bout de cinq minutes, il vit sortir du salon, reconduits par monseigneur Coletti, deux personnages dont il ne distingua pas tout d'abord la figure, à cause de l'obscurité qui régnait dans cet appartement, mais qu'il reconnut bientôt en les voyant s'incliner devant lui, avec une servilité dont les seuls frères Bouquemont avaient jamais fait preuve.

C'étaient, en effet, Sulpice et Xavier Bouquemont.

M. Rappt les salua aussi courtoisement qu'il put, et entra dans le salon, suivi de l'évêque, qui ne voulut pas consentir à passer le premier.

— Je ne m'attendais guère à avoir l'honneur et le plaisir de vous voir aujourd'hui, monsieur le comte, dit Sa Grandeur en faisant asseoir le comte de Rappt sur une causeuse, et s'y asseyant à son tour.

— Et pourquoi donc, monseigneur ? demanda celui-ci.

— Parce qu'un homme d'État comme vous, répondit d'un air humble monseigneur Coletti, doit avoir autre chose à faire, la veille des élections, que de visiter un pauvre ermite comme moi.

— Monseigneur, dit vivement le comte, qui voyait que cet hypocrite marivaudage pouvait l'entraîner un peu trop loin, madame la marquise de la Tournelle a eu la charité de m'avertir que j'avais perdu, à ma grande surprise et à mon grand chagrin, tout crédit dans votre esprit.

— Madame la marquise de la Tournelle a été peut-être un peu loin, interrompit l'abbé, en disant tout crédit.

— C'est me dire, monseigneur, qu'il s'en faut de peu.

— J'avoue, monsieur le comte, répondit l'abbé en fronçant le sourcil d'un air de tristesse et en levant les yeux au ciel, comme s'il appelait sur le pécheur qui était devant lui toute la miséricorde divine, j'avoue qu'au moment où Sa Majesté m'a demandé mon opinion sincère sur votre réélection et sur votre entrée au ministère, j'avoue... que, sans dire tout ce que je pensais, j'ai été contraint de prier le roi de réfléchir, et de ne pas prendre un parti avant que j'eusse longuement causé avec vous.

— Je ne suis ici que pour cela, monseigneur, dit assez sèchement le futur député.

— Eh bien !... causons, monsieur le comte.

— Qu'avez-vous à me reprocher, monseigneur? demanda M. Rappt; personnellement, bien entendu.

— Moi ! s'écria l'évêque d'un air innocent; moi, avoir personnellement quelque chose à vous reprocher? Mais, en vérité, vous me rendez confus; car, du moment qu'il s'agit de moi, monsieur le comte, moi, je n'ai qu'à me louer de vous! Je l'ai dit au roi, je l'avoue hautement; je le raconte à qui veut l'entendre, moi, je suis votre tout reconnaissant!

— Alors, monseigneur, de quoi s'agit-il? Puisque vous n'avez, dites-vous, qu'à vous louer de moi, d'où vient le discrédit où je suis tombé auprès de vous?

— C'est bien difficile à vous dire, fit l'évêque en hochant la tête d'un air embarrassé.

— Je puis peut-être vous aider, monseigneur.

— Je ne demande pas mieux, monsieur le comte ; aussi bien vous vous doutez, je pense, de ce dont il s'agit?

— Nullement, je vous assure, répliqua M. Rappt; mais, en cherchant tous les deux, nous y arriverons peut-être.

— Je vous écoute avec le plus grand intérêt.

— Il y a en vous deux hommes, monseigneur : le prêtre et l'homme politique, dit le comte en regardant fixement l'évêque; lequel des deux ai-je offensé?

— Mais aucun des deux, répondit l'évêque en feignant d'hésiter.

— Je vous demande pardon, monseigneur, reprit le comte Rappt; parlons donc franc, et dites-moi auquel des deux hommes que vous êtes je dois des excuses et une réparation.

— Écoutez, monsieur le comte, dit l'évêque; je serai franc avec vous, en effet; et, pour commencer, permettez-moi de vous rappeler l'admiration que j'ai pour votre beau talent. Nul homme ne m'a semblé, jusqu'ici, plus digne que vous d'aspirer aux plus grandes charges de l'État; malheureusement, une tache est venue obscurcir l'éclat dont je me plaisais à vous parer.

— Expliquez-vous, monseigneur. Je ne demande pas mieux que de me confesser.

— Eh bien, dit lentement et froidement l'évêque, je vous prends au mot; je veux vous confesser! Le hasard m'a rendu confident d'une faute que vous avez commise; avouez-la-moi comme si vous étiez au tribunal de la pénitence, et, dussé-je user mes genoux à prier pour vous, j'implorerai jour et nuit la miséricorde divine, jusqu'à ce que j'obtienne votre pardon.

— Hypocrite! pensa le comte Rappt, hypocrite et imbécile! Comment peux-tu croire que je serai assez niais pour me laisser prendre au piège? C'est moi qui vais te confesser, au contraire... — Monseigneur, dit-il tout haut, si je vous comprends, vous avez eu, *par hasard* (et il appuya avec intention sur ce mot), vous avez eu connaissance d'une faute que j'ai commise. Mettez-moi un peu sur la voie! Est-ce un péché véniel... ou... mortel? Là est toute la question.

— Scrutez-vous, monsieur le comte, interrogez-vous, dit l'évêque d'un air plein de componction; fouillez votre conscience. Avez-vous quelque chose de grave... de très-grave, à vous reprocher? Vous savez que j'ai pour votre famille et pour vous, en particulier, une tendresse toute paternelle; j'en aurai toute l'indulgence! Parlez donc avec confiance; vous n'avez pas d'ami plus dévoué que moi.

— Écoutez, monseigneur, reprit le comte Rappt en regardant sévèrement l'évêque : nous connaissons les hommes tous les deux; nous connaissons, à ne pas nous y tromper l'un et l'autre et aussi bien l'un que l'autre, les passions humaines; nous savons que peu de nous arrivent à notre âge, avec nos appétits et nos ambitions, au point de la vie où nous en sommes, sans apercevoir, en regardant derrière eux... des faiblesses!

— Sans doute! interrompit l'évêque en baissant les yeux,

car il ne pouvait soutenir le regard fixe du futur député ; sans doute, la nature humaine est imparfaite, sans doute nous avons tous derrière nous, à notre suite, à nos trousses, un cortége d'erreurs, de faiblesses... Mais, reprit-il en levant la tête, il est de ces faiblesses dont la divulgation serait de nature à compromettre sérieusement, dangereusement même ! Si c'est une faute de cette espèce, avouez, monsieur le comte, que nous ne serions pas trop de deux pour conjurer les périls qui en seraient la suite. Interrogez-vous donc.

Le comte regarda l'évêque d'un œil haineux. Il avait envie de l'accabler d'injures ; mais il pensa qu'il aurait meilleur marché de lui en *jésuitant* à son image ; et il répondit d'un air contrit :

— Hélas ! monseigneur, se souvient-on parfaitement de tout ce qu'on a pu faire de mal ou de bien en ce monde ? Une faute qui peut nous paraître légère, de peu d'importance, à nous qui savons que la fin justifie les moyens, peut devenir une faute énorme, un crime monstrueux aux yeux de la société. La nature humaine est si imparfaite, comme vous le disiez tout à l'heure ; notre ambition est si grande ! notre vue si longue ! notre vie si courte ! nous sommes tellement habitués, pour arriver à notre but, à écarter chaque jour des épines inattendues, à traverser des broussailles nouvelles, que nous oublions facilement les misères de la veille devant les obstacles du moment. Et alors, quel est celui de nous qui ne porte pas au fond de lui son secret dangereux, ses remords, ses craintes ? quel est celui qui peut se dire, en toute conscience, arrivé à notre heure : « J'ai marché dans le droit chemin, jusqu'aujourd'hui, sans laisser une goutte de mon sang aux épines de la route ! J'ai accompli glorieusement ma tâche, sans assumer sur moi le poids de telle ou telle faute, de tel ou tel crime, même ? » Que celui-là se montre s'il a eu la moindre ambition dans le cœur, et, devant celui-là, je me prosternerai humblement, et à celui-là je dirai, en me frappant la poitrine : « Je suis indigne d'être ton frère. » Le cœur de l'homme est semblable aux grands fleuves, qui reflètent le ciel à la surface, et cachent aux regards le limon de leur lit. Ne me demandez donc pas, monseigneur, la confidence de tels ou tels secrets ! J'ai plus de secrets que d'années ! Dites-moi plutôt lequel de ces secrets vous avez appris, et nous partirons de là tous les deux, pour chercher le moyen d'absoudre la faute.

— Je ne demande pas mieux que de vous être agréable, monsieur le comte, dit l'évêque; cependant, si votre secret m'a été confié, et que j'aie fait serment de le garder, comment voulez-vous que je manque à mon serment?

— Est-ce en confession? demanda M. Rappt.

— Non... pas précisément, dit en hésitant l'évêque.

— Alors, monseigneur, vous pouvez parler, dit sèchement le futur député. Entre honnêtes gens comme nous, il faut s'entr'aider... Je vous rappellerai, d'ailleurs, en passant, continua sévèrement le comte Rappt, et afin de mettre votre conscience à l'aise, que vous n'en êtes pas à votre premier serment.

— Mais, monsieur le comte,... interrompit en rougissant l'évêque.

— Mais, monseigneur, reprit le député, sans parler des serments politiques, qui ne sont prêtés que pour être rendus, c'est-à-dire violés, vous en avez violé plusieurs autres...

— Monsieur le comte! s'écria l'évêque d'une voix indignée.

— Vous avez, monseigneur, fait vœu de chasteté, continua le comte, et vous êtes, à ma connaissance et au su de chacun, l'abbé le plus galant de Paris.

— Monsieur le comte, vous m'injuriez! dit l'évêque en se cachant la figure dans ses mains.

— Vous avez fait vœu de pauvreté, poursuivit le diplomate, et vous êtes plus riche que moi; car vous avez cent mille francs de dettes; vous avez fait vœu de...

— Monsieur le comte! dit l'évêque en se levant, je n'en saurais entendre davantage. Je croyais que vous veniez chercher la paix ici, et c'est la guerre que vous venez m'apporter; soit.

— Écoutez, monseigneur, reprit plus doucement le futur député; nous n'avons rien à gagner, ni l'un ni l'autre, à nous faire la guerre. Je ne l'apporte donc pas, ainsi que vous le dites. Si telle avait été mon intention, je n'aurais pas l'honneur de m'expliquer avec vous en ce moment.

— Mais que désirez-vous de moi? demanda l'évêque en se radoucissant.

— Je désire savoir, répondit nettement le comte Rappt, laquelle de mes fautes est venue à votre connaissance.

— Une faute horrible! murmura l'évêque en levant les yeux au plafond.

— Laquelle? insista le comte.

— Vous avez épousé votre fille! dit monseigneur Coletti en se voilant la face et en se laissant tomber sur la causeuse.

Le comte le regarda avec une sorte de mépris, d'un air qui signifiait : « Eh bien, oui! après? »

— Est-ce de la comtesse que vous tenez ce secret ? demanda-t-il.

— Non, répondit l'évêque.

— De la marquise de la Tournelle ?

— Non, répéta monseigneur.

— Alors, c'est de la maréchale de Lamothe-Houdan.

— Je ne puis vous dire de qui, fit l'évêque en hochant la tête.

— J'aurais dû y penser; vous êtes son confesseur.

— Croyez que ce n'est pas par la confession que je l'ai appris, s'empressa de dire le prélat.

— Je le crois, dit M. Rappt, je n'en doute même pas, monseigneur. Eh bien, ajouta-t-il en regardant en face l'évêque, c'est la vérité. Elle est sans doute terrible, comme vous le disiez; mais je l'avoue courageusement. Oui, j'ai épousé ma fille, mais *spirituellement*, monseigneur, si vous me permettez de m'exprimer ainsi, et non matériellement, comme vous semblez le croire. Oui, j'ai commis ce crime, horrible aux yeux de la société, devant le Code. Mais, vous le savez, le Code n'est pas fait pour arrêter deux sortes de gens : ceux qui sont au-dessous, comme les criminels de bas étage, et ceux qui sont au-dessus, comme vous et moi, monseigneur.

— Monsieur le comte, s'écria vivement l'évêque en regardant tout autour de lui, comme s'il se doutait que quelqu'un pût recueillir ces paroles.

— Eh bien, monseigneur, reprit le comte Rappt après un moment d'hésitation, en retour de votre secret, je vais vous en confier un autre, qui ne manquera pas, j'en suis sûr, de vous être aussi agréable.

— Que voulez-vous dire? demanda l'évêque en tendant les oreilles.

— Vous souvenez-vous d'une conversation que nous avons

eue ensemble, un soir, quelques heures avant mon départ pour la Russie, en nous promenant sous les grands arbres du parc de Saint-Cloud? Il était sept heures et demie environ.

— Je me souviens, en effet, de la promenade, dit l'évêque en rougissant; mais je ne me rappelle que très-vaguement notre conversation.

— En ce cas, monseigneur, je vais vous la rappeler tout à fait, ou plutôt vous la résumer brièvement. Vous m'avez demandé de vous faire nommer archevêque. Je me suis souvenu de vos paroles, et j'ai agi. Le lendemain de mon retour de Saint-Pétersbourg, j'ai écrit à notre saint-père, et, en lui rappelant que vous aviez du sang de Mazarin dans les veines, et surtout de son génie dans l'esprit, j'ai insisté pour avoir une prompte réponse. Je l'attends d'ici à quelques jours.

— Croyez, monsieur le comte, que je suis confus de votre bonté, balbutia l'évêque; je ne pensais pas avoir manifesté un si ambitieux désir. Je regrette que la faute qui nous sépare ne me permette pas de vous remercier comme je l'aurais voulu; car un pécheur comme...

Le comte Rappt l'arrêta.

— Attendez un moment, monseigneur, dit-il en regardant l'évêque, le rire sur les lèvres; je vous ai parlé d'un secret, je ne vous ai rien dit que de très-simple. Vous souhaitez d'être archevêque, j'écris à notre saint-père; nous attendons sa réponse. Jusque-là, rien que de naturel. Mais le secret, le voici, et il faut que je compte entièrement et absolument sur vous, monseigneur, pour vous le révéler, car c'est un secret d'État...

— Que voulez-vous dire? s'écria vivement l'évêque, — un peu trop vivement peut-être; car le diplomate sourit de pitié.

— Pendant que la marquise de la Tournelle, reprit le comte, était auprès de vous, le médecin de monseigneur de Quélen était auprès de moi.

Ici, l'évêque ouvrit grandement les yeux, comme pour bien voir si celui qui lui annonçait la visite du médecin de l'archevêque était un messager de bonne nouvelle.

Le comte Rappt sembla ne pas s'apercevoir de l'attention que monseigneur Coletti prêtait à ses paroles; il continua :

— Le médecin de monseigneur, assez jovial d'ordinaire, comme les gens de sa classe qui ont assez d'esprit pour accepter gaiement ce qu'ils ne peuvent empêcher, m'a paru si profondément affecté, que je me suis cru forcé de lui demander la cause de son affliction.

— Qu'avait donc le docteur? demanda l'évêque avec une feinte émotion qu'il tâcha de rendre véritable. Sans avoir l'honneur d'être son ami, je le connais assez intimement pour m'intéresser particulièrement à lui, outre qu'il est un des chrétiens les plus recommandables, puisqu'il est patronné par nos révérends frères de Montrouge !

— La cause de son chagrin est facile à comprendre, répondit M. Rappt, et vous la comprendrez mieux que personne, monseigneur, quand je vous dirai que notre saint prélat est malade.

— Monseigneur est malade? s'écria l'abbé avec une terreur très-bien jouée, devant tout autre que le comédien que nous avons appelé le comte Rappt.

— Oui, répondit celui-ci.

— Dangereusement?... demanda l'évêque en regardant fixement son interlocuteur.

Dans ce regard, il y avait tout un discours, toute une question, toute une interrogation expressive, pressante. Ce regard voulait dire : « Je vous comprends; vous m'offrez l'archevêché de Paris en retour de votre crime. Nous nous entendons tous les deux. Mais ne me trompez pas ; redoutez de me tromper, ou malheur à vous ! car, soyez-en bien sûr, j'userai de toutes mes forces pour vous abattre. »

Voilà tout ce que ce regard signifiait, et plus encore peut-être.

Le comte Rappt le comprit, et il répondit affirmativement. L'évêque reprit :

— Croyez-vous que la maladie soit assez dangereuse pour que nous ayons la douleur de perdre ce saint homme?

Le mot *douleur* signifiait *espérance*.

— Le docteur était inquiet, dit M. Rappt d'une voix émue.

— Très-inquiet? dit monseigneur Coletti sur le même ton.

— Oui, très-inquiet !

— La médecine a tant de ressources, qu'il est bien permis d'espérer la guérison de ce saint homme.

— Saint homme est le mot, monseigneur.

— Un homme qu'on ne remplacera pas!

— Qu'on remplacera difficilement, du moins.

— Qui pourrait le remplacer? demanda l'évêque d'un air affligé.

— Celui qui, ayant déjà toute la confiance de Sa Majesté, dit le comte, serait encore présenté au roi comme le digne successeur du prélat.

— Un tel homme existe-t-il? demanda modestement l'évêque.

— Oui, répondit le futur député, il existe.

— Et vous le connaissez, monsieur le comte?

— Oui, répéta M. Rappt, je le connais.

Et, en disant ces mots, le diplomate regarda l'évêque de la façon dont celui-ci l'avait regardé précédemment, c'est-à-dire qu'il lui mit le marché à la main. Monseigneur Coletti le comprit, et, baissant la tête avec humilité, il dit :

— Je ne le connais pas!

— Eh bien, monseigneur, permettez-moi de vous le faire connaître, reprit M. Rappt.

L'évêque frémit.

— C'est vous, monseigneur.

— Moi! s'écria l'évêque; moi, indigne! moi! moi!

Et il répéta ce mot *moi*, pour feindre l'étonnement.

— Vous, monseigneur, dit le comte; si votre nomination dépend de moi, comme elle peut en dépendre, si je suis ministre.

L'évêque faillit se trouver mal de plaisir.

— Eh quoi!... balbutia-t-il.

Le futur député ne le laissa pas continuer.

— Vous m'avez compris, monseigneur, dit-il, c'est un archevêché que je vous propose en retour de votre silence. Je crois que nos deux secrets se valent l'un l'autre.

— Ainsi, dit l'évêque en regardant tout autour de lui, vous vous engagez solennellement, le cas échéant, à me trouver digne de l'archevêché de Paris?

— Oui, dit M. Rappt.

— Et, le cas échéant, répéta l'évêque, vous ne renieriez pas votre parole?

— Ne connaissons-nous pas tous deux la valeur des serments? dit en souriant le comte.

— Sans doute, sans doute! fit l'évêque; entre honnêtes gens, on s'entend toujours! — Si bien, ajouta-t-il, que, si je vous en priais, vous me confirmeriez cette promesse?

— Certainement, monseigneur.

— Même par écrit? demanda l'évêque d'un air de doute.

— Même par écrit! affirma le comte.

— Eh bien!... fit l'évêque en se tournant du côté d'une table sur laquelle il y avait du papier, une plume, de l'encre, et, comme on dit en argot de théâtre, tout ce qu'il faut pour écrire.

Ce mot *eh bien* était si expressif, que le comte Rappt, sans demander plus d'explication, se dirigea vers la table, et confirma par écrit la promesse qu'il venait de faire verbalement à l'évêque.

Il lui tendit le papier; l'évêque le prit, en lut le contenu, le saupoudra, le plia, le mit dans un tiroir, et, regardant M. Rappt avec un sourire dont son aïeul Méphistophélès ou son confrère l'évêque d'Autun lui avaient certainement transmis le secret :

— Monsieur le comte, lui dit-il, à partir de cette heure, vous n'avez pas d'ami plus dévoué que moi.

— Monseigneur, répondit le comte Rappt, que Dieu, qui nous entend, me punisse si j'ai jamais douté de votre affection.

Et ces deux gens de bien se quittèrent après s'être étroitement serré la main.

CXIX

De la simplicité et de la frugalité de M. Rappt.

Les ministres ressemblent aux vieux comédiens : ils ne savent pas se retirer à temps. Certainement, les votes de la chambre des pairs auraient dû avertir M. de Villèle du danger qui menaçait le roi. Depuis quatre ans, la chambre héréditaire était, en effet, en opposition constante avec les vœux du gouvernement. Mais, soit que, doué d'un orgueil immense ou d'un esprit étroit, M. de Villèle ne remarquât pas cette opposition persistante, ou qu'il dédaignât de la remarquer, non-seulement il ne songea point à se retirer, mais la création de quatre-vingts pairs nouveaux lui parut un moyen assuré de ramener à lui l'esprit de la chambre haute.

Cependant une majorité, en admettant qu'il l'obtînt à la chambre des pairs, ne lui assurait pas la majorité à la chambre des députés. L'opposition avait fait des progrès rapides dans la chambre élective. De dix ou douze voix de majorité, elle s'était peu à peu élevée à cent cinquante voix. Six réélections avaient eu lieu en province dans le cours de l'année, à Rouen, Orléans, Bayonne, Mamers, Meaux, Saintes, et partout les candidats de l'opposition avaient été nommés à des majorités formidables. A Rouen, le candidat du gouvernement n'avait pu obtenir que 37 voix sur 967 votants. Et il n'y avait point à se méprendre sur le caractère agressif de ces nominations, car au nombre des nouveaux élus figuraient la Fayette et Laffitte.

Et c'est là que tous les gouvernements passés, présents et futurs ont échoué et échoueront. Quand on ne précède pas l'opposition, il faut la suivre ! C'est se venger naïvement de la mer que de la fouetter. Ce n'est pas satisfaire les appétits que de les distraire. « La faim est mauvaise conseillère, » dit l'adage.

Aussi allez-vous voir, à partir de ce moment, le vieil esquif de la monarchie, radoubé tant bien que mal par des diplomates étrangers à la France et par un ministère étranger à la nation, chavirer un moment, se relever une minute, louvoyer, pendant trente et un mois, entre mille écueils, et sombrer définitivement, sans espoir de retour.

M. Rappt, toutefois, en revenant de chez monseigneur Coletti, était loin de faire toutes ces réflexions. Il désirait remplacer M. de Villèle, et il agissait comme M. de Villèle eût agi à sa place, c'est-à-dire qu'il travaillait pour son seul compte, pour son unique intérêt. Il voulait être député d'abord, ministre ensuite, et, pour cela, il ne reculait devant aucun obstacle. Il est vrai qu'il regardait avec tant de mépris les obstacles qu'il rencontrait, qu'il n'avait pas grand mérite à essayer de les écarter.

De retour à l'hôtel, il passa par le petit escalier de service et rentra dans son cabinet.

Madame de la Tournelle venait de le quitter; il n'y trouva que Bordier.

— Vous arrivez bien, monsieur le comte, dit le secrétaire, je vous attendais impatiemment.

— Qu'arrive-t-il, Bordier? demanda le député en jetant son chapeau sur une table, et en se laissant tomber sur un fauteuil.

— Nous n'en avons pas fini avec les électeurs, répondit Bordier.

— Comment cela?

— Je vous ai débarrassé de tout ce qui restait, sauf un individu qu'il m'est impossible de renvoyer.

— Est-il connu?

— Comme les bourgeois peuvent l'être. Il dispose de cent voix.

— Comment l'appelez-vous?

— Brewer.

— Qu'est-ce qu'il fait, ce Brewer?

— De la bière.

— C'est donc pour cela qu'on l'appelle le Cromwell du quartier?

— Oui, monsieur le comte.

— Pouah! fit M. Rappt d'un air de dégoût. Et qu'est-ce qu'il veut, ce marchand de bière?

— Je ne sais pas au juste ce qu'il veut; mais je sais ce qu'il ne veut pas : il ne veut pas s'en aller.

— Qu'est-ce qu'il demande, enfin?

— Il demande à vous voir, et il prétend qu'il ne quittera pas l'hôtel sans vous avoir vu, dût-il vous attendre toute la nuit.

— Et vous dites qu'il a cent voix dans sa poche?

— Cent voix au moins, monsieur le comte.

— Alors, il faut absolument le recevoir?

— Je crois que vous ne pouvez pas vous en dispenser, monsieur le comte.

— Nous allons le recevoir, dit le futur député d'un air de martyr. Auparavant, sonnez Baptiste; je n'ai rien mangé depuis ce matin; je meurs de faim.

Le secrétaire sonna Baptiste, et le domestique entra.

— Apportez-moi un bouillon et une croûte de pain, dit le comte Rappt. En allant à la cuisine, faites entrer le monsieur qui est dans l'antichambre.

Puis, se retournant vers le secrétaire :

— Vous avez des notes précises sur ce personnage?

— Précises, à peu près, dit le secrétaire en lisant les notes sur une feuille de papier.

« Brewer, brasseur; homme franc, ouvert; ami du pharmacien Renaud; fils de paysans, parvenu à la fortune par trente-cinq ans de travaux persistants; n'aimant pas à être flatté, s'irritant de trop de politesse, confiant envers tous les siens, défiant envers tous les autres, très-estimé dans le quartier. Cent voix, enfin. »

— Bien! dit le comte Rappt; ce ne sera pas long. Nous en aurons bien vite raison.

Le domestique annonça :

— M. Brewer.

Un homme de cinquante et quelques années, de haute stature, à la figure loyale, entra dans le cabinet.

— Monsieur, dit le nouveau venu en s'inclinant, pardonnez à un inconnu de mettre autant d'insistance à être reçu de vous.

— Monsieur Brewer! répondit le député en examinant attentivement la figure du visiteur, comme s'il devait découvrir dans les lignes de son visage la ligne de conduite qu'il allait avoir à suivre avec lui, monsieur Brewer, dit-il, vous n'êtes pas un inconnu pour moi, tant s'en faut ; car je connais le nom de mes ennemis (et vous êtes du nombre) presque autant que celui de mes amis.

— Je suis loin d'être votre ami, en effet, monsieur; mais je ne suis pas non plus votre ennemi. Je suis opposé absolument à votre candidature, et le serai probablement toujours, non à cause de vous personnellement, mais à cause du système (système désastreux, à mon sens), que vous préconisez. A part cette inimitié de parti, toute politique, je rends hommage, monsieur, à votre grand talent.

— Vous me flattez, monsieur, dit en feignant la confusion le comte Rappt.

— Je ne flatte jamais, monsieur, dit d'un air fâché le brasseur; je flatte aussi peu que j'aime peu à être flatté... Mais il est temps, je pense, de vous dire la cause de ma visite, si vous le permettez.

— Parlez, monsieur Brewer.

— Monsieur, j'ai lu hier dans mon journal, à mon grand étonnement, car *le Constitutionnel* n'est pas précisément l'organe du gouvernement, j'ai lu, dis-je, une circulaire électorale, une profession de foi, signée de votre nom. Est-elle bien réellement de vous?

— En doutez-vous, monsieur ? s'écria le comte Rappt.

— J'en douterai, monsieur, jusqu'à ce que vous me l'ayez personnellement affirmé, répondit l'électeur froidement.

— Eh bien, monsieur, dit le comte, je vous l'affirme.

— J'ai trouvé cette profession de foi, continua le brasseur, tellement patriotique, tellement conforme aux pensées du parti libéral, que je représente, tellement en rapport, enfin, avec les convictions pour lesquelles j'ai vécu et pour lesquelles je mourrai, que je me suis senti profondément touché, et que l'opinion que j'avais eue sur vous, jusqu'ici, en a été ébranlée.

— Monsieur!... interrompit modestement le futur député.

— Oui, monsieur, insista l'électeur; j'aurais donné beaucoup pour serrer, après avoir lu ces lignes, la main de celui qui les avait écrites.

— Monsieur ! interrompit encore M. Rapp en baissant pudiquement les yeux, vous me touchez véritablement ; la sympathie d'un homme comme vous m'est plus précieuse que toutes les faveurs publiques.

— Je ne me serais cependant pas décidé à faire cette démarche, reprit le brasseur sans paraître ému le moins du monde du compliment que le comte lui décochait à brûle-pourpoint, je ne me serais pas, dis-je, résolu à vous faire visite, si mon vieil ami Renaud, ancien pharmacien du faubourg Saint-Jacques, ne fût venu me voir en vous quittant.

— Un grand citoyen, que votre ami Renaud ! dit le comte avec une sorte d'enthousiasme.

— Un bon citoyen ! répéta M. Brewer ; un de ceux qui font les révolutions et qui n'en profitent pas. La loyauté dont vous avez fait preuve devant mon vieil ami m'a donc décidé à venir vous faire cette visite. Mon but, pour tout dire, en venant vous voir et en causant avec vous, c'est d'emporter la certitude que je puis, en toute confiance, vous donner ma voix et faire voter pour vous mes amis.

— Écoutez-moi, monsieur Brewer, dit le candidat en changeant brusquement de ton ; car il voyait qu'il avait fait fausse route jusqu'ici, et que le ton rude du militaire conviendrait mieux à M. Brewer que le ton doux du courtisan.

— Écoutez-moi, je vais vous parler en toute franchise.

Un autre que M. Brewer, en entendant sortir de la bouche du comte ces paroles : « Je vais vous parler en toute franchise, » se serait défié et tenu sur ses gardes ; mais M. Brewer était, qu'on nous permette cette phrase qui semble appartenir à la Palisse, M. Brewer était trop confiant pour être défiant. Ce sont ceux-là qui se défient le plus des gouvernements, qui se laissent prendre le plus naïvement par l'hypocrisie de ceux qui les représentent. Le brasseur écouta donc de toutes ses oreilles.

— Je ne suis pas un solliciteur, moi, monsieur, continua le comte ; je ne demande la voix de personne ; je ne vais pas solliciter votre suffrage, comme l'a peut-être fait ou le fera mon adversaire, qui se dira plus libéral que moi. Non, non ; c'est à la conscience générale que je m'adresse ; c'est le suffrage de la conscience publique que je sollicite. Il faut que tous ceux qui me feront l'honneur de me donner leur voix me connaissent à fond. L'homme qui doit représenter ses concitoyens ne peut pas être soupçonné. Il faut que la confiance soit réciproque entre les électeurs et les élus. Je n'accepte le mandat qu'à cette condition ; et je vous donne droit, quand je reparaîtrai une autre fois devant vous, de me demander compte de la façon dont je vous aurai représentés. Pardonnez-moi, monsieur, de vous parler ainsi ; vous trouvez même peut-être que j'en use avec vous d'une manière un peu cavalière ; mais la franchise me contraint à agir ainsi.

— Vous ne me fâchez nullement, monsieur, dit le brasseur ; loin de là. Veuillez donc continuer, je vous prie.

A ce moment, Baptiste entra, apportant un plateau sur lequel étaient disposés un bol de bouillon, une croûte de pain, un verre et une bouteille de bordeaux qu'il plaça sur la table.

— Asseyez-vous donc, cher monsieur Brewer, dit le candidat en se dirigeant vers la table.

— Ne faites pas attention à moi, je vous prie, monsieur, dit l'électeur.

— Vous me permettez de prendre mon repas? demanda le comte en s'asseyant.

— Je vous en supplie, monsieur, faites.

— Mille pardons pour la manière dont je vous reçois, cher monsieur ; mais je suis un homme tout à fait sans façon, voyez-vous ; j'ai une horreur profonde pour tout ce qui sent l'étiquette. Je dîne quand je peux, simplement, frugalement. On ne se refait pas : j'ai des goûts simples ; mon grand-père était laboureur, et je m'en enorgueillis.

— Le mien aussi, dit simplement le brasseur ; j'ai été quinze ans son valet de ferme.

— C'est une sympathie de plus, cher monsieur Brewer ! sympathie dont je me glorifie ; car elle rend commune la pensée de deux hommes qui ont connu de bonne heure la misère, la sobriété. Mon dîner est trop modeste pour que je vous offre de le partager. Cependant, si vous vouliez me faire l'amitié d'accepter...

— Je vous remercie mille fois, interrompit le brasseur confus. Mais quoi ! ajouta-t-il d'un air étonné et presque effrayé, est-ce donc là réellement tout votre dîner?

— Absolument, cher monsieur Brewer! Est-ce que nous avons le temps de manger, nous autres? est-ce que les hommes qui aiment véritablement leur pays ont souci des intérêts matériels? Et puis, je vous le répète, je déteste la table par goût, pour mille raisons, mais pour une entre autres, et que vous approuverez, j'en suis sûr: c'est que le cœur me saigne en pensant que, dans un seul dîner, sans besoin, sans raison, par pure ostentation, par pur préjugé, on gaspille une somme d'argent qui servirait à nourrir vingt familles.

— C'est bien vrai, monsieur! interrompit l'électeur ému.

— J'ai été élevé à l'école du malheur, moi, monsieur, poursuivit le candidat; je suis arrivé à Paris en sabots, et je m'en flatte, loin d'en rougir! Je sais donc à quoi m'en tenir sur les souffrances des classes laborieuses! Ah! si tout le monde connaissait comme moi le prix de l'argent, on y regarderait à deux fois avant de charger d'impôts, déjà si lourds, les malheureux contribuables.

— Eh bien, justement, monsieur, c'est là que je voulais en arriver... Nous nous comprenons: l'inimitié que je porte au gouvernement a sa source principale dans les dépenses exagérées, folles, des serviteurs de la monarchie.

— Que voulez-vous dire?

— Dans l'avant-dernière session, monsieur, vous avez été, permettez-moi de vous le dire maintenant que nous nous entendons, un des défenseurs les plus ardents des nouveaux impôts dont on menaçait la population. Tout votre système, et je l'ai attentivement étudié, tendait à augmenter le budget, au lieu de le diminuer. Vous ne voyiez de salut pour le pays que dans l'augmentation et l'enrichissement des fonctionnaires, comme l'avait fait le gouvernement impérial; pour tout dire, vous cherchiez à vous attacher le plus grand nombre d'individus par l'intérêt, au lieu d'acquérir la confiance de tous par l'affection.

— Écoutez-moi, cher monsieur Brewer, car, outre que vous êtes un honnête homme, vous êtes encore un homme d'esprit. Je serai donc plus franc avec vous, s'il est possible, que je ne l'ai été jusqu'à présent.

Un autre homme que M. Brewer se serait défié de plus en plus; mais M. Brewer, au contraire, se défia de moins en moins.

— Il y a deux ans bientôt, cher monsieur Brewer, que j'ai défendu ce système, je l'avoue; pourquoi ne pas avouer franchement ses erreurs? Mais c'est la seule faute que j'aie à me reprocher de toute ma vie. Que voulez-vous! j'entrais dans la carrière politique. Je n'étais qu'un militaire, ignorant des affaires civiles. J'avais vécu, jusque-là, dans les camps, à l'étranger, sur des champs de bataille. Et puis j'avais affaire à une monarchie aux abois, qui nous imposait ses plus despotiques volontés. Que vous dirai-je? le courant me poussait, je me suis laissé entraîner! J'ai cédé par nécessité plutôt que par conviction; je savais que le système était mauvais, déplorable. Mais, pour rejeter un système ancien, il faut un gouvernement nouveau.

— C'est vrai, dit le brasseur convaincu.

— A quoi bon remettre des planches à un vieux navire? continua M. Rappt en s'animant. Il faut le laisser flotter, sombrer, et en construire un neuf. C'est ce que je fais dans l'ombre! Je laisse cette vieille et vermoulue monarchie s'engloutir, et je reviens à la liberté, comme l'enfant prodigue, plein de honte sans doute et plein de repentir, mais retrempé aussi, et plein de force et de courage.

— Oh! que c'est bien, monsieur! s'écria l'électeur ému jusqu'aux larmes; si vous saviez avec quel bonheur je vous écoute, et quel bien vous me faites!

— Autrefois, ainsi que vous le dites, continua le comte Rappt s'animant de plus en plus, car il sentait que, chez le brasseur, la place était prise et qu'il fallait l'occuper tout à fait; autrefois, je voulais diminuer les employés et augmenter les salaires; aujourd'hui, c'est tout le contraire, je veux diminuer les salaires et augmenter le nombre des employés. Plus il y aura de monde intéressé à l'action du gouvernement, plus le gouvernement sera contraint d'obéir à la voix de tous ou de céder. Plus les rouages d'une machine sont nombreux, plus la machine a de force; car, si un rouage casse, un autre le remplace; c'est une loi mathématique. Ce n'est donc plus par les intérêts que je veux attirer les hommes; c'est par l'affection, par l'amour. Tel est mon désir, tel est mon but, jusqu'au moment où l'occasion se présentera de rendre à la France ce qui appartient à tous les hommes, la liberté que Dieu nous a donnée et que les monarchies nous retirent.

— Je ne puis pas vous dire, monsieur, combien je suis ému! s'écria le brasseur en se levant précipitamment. Pardonnez-moi mille fois de vous avoir fait perdre un temps précieux. Mais je sors complètement éclairé, enchanté, ravi, plein de confiance et d'espoir en vous. Vous avez un accent de loyauté et de franchise qui ne me laisse plus aucun doute. Si vous m'aviez trompé, monsieur, je ne croirais plus à rien : je renierais Dieu.

— Merci! monsieur, dit le candidat en se levant; et, pour sceller tout ce que nous venons de dire, voulez-vous me donner la main?

— De tout mon cœur, monsieur, répondit l'électeur en tendant la main à M. Rappt, et avec elle toute la reconnaissance d'un honnête homme.

A ce moment, Baptiste, sonné par Bordier, parut et reconduisit M. Brewer, qui sortit en disant :

— Comme on m'avait trompé sur ce brave homme! Tout est simple chez lui, jusqu'à son frugal repas.

Baptiste revint, après avoir reconduit M. Brewer, et annonça :

— Le dîner de monsieur est servi.

— Allons dîner, Bordier, dit en souriant M. Rappt.

CXX

Où M. Jackal cherche à s'acquitter du service que lui a rendu Salvator.

Enfin, le grand jour des élections arriva : c'était le 17 décembre, un samedi; vous voyez que nous précisons.

Nous vous avons montré, d'une façon un peu prolixe peut-être, par nos trois séances chez le comte Rappt, comment les choses se passaient pour les candidats du gouvernement.

Complétons le tableau par une circulaire que nous empruntons à un des préfets de nos quatre-vingt-six départements.

Nous ne choisissons pas, nous prenons au hasard ; on verra, du reste, que celle-ci a le mérite de la naïveté. Il y avait encore des préfets naïfs dans ce temps-là.

« Sa Majesté, disait la circulaire en question, Sa Majesté désire que la plupart des membres de la Chambre qui a terminé ses travaux soient réélus.

» Les présidents de collége sont les candidats.

» Tous les fonctionnaires doivent au roi le concours de leurs démarches et de *leurs efforts*.

» S'ils sont électeurs, ils doivent voter selon la pensée de Sa Majesté, indiquée par le choix des présidents, et faire voter de même tous les électeurs sur lesquels ils peuvent avoir de l'influence.

» S'ils ne sont pas électeurs, ils doivent, par des démarches faites avec *discrétion* et *persévérance*, chercher à déterminer les électeurs qu'ils peuvent connaître à donner leurs suffrages au président. *Agir autrement* ou même rester *inactif*, c'est refuser au gouvernement la coopération qu'on *lui doit* ; c'est se séparer de lui, et *renoncer à ses fonctions*.

» Présentez ces réflexions à vos subordonnés, etc., etc. »

Quant au parti libéral, son opposition fut non moins publique, mais plus efficace.

Le Constitutionnel, le *Courrier français* et les *Débats* se réunirent dans une même pensée, quelque guerre qu'ils se fissent d'ailleurs entre eux, pour combattre l'ennemi commun, c'est-à-dire un ministère exécré, usé, impossible.

Salvator, de son côté, on le devine facilement, n'était point resté inactif dans cette grande lutte.

Il avait vu tour à tour, sans parler des chefs de vente et des chefs de loge, les principaux chefs de parti : la Fayette, Dupont (de l'Eure), Benjamin Constant, Casimir Périer.

Puis, quand pour lui les résultats de l'élection de Paris n'avaient pas été douteux, il était parti pour la province, afin de faire exactement contre le ministère ce que le ministère, de son côté, faisait contre l'opposition.

C'est ce qui explique cette absence que nous avons constatée dans un de nos chapitres précédents, sans en désigner la cause.

A son retour, il avait répandu la nouvelle du concours à peu près unanime que les départements apporteraient à Paris, et l'on n'attendait plus que le jour décisif.

Le 17 décembre, commencèrent donc les élections parisiennes. La journée fut assez calme ; chaque électeur se dirigea tranquillement vers sa mairie respective, et rien n'annonça que la journée du lendemain dimanche, quoique jour de repos, serait une journée, ou plutôt une soirée orageuse.

Un vieux proverbe dit que les jours se suivent et ne se ressemblent pas.

En effet, le lendemain eut le fracas et l'éclat d'une tempête. Ce jour-là, les éclairs précurseurs de ce terrible orage de juillet, qui devait durer trois jours, sillonnèrent le ciel.

C'était le matin de ce fameux dimanche 18 ; Salvator était à déjeuner avec Fragola, — un de ces déjeuners d'idylle comme en font les amoureux, — quand on entendit retentir la sonnette, et que Roland gronda.

Les grondements de Roland, répondant aux vibrations de la sonnette, indiquaient une visite douteuse.

C'était une des mille précautions pudiques de Fragola de s'enfuir et de se cacher au fond de sa chambre quand elle entendait retentir la sonnette.

Fragola se leva donc de table, s'enfuit dans sa chambre et se cacha.

Salvator alla ouvrir.

Un homme vêtu d'une immense polonaise, c'est-à-dire d'une grande redingote bordée de larges fourrures, se présenta sur le seuil.

— Vous êtes le commissionnaire de la rue aux Fers ? demanda-t-il.

— Oui, répondit Salvator en cherchant à voir la figure de son visiteur; ce qui lui fut impossible, attendu que le visiteur avait la figure entièrement cachée par une triple ceinture de laine brune, révélant, ou à peu près, dès cette époque, l'inventeur de nos cache-nez modernes.

— J'ai à vous parler, dit l'inconnu en entrant et en refermant la porte derrière lui.

— Que me voulez-vous ? demanda le commissionnaire en essayant de percer le voile épais qui couvrait le visage de son interlocuteur.

— Êtes-vous seul ? demanda celui-ci en regardant tout autour de lui.

— Oui, répondit Salvator.

— Alors, ce déguisement devient inutile, fit le visiteur en ôtant sans façon sa polonaise et en déroulant l'immense bandeau qui lui cachait le visage.

La polonaise ôtée, le bandeau déroulé, Salvator, à son grand étonnement, reconnut M. Jackal.

— Vous ? s'écria-t-il.

— Mais oui, moi, répondit M. Jackal avec une grande bonhomie. D'où vient votre étonnement ? — Ne vous dois-je pas une visite de remerciment pour les quelques jours que vous m'avez permis de passer encore sur la terre ? Car, je le proclame hautement, et je voudrais pouvoir le dire au monde entier, vous m'avez sauvé d'une exécrable affaire. — Prrou !... — J'ai le frisson rien qu'en y songeant.

— Si vous m'expliquez votre visite, dit Salvator, vous ne m'expliquez pas votre déguisement.

— Rien de plus simple, cher monsieur Salvator. D'abord, j'adore les costumes polonais, en hiver surtout, et vous avouerez qu'il fait ce matin un vrai froid de décembre ; — ensuite, j'ai craint d'être reconnu en venant chez vous.

— Bon ! que voulez-vous dire ?

— Il m'eût été difficile, pour ne pas dire impossible, d'expliquer une semblable visite un jour comme celui-ci.

— Ce jour n'est-il donc pas un jour comme tous les autres ?

— Nullement. — D'abord, c'est un dimanche, et, le dimanche étant le seul jour de la semaine où notre sainte religion nous enjoigne de nous reposer, ce jour-là ne saurait être un jour comme tous les autres; en outre, c'est aujourd'hui le second, et, par conséquent, le dernier jour des élections.

— Je ne comprends toujours pas.

— Un peu de patience, vous allez tout comprendre. Seulement, comme je viens pour une affaire importante et qui demande quelque développement, je vous serai obligé de me laisser prendre une chaise.

— Oh! mille pardons, cher monsieur Jackal; — entrez donc.

Et le jeune homme montra à M. Jackal le petit salon dont la porte était restée entr'ouverte.

M. Jackal entra et s'accommoda dans un fauteuil placé au coin de la cheminée.

Salvator resta debout.

Par la deuxième porte du salon, ouverte sur la salle à manger, comme la première était ouverte sur l'antichambre, M. Jackal vit les deux couverts.

— Vous déjeuniez? demanda-t-il.

— J'avais fini, répondit Salvator; si donc vous voulez en venir au but de votre visite...

— Immédiatement. Je vous disais donc, reprit M. Jackal, qu'il m'eût été impossible d'expliquer ma visite chez vous un jour comme celui-ci.

— Et je vous répondais que je ne comprenais pas.

— Eh bien, vous comprendrez quand vous saurez, non pas que tous les candidats de l'opposition ont été nommés à Paris, — cela, vous le savez déjà, et de reste, je le supprime, — mais que la majorité des candidats libéraux est nommée par toute la France. Vous avouerez que, si le dimanche est pour vous un jour comme tous les autres, il n'en saurait être ainsi pour le gouvernement.

— Bon! que m'apprenez-vous là? s'écria joyeusement Salvator.

— Ce que personne ne sait encore, mais ce que le télégraphe nous a appris, à nous; et permettez-moi de vous dire que, si j'en juge par la joie que vous cause cette nouvelle, je n'ai pas tout à fait perdu mon temps en venant vous faire une petite visite; mais ce n'est là que la moitié de ce que j'ai à vous dire, cher monsieur Salvator.

Salvator étendit la main.

— D'abord et avant tout, monsieur Jackal, éclaircissons ce point, dit-il; vous m'affirmez que les candidats de l'opposition ont été nommés en majorité dans les départements?

— Je vous le jure, répondit solennellement et tristement M. Jackal en étendant la main à son tour.

— Merci de la bonne nouvelle, cher monsieur Jackal, et

tout à votre service si j'ai encore le bonheur de vous rencontrer sous la branche d'un arbre.

M. Jackal frissonna.

C'était ce qu'il faisait consciencieusement chaque fois qu'il songeait à son aventure, ou qu'un autre y faisait allusion.

— Ainsi, vous me croyez quitte envers vous, cher monsieur Salvator ?

— Entièrement quitte, monsieur Jackal, répondit le jeune homme, et vous le verrez bien à la première occasion.

— Eh bien, moi, dit mystérieusement le chef de police, je ne me crois quitte qu'à moitié, et c'est pour cela, tout à fait pour cela que je vous demande la permission de continuer mon récit.

— Je vous écoute, et avec le plus grand intérêt.

— Permettez-moi de vous faire une question.

— Faites.

— Comment vous y prendriez-vous, cher monsieur Salvator, si vous étiez le gouvernement, ou plus simplement le roi de France, en voyant que, malgré tous vos efforts et ceux de vos fonctionnaires publics, le parti que vous combattez triomphe ?

— Je chercherais, cher monsieur Jackal, répondit simplement Salvator, pourquoi triomphe le parti que je combats, et, si le parti que je combats était véritablement celui de la majorité, je me rallierais à la majorité. Ce n'est pas plus difficile que cela.

— Sans doute, sans doute, et, si nous ne consultons que la raison absolue, vous êtes dans le vrai. Il faut se rendre compte, avant tout, des éléments de succès qu'a le parti ennemi et s'emparer de ces éléments : nous sommes d'accord là-dessus. Par malheur, le gouvernement ne voit pas les choses si nettement que nous ; le gouvernement ne sait que réprimer.

— Opprimer ! dit en souriant Salvator.

— Opprimer si vous voulez, je ne tiens pas au mot. Eh bien, le gouvernement, croyant sans doute agir dans l'intérêt de la majorité, a résolu de réprimer — ou d'opprimer, — et c'est ici, mon cher monsieur, que je vous supplie de me prêter toute votre attention : étant admis que le

9.

gouvernement, à tort ou à raison, doit agir ainsi, de quelle façon va-t-il s'y prendre ?

— Je m'en doute, dit Salvator en hochant la tête.

— En effet, vous pouvez vous en douter ; mais, moi, je puis éclaircir vos doutes, et je ne suis ici que pour cela. Voyons, que croyez-vous que fera le gouvernement pour parer à ce mauvais coup ?

— Je pense qu'il mettra Paris en état de siége, comme il en avait déjà eu l'intention le jour où devaient avoir lieu l'exécution de M. Sarranti et les funérailles de Manuel. A défaut de l'état de siége militaire, je présume que M. de Villèle étendra la mesure à l'état de siége moral, c'est-à-dire qu'il supprimera tous les journaux de l'opposition ; ce qui rendra exactement le même service que la suppression de toutes les lumières afin d'y voir plus clair.

— Ce ne sont là que des mesures probables et futures. Mais je veux vous parler de mesures certaines et présentes.

— Vous avouerez, cher monsieur Jackal, que tout ceci n'est pas très-clair.

— Voulez-vous que je le sois davantage ?

— Je vous avoue que vous me ferez plaisir.

— Que comptez-vous faire ce soir ?

— Remarquez que vous m'interrogez au lieu de me renseigner.

— C'est un procédé comme un autre pour en venir à mes fins.

— Soit. Eh bien, je n'ai nul emploi de ma soirée.

Puis il ajouta en souriant :

— Je ferai ce que je fais tous les soirs où Dieu me laisse du loisir : je lirai Homère, Virgile ou Lucain.

— C'est un noble délassement que je voudrais bien être à même aussi de prendre de temps en temps, et auquel je vous engage à vous livrer ce soir plus que jamais.

— Pourquoi cela ?

— Parce que, si je vous connais bien, vous ne devez pas aimer le bruit, le tumulte, la foule.

— Ah ! ah ! je commence à comprendre. — Vous croyez qu'il y aura ce soir, dans Paris, foule, tumulte et bruit ?

— J'en ai peur.

— Quelque chose comme une émeute ? demanda Salvator en regardant fixement son interlocuteur

— Une émeute si vous voulez, fit M. Jackal. Je vous répète que je ne tiens aucunement aux mots; mais je voudrais vous convaincre que, pour un homme aussi paisible que vous l'êtes, la lecture des poëtes de l'antiquité sera de beaucoup préférable à une promenade dans la ville à partir de sept ou huit heures du soir.

— Ah! ah!

— C'est comme j'ai l'honneur de vous le dire.

— Alors, vous êtes certain qu'il y aura émeute ce soir?

— Mon Dieu, cher monsieur Salvator, on n'est jamais certain de rien, et surtout des caprices de la foule; mais, si, d'après quelques renseignements puisés à bonne source, il est permis de former une conjecture ou une autre, j'ose dire que les manifestations de la joie populaire seront ce soir bruyantes... et même... hostiles.

— Oui! et cela précisément entre sept et huit heures du soir? fit Salvator.

— Précisément entre sept et huit heures du soir.

— Ainsi, dit Salvator, vous venez m'avertir qu'une émeute est décidée pour ce soir?

— Sans doute. Vous comprenez bien que je connais assez le cœur et l'esprit de la foule pour pouvoir affirmer que, quand la nouvelle de la victoire remportée par l'opposition va éclater à Paris, Paris tressaillira; puis, après avoir tressailli, chantera... Or, de la chanson au lampion, il n'y a qu'un pas; quand Paris aura chanté, il illuminera. Une fois Paris illuminé, du lampion au pétard, il n'y a que la main. Paris tirera donc des pétards et même des fusées. Par hasard, un militaire ou un prêtre passera par une des rues où l'on se livrera à cet innocent exercice; un gamin (cet âge est sans pitié, a dit le poëte), toujours par hasard, lancera un de ses pétards ou une de ses fusées sur cet honorable passant. De là, grande joie et éclats de rire d'une part, de l'autre explosion de colère ou cris d'alarme. On échangera de gros mots, des injures, des coups, peut-être : les mouvements des foules sont si inattendus!

— Vous croyez que cela ira jusqu'aux coups?

— Oui; vous comprenez, un monsieur quelconque lèvera sa canne sur le gamin provocateur, le gamin se baissera pour éviter le coup; en se baissant, par le plus grand des hasards toujours, il trouvera un pavé sous sa main. Or, il n'y a que le premier pavé qui coûte ; une fois un premier pavé enlevé, les autres suivront, il y en aura bientôt un tas. Que faire d'un tas de pavés, sinon des barricades? On barricadera donc, légèrement d'abord, puis bientôt plus lourdement, attendu que quelque imbécile de charretier aura la mauvaise inspiration de fourvoyer sa charrette par là. C'est ici que la police fera preuve d'une sollicitude toute paternelle. Au lieu d'arrêter les meneurs, il y en a toujours, vous comprenez, elle détournera les yeux en disant « Bah! les pauvres enfants, il faut bien qu'ils s'amusent; » et elle laissera barricader tranquillement sans inquiéter les barricadeurs.

— Mais c'est infâme, tout simplement.

— Ne faut-il pas laisser le peuple se réjouir ? Je sais bien qu'au milieu du tumulte, l'idée peut venir à quelqu'un, je suis même sûr qu'il y aura quelqu'un à qui cette idée viendra, de tirer, au lieu d'un pétard, un coup de pistolet, au lieu d'une fusée, un coup de fusil ; oh! alors vous comprenez, la police, sous peine d'être accusée de faiblesse ou de complicité, sera bien obligée d'intervenir. Mais elle n'en viendra là, soyez-en sûr, qu'à la dernière extrémité, et quand des événements fort regrettables seront déjà arrivés. Voilà pourquoi, cher monsieur Salvator, si votre intention primitive était de passer votre soirée à lire vos auteurs favoris, je vous donnerais le conseil de ne rien changer à vos intentions.

— Je vous remercie de l'avis, monsieur, dit sérieusement Salvator, et, cette fois, bien réellement, nous sommes quittes, quoique, à vrai dire, j'aie eu ce matin, à sept heures, connaissance de la dernière nouvelle que vous m'avez fait l'honneur de m'annoncer.

— Je regrette d'être venu trop tard, cher monsieur Salvator.

— Il n'y a pas de temps perdu.

M. Jackal se leva.

— Je vous quitte donc, dit-il, avec l'assurance que ni vous ni vos amis n'irez vous fourrer dans ce guêpier, n'est-ce pas?

— Ah! quant à cela, je ne vous le promets point. Je suis bien décidé, au contraire, à aller me *fourrer*, comme vous dites, là où il y aura le plus de bruit.

— Y pensez-vous ?

— Il faut tout voir pour prévoir.

— Il ne me reste donc, cher monsieur Salvator, qu'à faire des vœux bien sincères pour qu'il ne vous arrive rien de fâcheux, dit M. Jackal en se levant et en se dirigeant vers l'antichambre, où il reprit sa polonaise et son cache-nez.

— Merci de vos souhaits..., dit Salvator le reconduisant ; et, en retour, permettez-moi de faire de mon côté des vœux aussi ardents que les vôtres pour qu'il ne vous arrive rien de fâcheux non plus, au cas où le ministère serait victime de son invention.

— C'est le sort de tous les inventeurs, dit mélancoliquement M. Jackal en s'éloignant.

CXXI

Andante de la révolution de 1830.

Pendant que M. Jackal donnait à Salvator ces paternels avertissements, les bourgeois de Paris se promenaient de la façon la plus inoffensive : les uns avec leurs femmes, les autres avec leurs enfants, les autres, enfin, *tout seuls*, comme il est dit dans la noble chanson de *M. Malbrouck*. Nul ne songeait à mal, sans dire pour cela qu'aucun songeât à bien ; l'idée qu'il pût y avoir ce jour-là quelque chose — quoique ce fût par un dimanche un peu frais, il est vrai, mais plein de rayons — n'était pas entrée dans une seule de ces bonnes têtes.

Ils fuyaient la maison et demandaient du jour et du soleil, fût-ce du jour et du soleil de décembre.

C'est le souhait naturel des gens qui ont de l'ombre toute la semaine.

Tout à coup, sur les boulevards, sur les quais, aux Champs-Élysées, cette nouvelle retentit : « Le gouvernement a été vaincu. »

Or, quel était le vainqueur? C'était cette foule même.

La foule, enchantée de sa victoire, commença à honnir le vaincu.

Tout bas d'abord.

On médit du ministère, on gouailla, — que l'on nous passe le mot, il est essentiellement gaulois, — on gouailla les jésuites, robes courtes ou robes longues ; on plaignit le roi ; on se livra à toute sorte de récriminations.

— C'est la faute de M. de Villèle, disait l'un.
— C'est la faute de M. de Peyronnet, disait l'autre.
— C'est la faute de M. de Corbière, disait un troisième.
— De M. de Clermont-Tonnerre, disait un quatrième.
— De M. de Damas, disait un cinquième.
— De la Congrégation, disait un sixième.
— Vous vous trompez tous, dit un passant : c'est la faute de la monarchie.

Cette dernière voix remplit tout simplement la foule de stupeur.

Où allait-on, en effet, avec cette idée jetée dans l'espace : « C'est la *faute de la monarchie!* »

On n'en savait rien ; voilà justement pourquoi l'on s'effrayait.

Les myopes, une fois les verres de leurs lunettes cassés, craignent toujours de tomber dans un précipice.

Or, les bourgeois dont nous parlons, — la race en est peut-être perdue aujourd'hui, — les bourgeois dont nous parlons étaient myopes.

Ces mots : « C'est la faute de la monarchie, » venaient de casser leurs lunettes.

Un homme souriait à l'écart : c'était Salvator.

Peut-être, ces mots terribles, était-ce lui qui les avait prononcés.

En effet, aussitôt M. Jackal parti, il avait endossé un manteau et était allé flâner, — le mot est cette fois plus français que gaulois, — il était allé flâner du côté de la porte Saint-Denis.

La veille, en voyant l'immense majorité qu'obtenait l'opposition à Paris, on avait convoqué à la hâte les différentes loges maçonniques ; et, si précipitée que fût cette convocation, on eût dit qu'elle était prévue, commandée à l'avance, attendue impatiemment.

L'affluence fut considérable.

Quelques-uns dirent :

— L'heure est venue d'agir ; agissons !

— Nous sommes prêts, répondirent beaucoup parmi les autres.

On parla de l'opportunité de la révolution.

Salvator secoua tristement la tête.

— Bon ! dirent les plus ardents : la majorité à Paris, n'est-ce pas la majorité en France ? Paris, n'est-ce pas le cerveau qui pense, qui délibère, qui agit ? Eh bien, l'occasion s'offre, que Paris la saisisse, et la province suivra Paris.

— Sans doute, c'est une occasion, dit mélancoliquement Salvator ; mais, croyez-moi, amis, elle est mauvaise. Je flaire vaguement je ne sais quel piége où l'on veut nous attirer et où nous périrons. Je crois donc de mon devoir de vous prévenir. Vous êtes de bons et braves bûcherons ; mais l'arbre que vous voulez abattre n'est pas encore mûr pour la cognée ; vous confondez en ce moment le ministère avec le roi, comme, plus tard peut-être, on confondra le roi avec la monarchie. Vous vous figurez qu'en abattant l'un vous détruirez l'autre ; erreur, mes amis, erreur profonde ! les révolutions sociales ne sont point des accidents, croyez-le bien : elles s'accomplissent avec la même précision mathématique que les révolutions du globe. La mer ne surmonte ses rivages que quand Dieu lui dit : « Nivelle les montagnes et comble les vallées. » Eh bien, c'est moi qui vous le dis, et vous pouvez d'autant mieux m'en croire que je vous le dis avec grand regret, l'heure n'est pas venue de niveler la monarchie. Attendez, espérez, mais abstenez-vous de participer, de loin ou de près, à ce qui va se passer d'ici à quelques jours ; vous seriez, en agissant autrement que je ne vous le conseille, non-seulement victimes, mais complices des actes du gouvernement. Que veulent-ils faire ? Je n'en sais rien ; mais je vous supplie, quoi qu'il arrive, de ne pas donner, en vous y mêlant, de prétexte au malheur.

Ces mots furent dits par Salvator avec une telle tristesse, que chacun baissa la tête et se tut.

Et voilà pourquoi Salvator n'avait été nullement étonné

de ce que M. Jackal lui avait dit le matin même, puisque le conseil que lui donnait M. Jackal, il l'avait déjà donné la veille à ses compagnons.

Et voilà pourquoi Salvator souriait à l'écart en entendant honnir le ministère et plaindre le roi.

Cependant la nuit était venue et l'on commençait à allumer les réverbères.

Tout à coup, il se produisit dans la foule un mouvement extraordinaire, ce mouvement que ne produisent que les marées et les foules.

Tout ce qui était en marche s'agita, frémit, ondula.

La cause de cette ondulation était bien simple; nous la connaissons. On venait d'apprendre par les journaux du soir le résultat des élections dans les provinces.

Certaines nouvelles, au reste, arrivent aux masses avec une rapidité fulminante.

La foule ondula donc.

Les maisons aussi eurent leurs ondulations comme la foule.

A la voix d'un gamin qui cria : « Des lampions! » une fenêtre s'illumina, puis une seconde, puis une troisième.

C'est un très-beau spectacle qu'une ville illuminée, Paris surtout : cela lui donne je ne sais quoi de semblable aux rêves qu'on fait des cités chinoises pendant la fameuse fête des lanternes. Mais, si pittoresque que soit une scène de ce genre, plusieurs personnes s'en effrayent. Ce fut ce qui arriva à la foule des bourgeois qui passa, ce soir-là, rue Saint-Denis, rue Saint-Martin et dans les petites rues adjacentes particulièrement; — car c'est une chose à remarquer que, plus les rues sont petites, plus les illuminations sont grandes dans les jours de réjouissances publiques.

Et le 18 novembre de l'an de grâce 1827 était un de ces jours-là. Bien qu'on ne fût pas complétement renseigné sur le résultat définitif des élections des départements, on en savait, comme nous l'avons déjà dit, assez pour se réjouir, et la preuve, c'est que l'on se réjouissait.

On illuminait donc, et les rues Saint-Denis et Saint-Martin, entre autres, semblaient deux rivières phosphorescentes.

A cela près, la soirée fut calme; sans doute, le cœur des libéraux était très-agité au fond; mais, grâce aux recommandations de Salvator, tout semblait calme à la surface.

Cependant, il n'y a pas de bonne fête sans lendemain ; c'est un proverbe qui le dit ; sans quoi, je ne me permettrais pas de le dire.

M. Jackal avait été désappointé : le calme avait été si grand, qu'il n'y avait pas eu moyen de le troubler.

Le lendemain, c'est-à-dire le 19, les journaux rendirent compte des illuminations de la veille, et annoncèrent que l'on recommencerait le soir, mais que, cette fois, selon toute probabilité, l'illumination croîtrait comme le triomphe, c'est-à-dire serait générale.

De leur côté, les journaux du ministère, forcés de constater eux-mêmes leur défaite, le firent en termes amers. Ils parlèrent du sombre résultat, et de la façon dont avait été accueillie dans la capitale cette désastreuse nouvelle.

« Le parti de la multitude triomphe, disaient-ils ; malheur au pays ! On ne tardera pas à voir à l'œuvre le parti de la Révolution. »

Mais Paris ne parut pas se ressentir de la tristesse du ministère ; il alla à ses affaires comme d'habitude, et il fut tranquille, sinon joyeux, pendant toute la journée.

Il en fut autrement dans la soirée.

Le soir, ainsi que les journaux libéraux l'avaient annoncé, Paris jeta de côté ses vêtements de travail et vêtit ses habits de fête. La rue Saint-Martin, la rue Saint-Denis et les rues environnantes s'illuminèrent comme sous la baguette d'une fée.

Il y eut, à la vue de cette rivière de lampions, un éclat de joie qui dut retentir au plus profond du cœur des ministres, pareil à un écho funèbre ; des milliers de gens se promenaient, s'accostaient, se parlaient sans se connaître, ou bien l'on se serrait la main, et l'on se comprenait sans se parler. La joie s'exhalait de toutes les poitrines avec la respiration ; on humait les premières brises d'une liberté plus étendue, surtout plus nationale, et les poumons oppressés se dilataient.

Rien à reprendre à la foule jusque-là ; c'était une bonne et honnête foule, jouissant de sa victoire, mais sans dessein prémédité d'en abuser.

Quelques-uns poussaient bien des cris antiministériels ; mais le nombre en fut très-restreint. La protestation était plus grande par le silence que par le bruit; le calme était plus imposant que la tempête.

Tout à coup, un homme, du milieu de la foule, fit entendre ce cri :

— Achetez des fusées et des pétards, messieurs! Fêtez les élections!

On en acheta.

On les regarda d'abord machinalement, craintivement peut-être, sans songer à les allumer; puis un gamin s'approcha d'un bourgeois, et, en manière d'espièglerie, glissa un morceau d'amadou tout allumé dans la poche où le bourgeois venait de glisser, lui, un paquet de pétards.

Le paquet de pétards prit feu, le bourgeois éclata.

Ce fut comme un signal.

A partir de ce moment, les pétards retentirent de tous côtés; mille fusées, comme des étoiles filantes, serpentèrent dans l'espace.

La plus grande partie des bourgeois songea à se retirer; mais ce n'était point chose facile, au milieu de cette foule compacte : d'ailleurs, en quelques instants, les choses changèrent de face. Des enfants, des jeunes gens, des hommes apparurent; — tout cela était vêtu d'habits déchirés comme pour inspirer l'intérêt; tout cela exhibait dans ces rues éclairées *a giorno* cette misère qui, d'habitude, se cache au plus profond des ténèbres; troupe étrange, fantastique, pareille, lorsqu'on la regardait bien, par la silhouette sinon par le nombre, à ces ombres que nous avons vues errer rue des Postes, tout près de l'impasse des Vignes, à quelques pas du Puits-qui-parle, en face de la maison mystérieuse du sommet de laquelle, on s'en souvient, était tombé le pauvre Vol-au-Vent.

En effet, au milieu de cette troupe, un œil exercé eût pu reconnaître, sous la conduite de Gibassier, obéissant à son ordre sans avoir l'air de le connaître, ces braves agents de M. Jackal que nous avons déjà eu l'honneur de présenter à nos lecteurs, sous les noms pittoresques de Papillon, Carmagnole, Longue-Avoine et Brin-d'Acier.

Salvator était à son poste du coin de la rue aux Fers; il souriait comme il avait souri la veille, en reconnaissant tous ces visages auxquels il eût pu appliquer leurs noms.

Des motifs qui ne sont point arrivés jusqu'à nous, mais

qui devaient avoir leur importance, avaient suspendu l'émeute qui devait éclater la veille, comme M. Jackal l'avait annoncé à Salvator. Celui-ci l'avait attendue, et, ne la voyant pas venir, avait pensé qu'elle était remise au lendemain. Mais, lorsqu'il vit apparaître, déguenillée, la torche à la main, la face rouge, l'œil aviné, la démarche chancelante, la troupe que nous venons de signaler, conduite par les lieutenants à face patibulaire dont nous avons rappelé les noms, il fut clair pour Salvator que c'étaient les missionnaires de l'émeute, et que la véritable fête, la fête sanglante, allait commencer.

En effet, se ruant dans la foule, ces nouveaux acteurs poussèrent tous à la fois les cris les plus désordonnés, les vivats les plus contradictoires :

— Vive la Fayette !
— Vive l'empereur !
— Vive Benjamin Constant !
— Vive Dupont (de l'Eure) !
— Vive Napoléon II !
— Vive la république !

Mais entre tous ces cris se faisait entendre le principal que les gamins de 1848 ont cru inventer et qu'ils n'ont fait qu'exhumer :

— Des lampions ! des lampions !

C'était le motif principal de cette symphonie funèbre.

La promenade de ces enthousiastes dura une heure.

Mais, si, à leur patriotique requête, plusieurs lampions retardataires s'étaient allumés, d'autres lampions plus hâtifs étaient arrivés à la fin de leur huile et s'étaient éteints. Or, ce n'était pas le compte des *lampionnaires*.

La troupe avisa une maison dans la plus complète obscurité, et, poussant des cris féroces, elle somma les habitants de cette maison d'illuminer.

Les cris se résumaient par ces apostrophes. — Chaque temps de trouble politique a les siennes; constatons celles de 1827 :

— A bas les jésuites !
— A bas les bigots !
— A bas les ministériels !
— A bas les villélistes !

Aucun des locataires ne donna signe de vie. Ce silence exaspéra la troupe.

— Ils ne répondent même pas! s'écria un des hommes.
— C'est une injure faite au peuple! dit un autre.
— On insulte les patriotes! cria un troisième.
— A mort les jésuites! hurla un quatrième.
— A mort! à mort! répétèrent les gamins avec leur voix de fausset.

Et, comme si ce cri eût été un signal, toute la troupe tira, soit des poches de sa veste, soit de celles de sa blouse, soit de celles de son tablier, des pierres de toutes les formes et de toutes les dimensions, qu'elle lança à toute volée dans les carreaux des fenêtres de la maison silencieuse.

Au bout de quelques minutes, il ne restait plus un carreau.

La maison était percée à jour, aux grands éclats de rire de la plupart des assistants, qui ne voyaient dans ces événements qu'une juste leçon donnée à ce que l'on appelait alors de mauvais Français.

L'émeute commençait.

On envahit la maison, elle était vide.

C'était une maison que l'on remettait entièrement à neuf à l'intérieur et qui, pour le moment, était inhabitée.

Des émeutiers sérieux se fussent rendus à cette raison, qu'en l'absence des locataires il était impossible d'illuminer les fenêtres; mais nos émeutiers, ou plutôt ceux de M. Jackal, étaient sans doute plus naïfs ou plus habiles que les émeutiers ordinaires; car, trouvant la maison sans meubles et sans occupants, ils poussèrent des cris si féroces, que ceux de leurs camarades qui étaient restés dans la rue se mirent à hurler :

— Vengeance! on égorge nos frères!

Nos lecteurs savent aussi bien que nous que l'on n'égorgeait personne.

Mais ce fut un prétexte, ou plutôt un signal, pour envahir les maisons habitées, dont les lampions avaient eu le malheur de s'éteindre.

Les lampions se rallumèrent, à la grande joie de la foule.

En ce moment-là passaient, rue Saint-Denis, des voitures allant au marché des Innocents, ou revenant du susdit marché.

Or, les charretiers qui conduisaient les voitures étaient étonnés à bon droit de voir, dans cette rue si tranquille d'ordinaire, à une pareille heure, une si grande multitude criant, chantant, vociférant, et lançant de côté et d'autre mille pétards.

Toutefois, les chevaux étaient encore bien plus étonnés que ceux qui les conduisaient; non que les cris de la foule soient, en général, désagréables aux chevaux; mais ce qui surprenait, ce qui agaçait, ce qui arrêtait dans leur marche ces quadrupèdes, c'étaient l'odeur, l'éclat et le bruit des pièces d'artifice.

Un cheval de maraîcher n'est pas précisément un cheval de guerre, un coursier respirant Bellone, comme eût dit l'abbé Delille. Les chevaux des maraîchers s'arrêtèrent donc en poussant de longs hennissements qui se mêlaient aux cris de la foule, produisant les notes les plus incohérentes, le concert le plus discordant.

Les charretiers leur détachèrent leurs plus beaux coups de fouet; mais, au lieu d'avancer, les chevaux reculèrent.

— Ils marcheront! criaient les uns.

— Ils ne marcheront pas! criaient les autres.

— Je vous dis qu'ils marcheront, moi, répondit un gamin fourrant un pétard sous la queue du cheval qui faisait tête de colonne.

Le cheval rua, hennit et recula au lieu d'avancer.

La foule poussa un éclat de rire homérique.

— Vous obstruez la voie publique! cria Gibassier d'une voix de basse.

— Tiens, c'est M. Prudhomme! cria un gamin.

En effet, Henry Monnier venait d'inventer ce type, devenu depuis si populaire.

— Vous entravez la manifestation de la joie publique! cria à son tour Carmagnole faisant écho à Gibassier.

— Au nom du Seigneur tout-puissant, marmotta Longue-Avoine, que ses relations avec la loueuse de chaises de Saint-Sulpice avaient rendu dévot, ne vous opposez pas aux décrets de la Providence.

— Mais, mille tonnerres! cria le charretier auquel étaient adressées ces paroles, vous voyez bien que je ne puis pas avancer! mon cheval s'y refuse.

— Alors, reculez, mon frère, répondit dévotement Longue-Avoine.

— Mais, sacrediè! je ne puis pas plus reculer qu'avancer! s'écria le charretier. Vous voyez bien que devant et derrière, la rue est encombrée de monde.

— Alors descendez et dételez, fit Carmagnole.

— Mais, nom d'une pipe! vociféra le charretier, quand je détellerai, cela ne fera ni avancer ni reculer ma charrette.

— Assez causé! dit Gibassier-Prudhomme d'une voix de basse effrayante.

Et, faisant signe à une demi-douzaine d'individus qui paraissaient n'attendre que ce signal, il se lança sur le charretier rébarbatif, qu'il terrassa facilement, tandis que ses compagnons dételaient le cheval avec une telle promptitude, qu'on eût d.. des gens du métier.

Cet exemple fut suivi.

A quoi serviraient les exemples si on ne les suivait pas ?

Cet exemple fut donc suivi; on mit à pied les charretiers, et l'on dételait les chevaux qui se trouvaient dans la rue.

Dix minutes après, une barricade s'élevait.

C'était la première depuis cette fameuse journée du 12 mai 1588.

Nous savons tous que ce ne fut pas la dernière.

CXXII

Où l'émeute suit son cours.

Une fois la rue barrée, tout ce qui venait derrière les voitures arrêtées s'arrêta.

Au milieu de cette agglomération de tonneaux de porteurs d'eau, de camions, de haquets, on avisa, comme une armée de squelettes, les grands bras décharnés des charrettes de maraîcher, déchargées de leurs fardeaux.

Des gamins qui jouaient au chat, perchés sur les monceaux de plâtre en démolition aux environs de la rue Grenétat, entendant dire qu'on barrait la rue, eurent l'idée d'apporter leur pierre à cet édifice que l'on appelait une barricade, et dont les gamins sont les meilleurs architectes.

Chacun s'empara donc de ce qui se trouvait à sa portée, à sa taille ou à sa force : les uns prirent les montants des portes; les autres, les planches des échafaudages; les plus petits, les pavés neufs, amassés de côté et d'autre pour la réparation de la chaussée. Enfin on trouva tout sous la main juste à point, comme il arrive en pareille circonstance, pour construire de grosses barrières, embryons de nos barricades modernes.

La foule, en voyant s'élever ce monument, poussa, du haut en bas de la rue Saint-Denis, un immense hourra de triomphe. On eût dit que, sur cet entassement de bois et de pierres, allait s'élever le dôme de la liberté.

Il était dix heures environ; depuis une heure à peu près, des barricades s'élevaient de tous les côtés; les cris les plus séditieux partaient du cœur de la foule; des pétards de toute sorte, des pièces d'artifice éclataient au nez des passants, ou s'élançaient, à travers les vitres cassées, dans toutes les maisons accusées de tiédeur ou suspectes d'adhésion équivoque à cette patriotique manifestation.

Ce tumulte dura trois ou quatre heures; le désordre fut porté à son comble, et cependant pas un agent de la force armée n'avait paru, pas un seul gendarme ne s'était montré à l'horizon.

Nous avons déjà cité un proverbe. Si nous ne craignions de faire abus de cette sagesse des nations, nous dirions que, quand les chats n'y sont pas, les souris dansent.

C'est ce que fit la foule.

Elle forma des rondes et se mit à danser sur des airs plus ou moins défendus, — depuis la Révolution.

Chacun se livrait donc en toute liberté, celui-ci à des chants, celui-là à des danses, les uns à l'édification des barricades, les autres au détroussement de leurs semblables, chacun suivant son penchant, son instinct, sa fantaisie, quand tout à coup, à la grande stupéfaction de cette multitude, qui pensait sans doute pouvoir se livrer toute la nuit à ces innocents plaisirs, on vit fondre de la rue Grenétat, absolument comme s'il fût sorti de dessous terre, un détachement de gendarmerie.

Mais le gendarme est avant tout inoffensif, ami de la foule, protecteur du gamin, avec lequel il daigne quelquefois dialoguer.

Aussi, quand on aperçut ces innocents militaires, la multitude se mit-elle à entonner la chanson si connue :

>   Dans la gendarmerie,
>   Quand un gendarme rit,
>   Tous les gendarmes rient
>   Du gendarme qui rit.

Et, en effet, les gendarmes rirent.

Mais, tout en riant, ils donnèrent à la foule de paternels avertissements, l'invitant à rentrer chez elle et à se tenir tranquille.

Tout allait bien jusque-là, et peut-être la foule allait-elle suivre ce bon conseil, lorsque, en arrivant dans la rue Saint-Denis, au milieu du chœur qui accompagnait les gendarmes, on commença d'entendre des solos d'injures.

Puis aux injures succédèrent quelques pierres, puis beaucoup de pierres.

Seulement, on eût dit que c'était pour ces militaires que mon confrère Scribe avait fait la belle maxime :

>   Un vieux soldat sait souffrir et se taire,
>   Sans murmurer.

Le détachement de gendarmerie se tut et ne murmura pas.

Il se dirigea tranquillement vers les barricades, et se mit à les renverser une à une.

Jusque-là, rien que de très-simple, c'est-à-dire rien de bien dangereux; mais, si nos lecteurs veulent regarder vers un coin de la rue aux Fers, ils verront que la situation, assez simple dans ce moment, menaçait de se compliquer très-incessamment.

En effet, un des plus acharnés constructeurs de la barricade de la rue Saint-Denis, vis-à-vis la rue Grenétat, était notre ami Jean Taureau.

Au nombre de ceux qui s'étaient livrés au dételement des voitures, il y avait quelques émeutiers de notre connaissance.

Ces émeutiers étaient nos vieux amis Sac-à-Plâtre, Toussaint-Louverture et la Gibelotte.

A quelque distance de ceux-ci opérait isolément le petit Fafiou.

Chacun avait fait de son mieux, et, de l'avis des connaisseurs, la besogne était réussie.

Or, dans un coin de la rue aux Fers, Salvator regardait, de cet œil dédaigneux que nous lui connaissons, les diverses scènes que nous avons racontées; il allait se retirer, triste du rôle que jouaient de malheureux ouvriers entraînés en dépit de toute raison par ce malheureux cri de « Vive la liberté ! » quand il aperçut, solidifiant leur barricade, Jean Taureau et ses acolytes.

Il alla droit au charpentier, et, le prenant par le bras :

— Jean, dit-il à voix basse.

— Monsieur Salvator ! s'écria le charpentier.

— Tais-toi, répondit celui-ci, et viens.

— Il me semble, monsieur Salvator, qu'à moins que ce que vous avez à me dire ne soit important, nous n'avons guère le temps de causer dans ce moment-ci.

— Oui, ce que j'ai à te dire est on ne peut plus important. Viens donc sans retard.

Et Salvator entraîna Jean Taureau, au grand regret de ce dernier, s'il fallait en croire les regards mélancoliques qu'il jetait sur la barricade construite par lui si péniblement, et que l'on exigeait si péremptoirement qu'il abandonnât.

— Jean, lui dit Salvator lorsqu'il l'eut emmené à une trentaine de pas de la barricade, t'ai-je jamais donné un mauvais conseil ?

— Non, monsieur Salvator ! mais...

— As-tu pleine confiance en moi ?

— Je crois bien, monsieur Salvator ! mais...

— Crois-tu que je puisse te proposer une mauvaise action ?

— Oh! pour cela non, monsieur Salvator; mais...

— Alors, rentre chez toi, et tout de suite.

— Impossible, monsieur Salvator.

— Et pourquoi est-ce impossible?

— Parce que nous sommes décidés.

— Décidés à quoi?

— A en finir avec les jésuites et les calotins.

— Est-ce que tu es ivre, Jean?

— Oh! devant Dieu, monsieur Salvator, je n'ai pas bu un doigt de vin dans toute la journée.

— C'est donc pour cela que tu déraisonnes?

— Et même, dit Jean Taureau, c'est que, si j'osais, je vous avouerais une chose, monsieur Salvator.

— Laquelle?

— C'est que j'ai une rude soif.

— Tant mieux!

— Comment, tant mieux! c'est vous qui me dites cela?

— Oui; entre ici avec moi.

Et, prenant le charpentier par l'épaule, il le fit entrer dans un cabaret, le poussa sur une chaise et s'assit en face de lui.

Salvator demanda une bouteille de vin que le charpentier absorba en un clin d'œil.

Puis, ayant suivi la déglutition avec un véritable intérêt d'amateur d'histoire naturelle :

— Écoute, Jean, dit le commissionnaire, tu es un bon, brave et honnête garçon; tu me l'as prouvé en mainte circonstance; mais, crois-moi, laisse pendant quelque temps tranquilles les jésuites et les calotins.

— Mais, monsieur Salvator, dit le charpentier, est-ce que nous ne sommes pas en révolution?

— En évolution, veux-tu dire, mon pauvre ami, et rien de plus, dit Salvator; oui, tu peux faire beaucoup de bruit, mais, crois-moi, tu ne feras que de mauvaise besogne. Qui t'a amené ici à l'heure où tu devrais être couché? Sois franc.

— C'est Fifine, répondit Jean Taureau, et même que je ne me souciais pas de venir.

— Que t'a-t-elle dit pour t'y décider?

— Elle m'a dit : « Allons voir les illuminations. »

— Rien de plus? demanda Salvator.

— Si fait; elle a ajouté : « Il y aura probablement du bruit; ce sera amusant. »

— Oui; et toi, un homme paisible, riche relativement, puisque tu as maintenant douze cents livres de rente que te fait le général Lebastard de Prémont, toi qui aimes à te reposer après une journée de travail, tu as trouvé que c'était un divertissement, non pas d'entendre, mais de faire du bruit. Et comment Fifine savait-elle cela?

— Elle a rencontré un monsieur qui lui a dit : « Ça va chauffer ce soir, rue Saint-Denis; amène ton homme. »

— Et quel est ce monsieur?

— Elle ne le connaît pas.

— Je le connais, moi.

— Comment! vous le connaissez? vous l'avez donc vu?

— Je n'ai pas besoin de voir un agent de police, je le flaire.

— Comment! vous croyez que c'était un mouchard? s'écria Jean Taureau en fronçant énergiquement le sourcil, froncement qui équivalait à ces paroles : « Je suis fâché de n'avoir point su cela, j'eusse cassé la tête à ce fonctionnaire. »

— Il y a un axiome de droit, mon cher Jean Taureau, qui dit : *Non bis in idem.*

— Ce qui signifie ?

— Que l'on ne sévit pas deux fois sur le même individu.

— J'ai donc déjà sévi sur lui? demanda vivement Jean Taureau.

— Mais oui, mon ami : vous avez failli l'étrangler, une nuit, boulevard des Invalides. Rien que cela.

— Comment! s'écria Jean Taureau en blêmissant, vous croyez que c'est Gibassier?

— C'est plus que probable, mon pauvre ami.

— Celui que tout le quartier accuse de faire les yeux doux à Fifine? Oh! je le retrouverai.

Et Jean Taureau montra au ciel, où Gibassier n'était cependant pas, un poing gros comme une tête d'enfant.

— Voyons, il ne s'agit pas de lui, il s'agit de toi, dit Salvator; puisque tu as eu l'imbécillité de venir, il faut au moins avoir l'esprit de t'en tirer sain et sauf, et, si tu restes une demi-heure de plus ici, tu t'y feras tuer comme un chien.

— En tout cas, hurla le charpentier exaspéré, je leur vendrai cher ma vie.

— Il vaut mieux la garder pour la bonne cause, dit énergiquement Salvator.

— Ce n'est donc pas pour la bonne cause, ce soir? demanda Jean Taureau étonné.

— Ce soir, c'est la cause de la police, et, sans t'en douter, tu travailles pour le gouvernement.

— Pouah! fit Jean Taureau. Et, cependant ajouta-t-il après avoir réfléchi un instant, je suis là avec des amis.

— Quels amis? demanda Salvator, qui dans le groupe n'avait distingué que l'athlète.

— Mais Sac-à-Plâtre, Toussaint-Louverture, la Gibelotte... et *d'autres*.

Le pitre Fafiou, contre lequel le charpentier avait toujours conservé des sentiments de jalousie, faisait partie des *autres*.

— Et c'est toi qui les a amenés?

— Dame! quand on m'a dit que cela allait chauffer, j'ai été chercher les camarades.

— C'est bien; tu vas vider une seconde bouteille et t'en retourner à la barricade.

Salvator fit un signe, et, la seconde bouteille apportée et vidée, Jean Taureau se leva.

— Oui, dit-il, j'y retourne, à la barricade, mais pour y crier : « A bas les agents de police! mort aux mouchards! »

— Garde-t'en bien, malheureux !

— Mais que vais-je donc y faire, à la barricade, puisque je ne dois ni me battre ni crier?

— Tu iras tout simplement dire, aussi bas que tu pourras, à Sac-à-Plâtre, à Toussaint, à la Gibelotte, et même au pitre Fafiou, que je leur ordonne non-seulement de se tenir tranquilles, mais encore d'avertir les autres qu'ils sont tombés dans un guet-apens, et que, s'ils ne se retirent pas, on fera feu sur eux, avant une demi-heure.

— Est-ce possible, monsieur Salvator! s'écria le charpentier indigné; tirer sur des hommes sans armes?

— C'est ce qui te prouve, imbécile, que vous n'êtes pas ici pour faire une révolution, puisque vous n'êtes pas armés.

— C'est juste, avoua Jean Taureau.

— Va donc les prévenir, dit Salvator en se levant.

Ils étaient sur le seuil de la porte quand apparut le détachement de gendarmerie.

— Les gendarmes!... A bas les gendarmes! cria Jean Taureau de toute la force de ses poumons.

— Ah çà! te tairas-tu! dit Salvator en lui serrant le poignet. Allons, à la barricade, et qu'on en déguerpisse lestement.

Jean Taureau ne se le fit pas redire; il s'élança dans la foule et parvint jusqu'à la barricade où ses compagnons criaient à tue-tête :

— Vive la liberté! A bas les gendarmes!

Les gendarmes, avec la même tranquillité qu'ils avaient écouté les injures et reçu les pierres, renversaient la barricade.

Il en résulta que, chacun s'étant retiré devant la force armée, le charpentier ne trouva plus à qui parler.

Mais les barricades ont cela de commun avec les tronçons des serpents, qu'elles se rejoignent aussitôt coupées.

La première barricade renversée, les gendarmes continuèrent leur chemin dans la rue Saint-Denis, et en démolirent une seconde, tandis que les amis de Jean Taureau rebâtissaient la première.

On comprend les hourras et les cris de la foule au renversement et à la réédification de ces édifices.

Ces scènes, dont on a compris toute la portée, et dont on ne voyait alors que le côté bouffon, étaient bien en effet, de nature à provoquer l'hilarité générale.

Mais où les hourras commencèrent à s'apaiser, où les éclats de rire commencèrent à s'éteindre, c'est quand on vit tout à coup déboucher des deux extrémités de la rue Saint-Denis, du côté des boulevards et de la place du Châtelet, deux détachements de gendarmes qui, marchant l'un au-devant de l'autre d'un air sinistre, ne prêtaient plus à rire comme leurs camarades.

Il y eut un moment d'hésitation. On se regarda. On vit le sourcil froncé de la force armée, et l'on se tint pendant un instant sur la réserve.

Enfin, un individu plus hardi, ou plus de la police que les autres, cria d'une voix terrible :

— A bas les gendarmes!

Ce cri, au milieu du silence, retentit comme un éclat de tonnerre.

Comme un éclat de tonnerre aussi, il décida de l'orage.

La foule, comme si elle n'eût attendu que ce cri, le répéta tout d'une voix, et, pour joindre l'action à la parole, s'élança à la rencontre de la gendarmerie, qu'elle fit, pas à pas, reculer du marché des Innocents au Châtelet, du Châtelet au pont au Change, et du pont au Change à la préfecture de police.

Mais, tandis que l'on reconduisait ainsi les gendarmes venus par la place du Châtelet, la troupe plus imposante des gendarmes à pied et à cheval, partie des boulevards, descendait silencieusement la rue dans toute sa longueur, renversant tranquillement, au fur et à mesure qu'elle avançait à travers les huées et les pierres, tous les obstacles qu'elle rencontrait, hommes et choses, jusqu'au moment où, arrivée devant le marché des Innocents, elle s'arrêta et prit position.

Et cependant, derrière elle, à peu de distance d'elle, vis-à-vis le passage du Grand-Cerf, on reconstruisait une barricade, mais sur une base plus large et plus solide que celle que l'on avait élevée jusque-là.

A la grande surprise de chacun, personne ne vint inquiéter cette opération; on apercevait de loin les gendarmes, immobiles maintenant et comme changés en gendarmes de pierre.

Mais, tout à coup, par le quai, s'avança une autre troupe d'allure plus offensive. Elle se composait de garde royale et de troupe de ligne.

Elle était commandée par un homme à cheval portant les épaulettes de colonel.

Qu'allait-il se passer? Il était facile de le deviner en voyant le colonel donner ordre de distribuer des cartouches à ses hommes et faire charger les fusils.

Ce qui eût pu convaincre les incrédules qu'il allait se passer quelque chose d'équivoque, pour ne pas dire plus, c'était la manœuvre opérée par ce colonel au visage caché par son chapeau enfoncé jusque sur les sourcils, et qui, d'une voix sourde et menaçante, divisait ses troupes en trois colonnes, qu'il fit précéder d'un commissaire de police, les lançant sur les barricades de la rue Saint-Denis, du passage du Grand-Cerf et de l'église Saint-Leu.

Des huées, des injures et des pierres accueillirent, comme précédemment, la colonne lancée sur la barricade du passage du Grand-Cerf.

Salvator, en voyant la colonne s'avancer serrée, froide, résolue, chercha autour de lui s'il ne retrouverait par quelque visage de connaissance à qui il pût donner le bon avis de se retirer.

Mais, au lieu des visages qu'il checrhait, il n'aperçut à l'angle d'une rue, que la figure railleuse d'un homme qui, enveloppé de son manteau, paraissait suivre les événements avec un intérêt non moins grand que celui que Salvator leur accordait lui-même. Il tressaillit en reconnaissant M. Jackal qui surveillait sa besogne.

Leurs deux regards se croisèrent.

— Ah! ah! c'est vous, monsieur Salvator? dit l'homme de police.

— Vous le voyez, monsieur, répondit froidement celui-ci.

Mais M. Jackal ne parut pas remarquer cette froideur.

— Ah! parbleu! fit-il, je suis enchanté de vous rencontrer, pour vous donner la preuve que je vous avais porté hier matin un conseil d'ami.

— Je commence à le croire, dit Salvator.

— Et vous allez tout à l'heure en être sûr; mais, auparavant, regardez ces hommes qui s'avancent là-bas.

— La garde royale et la ligne, je les vois.

— Mais voyez-vous celui qui les commande?

— C'est un colonel.

— Je veux dire connaissez-vous le colonel?

— Eh! fit Salvator étonné, je ne me trompe pas.

— Allez toujours.

— C'est le colonel Rappt.

— En personne.

— Il a donc repris du service?

— Pour ce soir.

— En effet, il n'a pas été nommé député.

— Et il veut être nommé pair.

— Alors il est ici en service extraordinaire?

— Extraordinaire, c'est le mot.

— Et que va-t-il faire ?

— Ce qu'il va faire ?

— Je vous le demande.

— Il va tout simplement, tout froidement, tout tranquillement, quand il sera arrivé devant la barricade, prononcer un simple monosyllabe, composé de trois lettres seulement : « Feu ! » et trois cents fusils obéiront.

— Il faut que je voie cela ! dit Salvator et peut-être ai-je besoin de haïr cet homme.

— Jusqu'à présent, vous ne faites... ?

— Que le mépriser.

— Suivez-le donc, c'est plus prudent que de le précéder.

Salvator suivit en effet M. Rappt, qui s'avança droit sur la barricade, et, d'une voix froide et claire, sans s'être donné la peine de faire faire les trois sommations d'usage, prononça le terrible monosyllabe :

— Feu !

CXXIII

Encore l'émeute !

Cet horrible mot *feu !* fut suivi d'une épouvantable détonation ; mais le cri d'horreur et d'angoisse que poussa la foule fut plus épouvantable encore.

C'était une malédiction immense, qui enveloppait prêtres et soldats, ministère et royauté.

— Feu ! répéta M. Rappt au moment où cette malédiction commençait à s'éteindre et à se perdre dans la foule de ceux qui l'avaient poussée.

Les soldats, qui avaient rechargé leurs armes, obéirent.

Un feu de peloton retentit de nouveau.

Un second cri de détresse s'éleva ; mais, cette fois, on ne dit plus: « A bas les ministres! à bas le roi! » on cria : « A mort! »

Ce mot, peut-être plus terrible que la double fusillade, fit explosion du haut en bas de la rue avec la rapidité, l'éclat et le bruit du tonnerre.

La barricade du passage du Grand-Cerf fut abandonnée par les émeutiers et occupée par les soldats de M. Rappt.

Celui-ci, à la tête de ses hommes, jetait des regards pleins de fiel et de rancune sur cette population qui venait de lui faire subir un si rude échec. Il eût donné beaucoup pour avoir devant lui tous ces électeurs qu'il recevait depuis trois jours, — sans parler du pharmacien et du brasseur, des deux Bouquemont et de monseigneur Coletti; avec quelle joie il les eût pris en flagrant délit de révolte et eût vengé sur eux sa défaite!

Mais aucun de ceux que M. Rappt eût voulu y voir n'était là; le pharmacien conférait amicalement avec son confrère le brasseur; les deux Bouquemont se chauffaient dévotement les genoux à un grand feu, et monseigneur Coletti était douillettement et chaudement étendu dans son lit, rêvant tout éveillé que monseigneur de Quélen était mort et qu'il venait, lui, Coletti, d'être nommé archevêque de Paris.

M. Rappt en fut donc pour ses frais d'inspection; mais, à défaut d'ennemis de sa connaissance, il regarda avec colère tous les ennemis naturels des ambitieux, les ouvriers et les bourgeois. On eût dit qu'il voulait les foudroyer tous à la fois d'un seul regard, et, ordonnant de charger sur la multitude, il s'élança à la tête d'un détachement de cavaliers, afin d'exécuter, autant que possible, l'ordre donné par lui-même.

Il galopait donc à la poursuite des fuyards, renversant tout ce qui se trouvait sur son passage, foulant aux pieds de son cheval les malheureux tombés à terre, sabrant et abattant ceux qui étaient debout; les yeux enflammés, le sabre au poing, éperonnant à sang son cheval, il ressemblait non pas à l'ange exterminateur, — le calme divin lui manquait, — mais au démon de la vengeance, lorsqu'il alla, emporté par sa course, se heurter à une barricade; comme la barricade paraissait inoccupée, il rassembla les rênes de l'animal et voulut lui faire franchir l'obstacle inattendu qui se présentait à lui.

— Halte-là, colonel ! cria tout à coup une voix qui semblait sortir de dessous terre.

Le colonel s'inclinait sur le cou de sa monture pour essayer de reconnaître celui qui lui adressait cette sommation, quand, par un phénomène inexplicable pour lui, tant ce tour de force avait été exécuté avec énergie et vigueur, son cheval, soulevé de terre, alla rouler sur le pavé, l'entraînant naturellement dans sa chute.

Voici ce qui s'était passé et quelles circonstances amenaient l'accident que M. Rappt put un instant prendre pour un tremblement de terre.

Quelque désir qu'eussent les cavaliers de M. Rappt de le suivre, le colonel, beaucoup plus ardent qu'eux, et, d'ailleurs, beaucoup mieux monté, le colonel, la barricade une fois renversée, l'avait franchie avec une telle rapidité, qu'il avait mis entre ses soldats et lui une distance de plus de trente pas.

Et, derrière cette barricade, — de même qu'il n'y a pas de feu sans fumée, il n'y a pas de barricades sans barricadeurs, — se trouvait engagé Jean Taureau, à la recherche de Toussaint-Louverture et de Sac-à-Plâtre, que le feu des soldats de M. Rappt avait naturellement dispersés.

Salvator lui avait donné l'ordre de les rejoindre et de les faire rentrer chez eux, et Jean Taureau les cherchait pour leur faire exécuter, de gré ou de force, l'ordre qu'il avait reçu.

Or, après une recherche minutieuse, sinon fructueuse, de ses amis, l'honnête charpentier, n'ayant trouvé personne, allait se retirer, lorsqu'il entendit le premier feu de peloton commandé par M. Rappt.

— Il paraît que M. Salvator avait raison, murmura Jean Taureau, et que l'on va un tant soit peu *charcuter* les passants.

Nous demandons pardon à nos lecteurs de cette expression *charcuter*, qui peut sembler appartenir au langage plus que familier; mais Jean Taureau n'était pas de l'école de l'abbé Delille, et ce mot exprimait si bien sa pensée, et à la rigueur traduit si bien la nôtre, qu'on nous passera la forme en faveur du fond.

— En conséquence, continua en monologuant le charpentier, je crois qu'il serait prudent de faire ce que les amis me paraissent avoir fait, c'est-à-dire de se retirer.

Par malheur, c'était une résolution plus facile à prendre qu'à exécuter.

— Diable! diable! continua le charpentier en jetant un regard autour de lui, comment faire?

En effet, devant Jean Taureau fuyait une foule épaisse et difficile à entamer; d'ailleurs, le charpentier ne voulait ni fuir, ni avoir l'air de fuir.

Derrière lui, les cavaliers, le sabre au poing, arrivaient au galop.

Enfin, à droite et à gauche, dans les petites rues adjacentes, la circulation était interdite, chacun de ces défilés étant gardé par un piquet de soldats ayant la baïonnette au bout du fusil.

Or, nous savons que notre ami Jean Taureau n'était pas la présence d'esprit incarnée; il jetait donc à droite et à gauche de gros yeux effarés, lorsqu'il vit une seconde barricade éventrée par le milieu, derrière laquelle il jugea prudent de se réfugier.

Deux ou trois hommes, cachés dans un coin de cette barricade, semblaient avoir eu la même idée que lui.

Mais, en ce moment, Jean Taureau ne cherchait pas tel ou tel de ses semblables; il cherchait une poutre, un échafaudage, un monolithe quelconque pour fermer l'ouverture de ladite barricade, arrêter les cavaliers et se donner le temps de se retirer sain et sauf.

Il aperçut une petite charrette, et se mit non pas à la traîner, c'eût été trop long, à cause des débris dont la rue était jonchée, mais à la porter vers l'ouverture.

Il allait fermer, aussi artistement que possible, la solution de continuité qui le préoccupait, lorsqu'une agression inattendue le força de changer la destination de la charrette, et, au lieu d'une arme défensive, d'en faire une arme offensive.

Disons ce qu'étaient les trois ou quatre hommes entrevus par Jean Taureau, ce qu'ils faisaient là, et sur quelle chose ils dissertaient.

Ils dissertaient sur l'identité de Jean Taureau.

— C'est lui, avait d'abord dit un personnage à longue et blême figure.

— Qui, lui? avait demandé un autre avec un accent provençal très-prononcé.

— Le charpentier.

— Ah çà! mais il y a six mille charpentiers à Paris.

— Jean Taureau, donc!

— Tu crois?

— J'en suis sûr.

— Hum!

— Oh! il n'y a pas de *hum!*

— Au reste, dit un des hommes, il y a une façon bien simple de s'assurer de la vérité.

— Il y en a plusieurs; de laquelle parles-tu?

— Puisque je parle de la plus simple, je parle de la meilleure.

— Alors, dis ta façon; mais dis bas et vite, le coquin pourrait nous échapper.

— Voici, reprit celui dont l'accent avait déjà trahi l'origine méridionale. Que fais-tu, Longue-Avoine, quand tu veux savoir l'heure?

— Déshabitue-toi donc, une fois pour toutes, d'appeler les gens par leur nom.

— As-tu la fatuité de croire ton nom populaire?

— Non; mais n'importe! tu demandais ce que je faisais quand je voulais savoir l'heure?

— Oui.

— Je la demande aux imbéciles qui ont des montres.

— Eh bien, pour t'assurer de l'identité d'un individu, il suffit...

— De lui demander...

— Bélître que tu es! tu viens juste d'inventer le seul moyen qui existe de ne pas le savoir.

— Que faut-il donc faire?

— Il ne faut pas lui demander son nom, il faut le lui dire.

— Je ne comprends pas.

— Parce que tu n'es pas Christophe Colomb de la poudre, cher ami; mais suis-moi bien. Je l'aperçois dans la foule, je crois le reconnaître, et cependant je doute.

— Que fais-tu?

— Je vais tout doucement auprès de toi ; *je t'approche avec aménité ; j'ôte mon chapeau avec courtoisie, et je dis avec une voix d'une ineffable douceur :* « Bonjour, cher monsieur Longue-Avoine. »

— C'est vrai ; mais je te réponds, moi, avec une voix non moins douce : « Mon cher monsieur, vous faites erreur ; je me nomme Bonaventure ou Chrysostome. » Qu'as-tu à dire à cela?

— Tu te trompes, cher ami, tu ne réponds pas cela, attendu — soit dit sans t'offenser — qu'il faut beaucoup d'esprit pour prévoir les surprises. Tu fais, au contraire, un mouvement quelconque en t'entendant appeler quand tu as intérêt à ne pas être reconnu. A la suite de ce mouvement, ton visage exprime une stupéfaction d'une sorte ou d'une autre ; tu frissonnes, toi particulièrement, Longue-Avoine, attendu que tu es nerveux en diable. Or, remarque, futur marguillier de mon cœur, que le colosse ici présent est, à peu de chose près, aussi impressionnable que le pouvait être le colosse de Rhodes, ou tout autre colosse de toute autre cité. Il suffit donc que tu t'approches de lui et que tu lui dises, avec cette onctueuse civilité qui est ton apanage : « Bonjour, cher monsieur Jean Taureau. »

— Oui, répliqua Longue-Avoine ; seulement, j'ai peur que notre charpentier ne mette pas dans sa réponse autant d'urbanité que j'en pourrais mettre dans ma demande.

— Tranchons le mot : tu as peur qu'il ne te détache un coup de poing.

— Appelle le sentiment que j'éprouve de la peur ou de la défiance, peu m'importe ; mais...

— Mais tu hésites.

— Je l'avoue.

Nos trois compagnons en étaient là de leurs propos, quand un quatrième personnage, à peu près aussi grand que Longue-Avoine, mais trois fois plus gros que lui, tomba entre les causeurs en demandant :

— Peut-on se faufiler dans votre entretien, chers amis?

— Gibassier ! firent d'une seule voix les trois agents.

— Chut ! dit Gibassier ; où en sommes-nous?

— Nous en sommes à ton aventure du boulevard des Invalides, dit Carmagnole ; à l'homme qui t'a serré le cou de manière à te donner un avant-goût des délices que l'on éprouve, à ce qu'on assure du moins, dans l'acte de la pendaison.

— Oh! celui-là, dit Gibassier en grinçant des dents, si je le retrouve jamais...

— Eh! justement, dit Carmagnole, il est retrouvé.

— Comment, retrouvé?

— Tiens, continua Carmagnole en montrant à Gibassier celui qui, depuis cinq minutes, était l'objet de la contestation, est-ce lui?

— Si c'est lui! s'écria l'ex-forçat, furieux, en s'élançant sur Jean Taureau; par saint Gibassier, vous allez voir si c'est lui.

Et, le pistolet au poing, il s'élança sur Jean Taureau.

Carmagnole, voyant Gibassier sauter sur Jean Taureau, suivit Gibassier en faisant signe à Longue-Avoine de le suivre à son tour.

Longue-Avoine fit signe au quatrième compagnon d'imiter l'exemple qu'ils lui donnaient.

Jean Taureau venait de soulever la charrette par les brancards et la portait à bras tendus, quand Gibassier s'élança sur lui, suivi de ses trois amis.

Le forçat dirigea son arme vers le charpentier et fit feu.

Le coup partit; mais la balle alla se loger au centre d'une planche de la charrette, qui, retombant lourdement sur Gibassier, saisit sa tête dans une de ses ridelles, s'arrêta sur ses épaules, et abattit le forçat, lui donnant l'air d'un homme pris au carcan, mais ayant autour du cou, au lieu d'une simple planche de chêne, un chariot si lourd, que l'aérolithe du boulevard des Invalides lui sembla une balle de laine en comparaison.

Ce spectacle épouvanta Longue-Avoine, consterna Carmagnole et terrifia leur troisième acolyte.

Tous trois s'enfuirent donc à toutes jambes, abandonnant Gibassier à son sort, quel qu'il fût.

Mais Jean Taureau n'était pas un homme auquel on échappât si facilement. Sans s'inquiéter davantage de celui de ses quatre adversaires qui restait prisonnier sous le poids du chariot, il sauta par-dessus les brancards, et, en quatre ou cinq enjambées, rejoignit l'un des fuyards.

C'était Longue-Avoine.

Avec Longue-Avoine, qu'il prit par les jambes, comme il eût fait d'un fléau, il abattit Carmagnole.

Puis, les traînant tous les deux évanouis, l'un du coup qu'il avait donné, l'autre du coup qu'il avait reçu, il les jeta dans la charrette, et poussa, sans s'inquiéter des désagréments que causait cette locomotion à Gibassier, et poussa, disons-nous, la charrette dans la solution de continuité de la barricade, qui se trouva ainsi réparée à travers les feux de peloton du colonel Rappt, lequel ne se doutait pas, en se lançant avec ses hommes sur cette fortification, qu'elle vint d'être revue, augmentée et défendue par un seul homme.

Pendant ce temps, Gibassier se démenait, sous la charrette, comme Encelade sous le mont Etna.

Ce fut ce qui le perdit.

Jean Taureau s'élança dans la charrette pour voir quelle était la cause de son balancement. Il aperçut la tête de Gibassier qui passait à travers une des quadrilles de chêne.

Ce fut alors seulement qu'il reconnut tout à fait Gibassier.

— Ah! misérable, s'écria-t-il, c'est donc toi?...

— Comment, moi? dit le forçat.

— Oui, toi... toi qui es amoureux de Fifine!

— Je vous jure, dit Gibassier, que je ne sais pas ce que vous voulez dire.

— Eh bien, moi, je vais te l'apprendre, hurla Jean Taureau.

Et, sans s'inquiéter de ce qui se passait autour de lui, ni devant ou derrière, son poing se leva comme une masse et retomba avec un bruit sourd sur la tête de Gibassier.

Au même instant, Jean Taureau éprouva lui-même une violente secousse, et se trouva sous le ventre d'un cheval.

Le colonel Rappt franchissait la barricade.

Les jambes de derrière du cheval se trouvèrent prises entre les pièces de bois et les pavés, tandis que les jambes de devant retombaient sur les brancards de la charrette.

Jean Taureau n'eut qu'à faire un effort de ses reins robustes pour renverser l'animal, manquant d'équilibre sur le terrain mouvant où il manœuvrait.

Il fit cet effort en disant:

— Halte-là, colonel!

Et, comme il l'avait fait en conscience, cheval et cavalier roulèrent sur le pavé ou, pour mieux dire, sur les pavés.

Jean Taureau allait sauter sur le colonel Rappt, et, selon toute probabilité, l'accommoder dans le genre de Gibassier, quand les cavaliers qui suivaient le colonel et qui, distancés par lui, étaient restés de quelques pas en arrière, apparurent sabre au poing, à deux ou trois mètres de la barricade.

— Par ici, par ici, vieux! cria une voix enrouée que Jean Taureau reconnut ne pas lui être tout à fait étrangère.

Et, en même temps, le charpentier se sentit tiré par le bas de sa veste.

Il se releva rapidement et d'un bond se jeta sur la chaussée, sans s'inquiéter autrement de celui qui venait de lui donner ce charitable avertissement, laissant les corps inanimés de Carmagnole et de Longue-Avoine faire partie de la barricade qu'allait escalader la cavalerie du colonel Rappt.

Il ne s'inquiéta pas davantage de Gibassier, toujours engagé sous sa charrette.

Il comprenait vaguement qu'il était tenu de s'occuper de lui-même.

Ce fut ce sentiment instinctif de sa conservation qui lui fit chercher la chaussée.

Là, il entendit de nouveau cette même voix enrouée qui lui criait :

— Plus près des maisons, plus près, ou vous êtes mort !

Il se retourna et aperçut le pitre Fafiou.

Un bon avis, fût-il donné par un ennemi, n'en est pas moins un bon avis ; mais Jean Taureau était trop un homme d'inspiration première pour reconnaître la vérité de cette maxime ; il ne vit dans Fafiou que cet ancien ami de mademoiselle Fifine, qui lui avait fait passer de si cruelles heures de jalousie.

Il alla droit au pauvre pitre, grinçant des dents et les poings fermés, et, le regardant d'un œil menaçant :

— C'est donc toi, mauvais paillasse, lui demanda-t-il, qui te permets de me dire en me parlant : « Par ici, mon vieux ? »

— Dame, oui, c'est moi, monsieur Barthélemy, dit Fafiou ; car je ne voudrais point qu'il vous arrivât malheur.

— Et pourquoi ne voudrais-tu pas qu'il m'arrivât malheur ?

— Parce que vous êtes un brave homme, donc !

— Alors ton intention, en me disant : « Par ici, vieux, » n'était pas de me provoquer? demanda Jean Taureau.

— Vous provoquer, vous ? s'écria le pître tout tremblant. Non ; je voulais vous prévenir de ce qui arrive. Tenez, tenez, voilà les soldats qui vont faire feu ! Venez bien vite dans cette allée ; j'ai une connaissance dans la maison, et nous pourrons tranquillement attendre chez elle que tout soit redevenu tranquille.

— C'est bien, c'est bien, dit Jean Taureau, je n'ai besoin ni de tes conseils, ni de ta protection.

— Rangez-vous, au moins, rangez-vous ! dit Fafiou essayant de tirer à lui le géant.

Mais, au moment où le pître prononçait ces paroles, Jean Taureau se trouva enveloppé d'un nuage de fumée ; une effroyable détonation retentit, les balles sifflèrent, et il vit Fafiou rouler à ses pieds.

— Mille tonnerres ! dit Jean Taureau en montrant le poing aux soldats, on assassine donc ici ?

— A moi, monsieur Barthélemy ! à moi ! murmura le pître d'une voix si faible, qu'on eût cru qu'il allait mourir.

Cet appel alla jusqu'à l'âme du brave charpentier ; il se baissa vivement, prit Fafiou à bras-le-corps et enfonça d'un coup de pied la porte de l'allée que le pître lui avait indiquée, et qui s'était prudemment refermée pendant la discussion.

Il disparaissait dans l'allée juste au moment où M. Rappt, qui venait de remettre son cheval sur ses pieds et de sauter lui-même en selle, cria d'une voix furieuse :

— Sabrez et fusillez-moi tous ces brigands-là !

La troupe franchit la barricade.

Quatre-vingts chevaux, lancés au galop, passèrent sur le corps de Carmagnole et de Longue-Avoine.

Priez pour leurs âmes !

Quant à Gibassier, parvenu à se tirer de son carcan, il s'était glissé en rampant à la base des pavés, et avait gagné à grand'peine le trottoir en face de celui où Jean Taureau avait disparu emportant Fafiou.

— Eh bien, avait dit Jean Taureau, nous y voilà, dans l'allée ; après ?

— Au cinquième, avait faiblement répondu le pître.

Et il s'était évanoui.

Le géant escalada les cinq étages sans avoir besoin de

faire halte; le pître ne pesait pas plus à ses bras nerveux qu'un enfant à ceux d'un homme ordinaire.

Arrivé à cet étage, qui était le sommet de l'escalier, Jean Taureau se trouva au centre de sept ou huit portes qui faisaient le tour du palier.

Ne sachant à laquelle frapper, il consulta Fafiou; mais le malheureux pître, les joues blanches, les lèvres bleues, les yeux fermés, ne donnait plus signe de vie.

— Eh! garçon! dit Jean Taureau ému, eh! garçon!

Mais Fafiou restait immobile.

Cette pâleur et cette immobilité attendrirent profondément le charpentier, qui, pour se dissimuler en quelque sorte son émotion à lui-même, murmura :

— Garçon! sacrebleu! garçon! reviens à toi; tu n'es pas mort, que diable! Que c'est bête de faire des farces comme cela!

Mais le pître était loin de faire une farce à Jean Taureau; il avait reçu une balle qui lui avait traversé les chairs de l'épaule, et il était bien réellement évanoui, par suite de la douleur et de la perte du sang.

Fafiou gardait donc le silence le plus absolu.

— Sacrebleu! répéta Jean Taureau.

Ce juron pouvait se traduire par cette interrogation : « Que faire? »

Il avisa la porte la plus proche de lui et y frappa du coude en disant :

— Quelqu'un! holà! quelqu'un!

Deux ou trois secondes après, une clef tourna dans la serrure, et un bourgeois effaré parut en chemise et en bonnet de coton sur le seuil de sa porte.

Il tenait à la main une chandelle qui vacillait entre ses doigts ni plus ni moins que le flambeau dans la main de Sganarelle, quand celui-ci précède le commandeur chez don Juan.

— J'ai illuminé, messieurs, j'ai illuminé, dit le bourgeois, qui croyait qu'on venait le sommer de manifester sa sympathie pour les élections.

— Il n'est pas question de cela, interrompit Jean Taureau. Voilà un camarade (et il désigna Fafiou) qui est assez grièvement blessé; il a une connaissance, à ce qu'il paraît, sur votre carré, et je veux le déposer chez elle. Vous qui êtes de la maison, vous pourrez sans doute me dire à quelle porte je dois frapper.

Le bourgeois se hasarda à jeter un regard sur le pitre.

— Eh! c'est M. Fafiou, dit-il.

— Eh bien? demanda Jean Taureau.

— Eh bien, c'est probablement là, dit le bourgeois.

Et il indiqua une porte en face de la sienne.

— Merci, dit Jean Taureau en se dirigeant vers la porte indiquée.

Et il frappa.

Quelques secondes s'écoulèrent, et l'on entendit des pas légers et craintifs qui s'approchaient du palier.

Jean Taureau frappa une seconde fois.

— Qui va là? demanda une voix de femme.

— Fafiou, dit le charpentier, auquel il sembla tout naturel de dire le nom du pitre au lieu du sien.

Mais il se trompait dans son calcul; la connaissance de Fafiou connaissait non-seulement Fafiou, mais aussi sa voix, de sorte qu'elle s'écria :

— C'est faux! je ne reconnais pas sa voix.

— Diable! pensa Jean Taureau, elle a parfaitement raison; elle ne peut pas reconnaître la voix de Fafiou, puisque c'est la mienne.

Il réfléchit un moment; mais, nous l'avons dit, la spontanéité dans les idées n'était point la qualité dominante de Jean Taureau.

Par bonheur, le bourgeois vint à son aide.

— Mademoiselle, dit-il, si vous ne reconnaissez pas la voix de Fafiou, reconnaissez-vous la mienne?

— Oui, répondit la jeune fille interpellée; vous êtes M. Guyomard, mon voisin.

— Vous fiez-vous à moi? demanda M. Guyomard.

— Sans doute; je n'ai aucune raison de me défier de vous.

— Eh bien, mademoiselle, ouvrez votre porte, pour l'amour de Dieu; M. Fafiou, votre ami, est blessé et a besoin de secours.

La porte s'ouvrit avec une rapidité qui ne laissait aucun doute sur le degré d'intérêt que la jeune fille portait au pitre.

En effet, cette jeune fille n'était autre que la Colombine du théâtre de maître Galilée Copernic.

Elle poussa un cri de surprise en voyant son camarade évanoui et baigné dans son sang, et se jeta sur Fafiou sans s'inquiéter de Jean Taureau, qui portait ce pauvre corps inerte, ni du bourgeois, qui, la main un peu plus assurée depuis qu'il savait ne courir personnellement aucun danger, éclairait la scène.

— Ainsi, mademoiselle, demanda le charpentier, vous voulez bien recevoir ce pauvre diable?

— Oh! mon Dieu, tout de suite! s'écria la Colombine.

Le bourgeois porteur du fanal les précéda dans la chambre; son ameublement se composait de quelques chaises, d'une table et d'un lit.

Jean Taurreau n'avait pas le choix des meubles : il déposa Fafiou sur le lit, sans même demander permission à la maîtresse de la chambre.

— Maintenant, dit-il, déshabillez-le tout doucement. Je vais chercher un médecin; s'il tardait à venir, ne vous impatientez pas trop : on ne circule pas très-facilement dans les rues aujourd'hui.

Et le brave Jean Taureau descendit rapidement l'escalier et courut chez Ludovic.

Ludovic n'était point chez lui; mais, depuis deux jours, quand Ludovic n'était point chez lui, on savait où le trouver.

Depuis deux jours, Rose-de-Noël avait été ramenée rue d'Ulm.

De même que la Brocante avait trouvé un matin la cage de Rose-de-Noël vide du charmant oiseau qui l'égayait, un autre matin, comme l'avait prévu Salvator, on avait retrouvé la jeune fille paisiblement endormie dans son lit.

M. Gérard mort, notre ami M. Jackal n'avait plus eu aucun motif d'éloigner l'enfant qui pouvait faire, sinon lumière complète, du moins demi-jour sur l'affaire Sarranti.

Interrogée à son réveil, Rose-de-Noël répondit qu'elle avait été transportée dans une maison où de bonnes religieuses avaient eu le plus grand soin d'elle, où on l'avait bourrée de confitures et de bonbons, et où elle n'avait eu d'autre chagrin que d'être séparée de son bon ami Ludovic.

Puis, comme elle craignait que pareille chose ne se renouvelât, elle fut rassurée par Salvator, qui lui dit qu'elle n'avait plus rien de pareil à redouter, mais qu'elle allait aller dans une belle pension, où elle apprendrait tout ce qu'elle ignorait encore, et que M. Ludovic la pourrait visiter deux fois la semaine, en attendant le jour où elle en sortirait pour devenir la femme de Ludovic.

Tout cela n'était pas bien effrayant. Aussi, Rose-de-Noël en avait-elle pris son parti, surtout lorsque Ludovic lui avait dit qu'il approuvait entièrement les dispositions de Salvator.

Seulement, les deux jeunes gens avaient demandé huit jours de vacances, et les huit jours leur avaient été accordés par leur bon ami Salvator.

Voilà comment Ludovic était rue d'Ulm au lieu d'être chez lui.

En un instant, Ludovic eut franchi l'espace qui sépare la rue d'Ulm de la rue Saint-Denis, et fut près de Fafiou.

Qu'on nous permette de revenir à l'émeute, qui, au reste, tirait à sa fin.

A partir du moment où Jean Taureau l'avait quittée, la rue était devenue un champ de bataille, si toutefois on peut donner le nom de champ de bataille à l'endroit où s'accomplit une scène de meurtre, et à une rencontre où l'un des deux partis sabre et fusille, tandis que l'autre crie et se sauve.

En effet, aucune résistance n'étant organisée, aucune résistance ne fut faite.

Les hôpitaux reçurent les blessés.

La Morgue reçut les morts.

Les journaux du lendemain ne continrent qu'une partie des événements; mais la voix publique raconta le reste.

Les charges de cavalerie dirigées par M. le colonel Rappt prirent le titre de dragonnades de la rue Saint-Denis.

Le ministère Villèle, qui avait cru se consolider par la terreur, glissa dans le sang et tomba pour faire place à un ministère d'une opinion plus modérée, dans lequel prirent place M. de Marande, comme ministre des finances, et M. de Lamothe-Houdan, comme ministre de la guerre.

Quant à M. Rappt, en conséquence de ses bons et loyaux services de la rue Saint-Denis, il fut nommé maréchal de camp et pair de France.

CXXIV

Où l'on retrouve le père en attendant que l'on retrouve la fille.

Quelques jours après les événements que nous venons de raconter, et qui sont à notre livre ce que certains steppes arides sont aux pays les plus fertiles et aux plus beaux paysages, c'est-à-dire de ces espèces de déserts qu'il faut absolument traverser pour arriver aux oasis, — le général Lebastard de Prémont, toléré à Paris sur la parole donnée par Salvator à M. Jackal qu'il y était, M. Sarranti une fois sauvé, sans aucun mauvais dessein contre le gouvernement, M. Lebastard de Prémont, disons-nous, venait prendre, avec M. Sarranti, congé de celui que nous appellerons désormais de moins en moins le commissionnaire, pour l'appeler de plus en plus Conrad de Valgeneuse.

Il était assis dans le salon de Salvator, ayant à sa gauche son jeune et à sa droite son vieil ami.

Au bout d'une demi-heure de bonne et intime causerie, le général Lebastard se leva en tendant la main à Salvator en signe d'adieu; mais celui-ci, qui, depuis son arrivée, paraissait préoccupé d'une idée, l'arrêta, le priant avec son doux et calme sourire de lui accorder encore quelques minutes pour une communication retardée jusqu'alors, mais dont le moment, disait-il, lui semblait arrivé.

M. Sarranti fit un mouvement pour se retirer et laisser le général seul avec Salvator.

— Oh! non pas, dit le jeune homme, vous avez partagé tous les chagrins et tous les dangers du général, il est juste que vous partagiez sa joie quand le jour de la joie est venu.

— Que voulez-vous dire, Salvator? demanda vivement le

général, et quelle joie peut m'arriver désormais, excepté celle de voir Napoléon II sur le trône de son père?

— Il est cependant d'autres bonheurs pour vous, général, répliqua Salvator.

— Hélas! je n'en connais guère, répondit celui-ci en hochant tristement la tête.

— Eh bien, général, comptez d'abord vos tristesses, et ensuite vous compterez vos joies.

— Je n'ai eu que trois grands chagrins en ce monde, dit M. Lebastard de Prémont : le premier et le plus grand a été la mort de mon maître; le second, ajouta-t-il en se tournant vers M. Sarranti et en lui tendant la main, la condamnation de mon ami; le troisième...

Le général fronça énergiquement le sourcil et s'arrêta.

— Le troisième? demanda Salvator.

— Le troisième est la perte d'une enfant que j'eusse aimée comme j'aimais sa mère.

— Eh bien, général, dit Salvator, puisque vous connaissez le nombre de vos tristesses, vous allez connaître le nombre de vos joies. Ainsi c'est une première joie que d'espérer le retour du fils de votre maître, comme vous l'appelez; c'est une seconde joie que le salut et la réhabilitation de votre ami; enfin, ce serait une troisième joie que le retour de votre enfant bien-aimée.

— Que voulez-vous dire? s'écria le général.

— Eh bien, qui sait! dit Salvator, je puis peut-être vous causer cette joie suprême.

— Vous?

— Oui, moi.

— Oh! parlez, parlez, mon ami! dit le général.

— Parlez vite, dit M. Sarranti.

— Tout dépend, reprit Salvator, des réponses que vous allez faire aux questions que je vais vous adresser. Êtes-vous jamais allé à Rouen, général?

— Oui, dit le général en tressaillant.

— Plusieurs fois?

— Une seule.

— Y a-t-il longtemps?

— Quinze ans.

— C'est bien cela, dit Salvator : en 1812?

— En 1812, oui

— Était-ce le jour? était-ce la nuit?

— La nuit.

— Vous étiez en chaise de poste?

— Oui.

— Vous ne vous êtes arrêté qu'un instant à Rouen.

— C'est vrai, répondit le général de plus en plus étonné, pour faire souffler les chevaux et demander la route d'un petit village auquel je me rendais.

— Ce petit village, dit Salvator, se nommait la Bouille.

— Eh quoi! s'écria le général, vous savez...?

— Oui, dit en riant Salvator, oui, je sais cela, général, et bien d'autres choses encore; mais permettez-moi de continuer. Arrivée à la Bouille, cette chaise de poste s'est arrêtée devant une maison de chétive apparence; un homme est descendu de la voiture, portant entre ses bras un fardeau informe et assez volumineux; inutile de dire que cet homme, c'était vous, général.

— En effet, c'était moi.

— Une fois devant la maison, vous avez examiné attentivement la muraille et la porte, vous avez tiré une clef de votre poche, ouvert la porte, et trouvé, en tâtonnant, un lit sur lequel vous avez déposé le fardeau que vous teniez entre vos bras.

— C'est vrai, dit le général.

— Le fardeau déposé, reprit Salvator, vous avez tiré de votre poche une bourse et une lettre que vous avez déposées sur le premier meuble qui vous est tombé sous la main. Puis, après avoir refermé doucement la porte, vous êtes remonté dans votre voiture, et les chevaux ont pris la route du Havre. Tous ces faits sont-ils bien exacts?

— D'une exactitude telle, dit le général, qu'à moins de de les avoir vus s'accomplir, je ne saurais comprendre comment vous les connaissez.

— Pourtant rien n'est plus simple, et vous le comprendrez tout à l'heure. Je poursuis donc : voilà les faits que vous connaissez et qui me prouvent que les renseignements sont bons et que mes espérances ne seront pas vaines. Voici maintenant les faits que vous ne connaissez pas.

Le général redoubla d'attention.

— Derrière vous, — une heure environ après votre départ, — une bonne femme, qui revenait du marché de

Rouen, s'arrêta devant la même maison où vous vous étiez arrêté, tira à son tour une clef de sa poche, à son tour ouvrit la porte et jeta un cri d'étonnement en entendant, dès son entrée dans la chambre, les vagissements d'un enfant.

— Pauvre Mina! murmura le général.

Sans paraître remarquer l'interruption, Salvator continua :

— La bonne femme se hâta d'allumer une lampe, et, guidée par les cris, elle vit quelque chose de blanc qui s'agitait et se débattait sur son lit; elle souleva un long voile de mousseline et découvrit, fraîche, rose et le visage inondé de larmes, une ravissante petite fille âgée d'un an environ.

Le général passa la main sur ses yeux; il essuya deux grosses larmes.

— Grande fut la surprise de la bonne femme en trouvant si étrangement habitée la chambre qu'elle avait laissée vide. Elle prit l'enfant dans ses bras, l'examina, la tourna et la retourna en tous sens. Elle cherchait dans ses vêtements un signe quelconque de son origine; mais elle ne découvrit rien, sinon que les langes de la petite fille étaient de la plus pure batiste, et le voile qui la recouvrait, du plus beau point d'Alençon; le tout roulé, comme je l'ai dit, dans une pièce de mousseline des Indes. C'étaient là des renseignements assez vagues. Mais la brave femme en eut bientôt de plus positifs lorsqu'elle aperçut sur la table la lettre et la bourse que vous y aviez déposées. La bourse contenait douze cents francs. La lettre était conçue à peu près en ces termes :

« A partir du 28 octobre de l'année prochaine, jour anniversaire de celui-ci, vous recevrez, par l'intermédiaire du curé de la Bouille, la somme de cent francs par mois.

» Donnez à l'enfant la meilleure éducation que vous pourrez, et surtout celle d'une bonne ménagère. Dieu seul sait à quelles épreuves il la réserve!

» Son nom de baptême est Mina; elle n'en doit point porter d'autre que je ne lui aie rendu celui qui lui appartient. »

— C'était le nom de sa mère, murmura le général, en proie à la plus vive agitation.

— La date de cette lettre, reprit Salvator sans paraître remarquer l'agitation de celui auquel il s'adressait, était celle du 28 octobre 1812; vous la reconnaissez bien, ainsi que vos paroles?

— La date est exacte, les paroles sont textuelles.

— Si nous en doutions, d'ailleurs, continua Salvator, nous n'aurions qu'à vérifier si cette écriture est bien la vôtre.

Et Salvator tira de sa poche une lettre qu'il mit sous les yeux du général.

Le général l'ouvrit précipitamment, et, en la relisant, comme si toute sa force était vaincue, des larmes jaillirent de ses yeux.

M. Sarranti et Salvator laissèrent silencieusement couler ces larmes.

Au bout de quelques instants, Salvator reprit :

— Maintenant que je suis bien assuré qu'il n'y a pas d'erreur, je puis vous dire toute la vérité; votre fille vit, général.

Le général jeta un cri de surprise.

— Elle vit! dit-il; et vous en êtes sûr?

— J'ai reçu de ses nouvelles, il y a trois jours, dit simplement Salvator.

— Elle vit! s'écria le général. Où est-elle?

— Attendez un instant, fit Salvator avec un sourire et posant sa main sur le bras de M. Lebastard de Prémont; avant que je vous dise où elle est, permettez-moi de vous raconter ou plutôt de vous rappeler une histoire.

— Oh! parlez, dit le général; seulement, ne me faites pas attendre inutilement.

— Je ne dirai point un mot qui ne soit nécessaire, répliqua Salvator.

— Oui, oui; mais parlez.

— Vous rappelez-vous la nuit du 21 mai?

— Si je m'en souviens! s'écria le général en tendant la main à Salvator, je le crois bien! c'est cette nuit-là que j'ai eu le bonheur de vous connaître, mon ami.

— Vous souvenez-vous, général, que, tout en allant chercher les preuves de l'innocence de M. Sarranti dans le parc de Viry, nous avons sauvé des mains d'un misérable une jeune fille qui avait été enlevée et que nous avons rendue à son fiancé?

— Oh! je crois bien que je me le rappelle! Ce misérable s'appelait Lorédan de Valgeneuse, du nom de son père qu'il déshonorait. La jeune fille s'appelait Mina, comme mon enfant; le jeune homme, enfin, s'appelait Justin. Vous voyez que je n'ai rien oublié.

— Eh bien, général, dit Salvator, rappelez-vous un dernier détail; peut-être un des plus importants de l'histoire de ces deux jeunes gens, et je n'aurai plus de questions à vous faire.

— Je me souviens, dit le général, qu'elle avait été trouvée, recueillie et élevée par un instituteur, enlevée d'un pensionnat par M. de Valgeneuse. Ce pensionnat était situé à Versailles. Est-ce là ce dont vous souhaitez que je me souvienne?

— Non; cela, général, c'est le fait, c'est l'histoire : ce dont je désire que vous vous souveniez, c'est un détail; mais ce détail est tout simplement la moralité de l'aventure; appelez donc, je vous en prie, votre mémoire à votre aide.

— J'ignore ce que vous voulez me dire, mon ami.

— Alors, à moi de vous mettre sur la voie. Que sont devenus les deux jeunes gens?

— Ils sont partis pour l'étranger.

— Très-bien; ils sont partis en effet, et c'est vous, général, qui avez donné l'argent nécessaire pour le départ, le voyage et l'emménagement de ces deux jeunes gens.

— Ne parlons pas de cela, mon ami.

— N'en parlons plus, si vous voulez. Mais, par là, nous voilà arrivés à ce détail intéressant. « Un scrupule me tient, vous ai-je dit au moment de faire partir les deux jeunes gens; un jour ou l'autre, on connaîtra les parents de la jeune fille; si les parents sont nobles, riches, puissants, n'auront-ils pas à récriminer contre Justin? » Vous m'avez répondu...

— Je vous ai répondu, interrompit vivement le général, que les parents de la jeune fille ne pouvaient récriminer contre l'homme qui avait recueilli leur enfant qu'ils avaient abandonnée, qui l'avait élevée comme l'enfant de sa mère, qui l'avait sauvée d'abord de la misère et ensuite du déshonneur.

— Et j'ai ajouté, général, rappelez-vous mes paroles : « Et si vous étiez le père de la jeune fille? »

Le général tressaillit; en ce moment seulement, il voyait

en face la vérité, que, jusque-là, il n'avait fait qu'entrevoir.

— Achevez, dit le général.

— Donc, continua Salvator, si en votre absence votre enfant eût couru les dangers qu'a courus la fiancée de Justin, vous pardonneriez à l'homme qui, loin de vous, eût disposé du sort de votre fille?

— Non-seulement, mon ami, je lui ouvrirais les bras comme à l'époux de mon enfant, vous ai-je dit, mais encore je le bénirais comme son sauveur.

— En effet, vous m'avez textuellement dit cela, général; mais ces paroles, les répéteriez-vous aujourd'hui si je vous disais : Général, il s'agit de votre propre enfant?

— Mon ami, dit solennellement le général, j'ai juré fidélité à l'empereur, c'est-à-dire que j'ai fait serment de vivre et de mourir pour lui. Je n'ai pas pu mourir; je vis pour son fils.

— Eh bien, général, dit Salvator, vivez aussi pour votre fille, car c'est elle que Justin a sauvée.

— Eh quoi! cette belle enfant que j'avais entrevue dans la nuit du 24 mai, s'écria le général, c'était... c'est?...

— C'est votre fille, général, dit Salvator.

— Ma fille! ma fille! s'écria le général ivre de joie.

— Oh! mon ami! dit Sarranti en prenant la main du général et en lui témoignant par cette étreinte la part qu'il prenait à son bonheur.

— Mais, dit le général doutant encore, rassurez-moi, mon ami; que voulez-vous! on ne s'habitue pas si vite à être heureux. Comment êtes-vous arrivé, je ne dirai pas à la connaissance, mais à la certitude de ces faits?

— Oui, dit Salvator avec un sourire, je comprends, vous avez besoin d'être convaincu.

— Mais, alors, si vous étiez convaincu vous-même, pourquoi avoir attendu jusqu'aujourd'hui?

— Parce que j'ai voulu en arriver moi-même à n'avoir plus aucun doute. Mieux ne valait-il pas attendre que de vous déchirer le cœur par une fausse joie? Dès que cela m'a été possible, je me suis rendu à Rouen. J'ai demandé à voir le curé de la Bouille. Il était mort. Une servante m'a dit alors que, quelques jours auparavant, un monsieur de Paris, qu'à sa tournure on pouvait reconnaître pour un militaire, quoiqu'il portât l'habit bourgeois, était venu demander le curé et, à son défaut, une personne qui pût le renseigner sur le sort d'une petite fille qui avait été élevée dans le village, mais qui, depuis cinq ou six ans, avait disparu. J'ai deviné facilement que le monsieur, c'était vous, général, et que vos recherches avaient été infructueuses.

— En effet, dit le général, vous ne vous trompez pas.

— Alors, je me suis informé, auprès du maire de la paroisse, s'il ne restait pas dans le pays des gens du nom de Boivin : on m'a indiqué quatre ou cinq Boivin qui demeuraient à Rouen. Je les ai vus les uns après les autres, et j'ai fini par découvrir une vieille fille du même nom, qui avait hérité des petites économies, meubles et papiers de sa grand'tante. Cette vieille fille avait donné des soins à Mina pendant cinq années : elle la connaissait donc parfaitement ; et, si j'eusse conservé un doute, la lettre qu'elle retrouva et que je viens de vous remettre l'eût bientôt dissipé.

— Et où est mon enfant? où est ma fille? s'écria le général.

— Elle est, ou plutôt, car désormais vous devez parler au pluriel, général, ils sont en Hollande, où ils vivent chacun dans sa cage, en face l'un de l'autre, comme les canards que les Hollandais soumettent au régime cellulaire pour leur apprendre à chanter.

— Je pars pour la Haye, dit le général en se levant.

— Vous voulez dire nous partons, n'est-ce pas, mon cher général? dit Sarranti.

— Je regrette de ne pouvoir partir avec vous, dit Salvator ; par malheur, la situation politique est trop compliquée en ce moment pour que je quitte Paris.

— Au revoir, mon cher Salvator, car vous comprenez que je ne vous dis pas adieu. Mais, ajouta le général en fronçant le sourcil, il est une visite que je veux faire avant mon départ, cette visite dût-elle me retarder de vingt-quatre heures.

A ce froncement de sourcil, Salvator avait tout deviné.

— Vous savez bien de qui je veux parler, n'est-ce pas? dit le général.

— Oui, général. Mais cette visite ne vous retardera pas longtemps ; M. de Valgeneuse est en ce moment absent de Paris.

— Je l'attendrai, dit résolûment le général.

— Cela pourrait vous retarder indéfiniment, général. Mon cher cousin Lorédan est parti avant-hier de Paris, et n'y reviendra pas avant la personne qu'il poursuit. Cette personne, c'est madame de Marande, dont il s'est déclaré l'adorateur; manifestation qui, un jour ou l'autre, pourra bien ne pas être du goût de Jean Robert ou même de M. de Marande, lequel autorise bien sa femme à avoir un amant, mais n'autorise personne à l'afficher. Or, c'est ce que fait en ce moment M. de Valgeneuse, qui, en apprenant que madame de Marande allait faire en Picardie une visite à une de ses tantes gravement malade, s'est mis à sa poursuite. Le retour de M. de Valgeneuse étant donc subordonné au retour de madame de Marande, je vous engage, mon cher général, à partir le plus tôt possible, c'est-à-dire aujourd'hui... Eh bien, à votre retour, M. de Valgeneuse sera, selon toute probabilité, à Paris; vous vous en occuperez alors. Mais je ne sais quel instinct me dit que vous n'aurez pas à vous occuper de M. de Valgeneuse.

— Mon cher Salvator, dit le général, qui se méprenait aux paroles du jeune homme, je ne regarderais pas comme mon ami celui qui prendrait ma place en pareille circonstance.

— Rassurez-vous, général, et regardez-moi toujours comme un ami; car, aussi vrai que mon dévouement à la liberté égale votre dévouement à l'empereur, je ne toucherai pas à un cheveu de la tête de M. de Valgeneuse.

— Merci, dit le général en serrant étroitement la main de Salvator. Oh! cette fois, adieu!

— Permettez-moi de vous conduire au moins jusqu'à la barrière, dit Salvator en se levant et en prenant son chapeau; aussi bien, il vous faut une voiture, et je vais vous trouver celle qui a emmené Justin et Mina en Hollande, et peut-être aussi, qui sait! l'homme qui les a conduits, et qui pourra vous parler d'eux pendant toute la route.

— Oh! Salvator, dit mélancoliquement le général, pourquoi vous ai-je connu si tard!... A nous trois, ajouta-t-il en tendant la main à M. Sarranti, nous eussions remué le monde.

— C'est encore à faire, dit Salvator, et il n'y a qu'un peu de temps de perdu.

Et les trois amis se dirigèrent vers la rue d'Enfer.

A la hauteur de l'hospice des Enfants-Trouvés, était située la maison du charron où Salvator avait loué la chaise de poste dans laquelle Justin et Mina étaient partis pour la Hollande.

Voiture et postillon furent retrouvés.

Une heure après, le général Lebastard de Prémont et M. Sarranti embrassaient Salvator, et la voiture s'éloignait rapidement, gagnant la barrière Saint-Denis.

Laissons-les suivre la route de Belgique, et suivons, nous, la voiture qu'ils rencontrèrent à la hauteur de l'église Saint-Laurent.

Cette voiture, si le général l'eût reconnue, eût bien pu, au reste, mettre quelque retard dans son voyage; car c'était celle de madame de Marande, qui, arrivée trop tard pour dire un dernier adieu à sa tante, rentrait en toute hâte à Paris, où Jean Robert l'attendait avec une fiévreuse impatience.

Or, on se rappelle ce qu'avait dit Salvator sur ce retour de madame de Marande, qui devait naturellement amener celui de M. de Valgeneuse.

Mais le général ne connaissait ni madame de Marande ni la voiture; ce qui fit qu'il continua rapidement et joyeusement son chemin.

CXXV

Où il est prouvé que l'ouïe n'est pas le sens le moins précieux.

Vous souvenez-vous, chers lecteurs, de cette charmante petite chambre toute tendue de perse qu'habitait à certaines heures madame de Marande, et dans laquelle nous avons eu l'indiscrétion de vous faire pénétrer ? Si vous avez été amoureux, vous en avez gardé le souvenir; si vous êtes amoureux encore, vous en avez conservé le parfum. Eh bien, c'est dans cette chambre, dans ce nid, dans cette chapelle de l'amour que nous allons vous introduire encore, sans crainte de vous déplaire, amoureux présents ou amoureux passés.

C'est le soir même de la rentrée de madame de Marande à Paris.

Madame de Marande, usant du droit que lui a conféré son mari, et que celui-ci ne lui a point retiré depuis que, dans la nouvelle combinaison ministérielle, le portefeuille des finances lui est échu, cause amoureusement avec notre ami Jean Robert, qui, assis, ou plutôt à genoux — nous avons dit que cette chambre était une chapelle — devant la divinité du lieu, lui raconte une de ces longues et tendres histoires que tous les amoureux racontent si bien, que l'oreille de la femme qui aime ne se lasse jamais de les entendre raconter.

Au moment où nous vous introduisons dans le sanctuaire, Jean Robert enveloppe de son bras la taille fine et cambrée de la jeune femme, et, les yeux sur ses yeux, comme si ce n'était point assez de lire sur le visage et comme s'il voulait lire jusqu'au fond du cœur, il lui demande :

— Quel est, à votre avis, le sens le moins précieux, mon cher amour?

— Tous les sens me paraissent également précieux quand vous êtes là, mon ami.

— Merci. Mais n'en est-il pas, à votre avis, cependant, de plus ou de moins précieux l'un que l'autre, ou les uns que les autres?

— Si fait, il y en a un qui ne fait point partie des cinq sens, mais que j'ai découvert, moi.

— Lequel, cher Christophe Colomb du pays du Tendre?

— Celui qui fait que, quand je vous attends, mon bien-aimé, je ne vois plus, je n'entends plus, je ne respire plus, je ne sens plus, je ne touche plus : le sens de l'attente, en un mot, voilà celui qui me paraît moins précieux que les autres?

— Vous m'avez donc attendu, vraiment?

— Ingrat! est-ce que je ne vous attends pas toujours?

— Chère Lydie, si vous disiez vrai !

— Dieu de bonté ! il en doute !

— Non, mon amour, je ne doute pas, je redoute...

— Et que pouvez-vous redouter?

— Ce que redoute l'homme parfaitement heureux, l'homme qui n'a plus rien à désirer, plus rien à demander au ciel, pas même le ciel, — tout!

— Poëte, dit coquettement madame de Marande en effleurant de ses lèvres le front de Jean Robert, vous vous souvenez de votre aïeul Jean Racine :

<blockquote>Je crains Dieu, cher Abner, et n'ai point d'autre crainte.</blockquote>

— Eh bien, soit, je crains Dieu et n'ai point d'autre crainte. Mais quel est votre dieu, à vous, mon cher ange?

— Toi! dit-elle.

Jean Robert, à ce doux aveu, l'étreignit encore plus tendrement.

— Moi, lui répondit Jean Robert en riant, moi, je ne suis que votre amoureux; mais votre amant véritable, votre dieu réel, Lydie, c'est le monde; et, comme à ce dieu-là vous sacrifiez plus de la moitié de votre vie, il en résulte que je suis une de vos victimes.

— Parjure! renégat! blasphémateur! s'écria la jeune femme en se reculant. Qu'est-ce donc que le monde pour moi, sans vous?

— Vous voulez dire, belle amie : « Que suis-je pour vous sans le monde? »

— Il persiste! dit madame de Marande en faisant un nouveau mouvement de retraite.

— Oui, ma bien-aimée, je persiste; oui, je crois que vous êtes ultra-mondaine, et que, dans un quadrille, dans une valse, fascinée, enlevée, ravie, entraînée, vous ne pensez pas plus à moi qu'à l'un des atomes de poussière soulevés par vos petits pieds de satin. La valse vous plaît, elle vous sied et vous lui seyez à merveille. Mais n'est-ce pas un supplice horrible pour moi, soit de vous voir, soit de vous savoir étreinte, haletante, les bras, le cou et les épaules nus, par une vingtaine de fats dont vous vous moquez, sans doute, mais qui, dans le moment où vous vous livrez à eux, vous possèdent en pensée?

— Oh! continuez, continuez, dit madame de Marande en

le regardant avec amour; car la jalousie du jeune homme la ravissait.

— Vous me trouvez injuste, égoïste peut-être, continua, en effet, Jean Robert. Vous vous dites — je vais au-devant de votre pensée — que mes succès de théâtre ou de roman valent bien, comme distraction, vos succès de soirée. Hélas! mon amie, ce n'est point la virginité de mon âme que je montre au public, comme vous lui montrez, vous, le trésor virginal de vos épaules; c'est ma pensée, ma réflexion, mon observation, mon étude. Le monde me montre ses blessures, et je tâche, sinon de les guérir, au moins de les signaler à nos législateurs, qui sont à la société ce que les médecins sont au corps. Mais vous, Lydie, c'est vous tout entière que vous abandonnez à la foule. Les fleurs, les perles, les rubis, les diamants dont vous enchâssez votre beau corps sont autant de pierres aimantées pour attirer le regard. Ne vous ai-je pas vue dix fois vous préparant pour le bal? On eût dit que vous partiez pour la conquête d'un royaume. Jamais capitaine s'embarquant pour guerroyer, jamais Guillaume de Normandie sur sa nef, jamais Fernand Cortez brûlant ses vaisseaux ne fit mieux son plan de bataille, et voilà pourquoi je persiste à douter, malgré les preuves incommensurables que vous me donnez de votre amour.

— Je t'aime, dit madame de Marande en l'attirant à elle et en l'embrassant ardemment. Voilà ma réponse.

— Oui, tu m'aimes, reprit le poëte, tu m'aimes beaucoup; mais, en amour, *beaucoup* ne signifie pas même *assez*.

— Écoute, reprit-elle gravement, parlons raison; une fois n'est pas coutume. Crois-tu qu'il y ait au monde une femme du monde jouissant d'une liberté égale à la mienne?

— Non, certes; mais...

— Laisse-moi continuer et ne m'interromps pas. La raison est un oiseau sauvage, l'ombre d'un bruit l'effarouche. Je disais donc que, pour une femme mariée, je jouissais de la liberté la plus illimitée dont une femme pût jouir. Or, en échange de cette liberté, sais-tu la seule chose que mon mari me demande? Rien que d'être une maîtresse de maison agréable, rien que d'être une femme du monde accomplie. Sais-tu ce qu'il exige quand il arrive? Un visage souriant et gracieux qui le repose de ses chiffres et de ses calculs. Sais-tu ce qu'il exige quand il s'en va? Un serrement de main fraternel qui lui donne la certitude qu'il laisse un amie dans son intérieur. Je me suis donc lancée à toutes voiles dans cet océan qu'on appelle le monde, et j'ai fait de mon mieux pour naviguer entre les écueils. Un soir, au clair de la lune, j'ai aperçu à l'horizon un beau pays argenté dont toutes les fleurs étoilées m'attiraient. J'ai crié : « Terre ! » j'ai abordé, et, en mettant le pied sur la rive, j'ai remercié Dieu, car je retrouvais le pays de mes rêves, et ce pays était habité par toi.

— Oh! mon amour! mon amour! murmura Jean Robert en l'embrassant et en secouant la tête.

— Laisse-moi achever, dit-elle en le repoussant doucement. En me retrouvant dans ce beau pays de mes rêves, ma première pensée a été de ne plus l'abandonner ; mais l'Océan était là : l'avide Océan qui ne voulait point lâcher sa proie, comme vous le dites, vous autres poëtes; il m'attirait; une vague de soie, de dentelle et de satin me criait: « Reviens parmi nous, sinon pour toujours, du moins de temps en temps, si tu veux conserver ta liberté! » Et je suis revenue chaque fois que cette voix impérieuse m'a rappelée, je suis revenue payer mon tribut; je le paye en pleurant, mais c'est ma liberté que j'achète. Voilà ma confession, et je l'aurai achevée quand j'aurai dit à un poëte misanthrope ces trois vers d'un poëte plus misanthrope que lui:

>   Mais, quand on est du monde, il faut bien que l'on rende
>   Quelques dehors civils que l'usage demande;
>   La parfaite raison fuit toute extrémité

— Ah! tais-toi: je t'aime, je t'aime! s'écria Jean Robert avec passion.

— Soit! dit-elle en se laissant embrasser sans rendre les baisers que Jean Robert lui donnait; et comme conservant encore contre lui un fond de rancune. Mais, puisque nous sommes d'accord là-dessus, revenons à notre point de départ. Vous me demandiez quel était le sens le moins précieux, et je vous répondais, en le créant, pour vous plaire, que c'était le sens de l'attente. Que répondez-vous à cela ?

— *Rien*, et je continuerai à dire *rien*, si vous continuez à dire *vous*.

— Eh bien, je vous dis *tu*.

— Ce n'est point assez; quand je t'ai adressé cette question, tu posais tes lèvres sur mon front, et c'est en songeant à ce demi-baiser que je te demandais quel est le sens le moins précieux, ou le plus inutile, ou le plus superflu.

— Avant tout, demande-moi pardon de m'avoir dit que, dans le monde, je m'abandonnais à chacun, et je t'absoudrai.

— Je le veux bien, à la condition que tu me diras qu'en abandonnant le corps, la pensée reste à moi.

Une étreinte folle fut la réponse de la charmante femme.

— Tiens, dit Jean Robert, quand je t'embrasse, je te vois, je te touche, je te sens, je te respire, mais je ne t'entends pas, puisque mes lèvres sont sur tes lèvres, et que nulle parole ne pourrait exprimer ce que j'éprouve : c'est donc l'ouïe qui, en cette circonstance, est le sens le moins précieux.

— Non, non, dit-elle, n'avance point une pareille hérésie : c'est un sens aussi précieux que les autres, puisqu'il me permet d'entendre tes chères paroles.

Madame de Marande avait raison en disant que l'ouïe était un sens aussi précieux que les autres. Ajoutons qu'en cette circonstance, il allait devenir un sens plus précieux que les autres.

En effet, tout en marivaudant, tout en se regardant, tout en s'embrassant, nos deux amoureux n'avaient pas remarqué — les amoureux ne sont point parfaits — que, de temps en temps, la tenture de l'alcôve s'agitait comme sous le souffle d'une porte entre-bâillée.

Or, à cette agitation, il n'y avait aucune cause, apparente du moins, la porte de l'alcôve étant hermétiquement fermée.

Seulement, en appelant à leur aide le sens de la vue, et en regardant derrière ces rideaux, nos amoureux eussent vu un homme qui, tapi dans la ruelle, faisait tous ses efforts pour combattre les crampes que lui donnait une position gênée, et qui ne paraissait y réussir que médiocrement.

Mais il arriva qu'au moment où Jean Robert clôturait la discussion sur les six sens par six baisers, l'homme qui était dans la ruelle, soit que les baisers le rendissent chagrin, soit que la position dans laquelle il se trouvait lui parût démesurément pénible, l'homme de la ruelle, disons-nous, risqua un mouvement qui fit tressaillir madame de Marande.

Jean Robert, comme pour prouver jusqu'au bout son paradoxe sur le sens de l'ouïe, n'entendit rien ou affecta de ne rien entendre, et, voyant tressaillir madame de Marande :

— Qu'avez-vous, mon amour? lui demanda-t-il.

— Tu n'as pas entendu? dit en frissonnant madame de Marande.

— Non.

— Écoute, reprit-elle en tendant l'oreille du côté du lit.

Jean Robert prêta l'oreille; mais, n'entendant rien, il reprit les mains de la jeune femme et y appuya de nouveau ses lèvres.

Un baiser est une musique, cent baisers sont une symphonie. La voûte de la chapelle retentissait de mille baisers.

Mais, si la raison est un oiseau facile à effaroucher, ainsi que le disait, un instant auparavant, madame de Marande, l'ange des baisers s'effarouche bien plus vite encore.

Le bruit qui avait fait tressaillir la jeune femme parvint de nouveau à ses oreilles, et, cette fois, lui fit pousser un cri.

Jean Robert avait entendu cette fois, et, se levant d'un bond, il alla droit au lit, d'où le bruit lui semblait venu.

Au moment où il s'élançait, le rideau s'agita plus vivement. D'un premier bond, il avait été au lit; d'un second, il l'enjamba, et se trouva face à face avec M. Lorédan de Valgeneuse.

— Vous ici? s'écria Jean Robert.

Madame de Marande se leva en frissonnant. A son immense étonnement, elle reconnut à son tour le jeune homme déjà reconnu par Jean Robert.

On se souvient des recommandations paternelles que M. de Marande avait faites à sa femme au sujet de monseigneur Coletti et M. de Valgeneuse; autant le jeune poète lui paraissait l'honnêteté même en matière amoureuse, autant l'évêque et le débauché lui semblaient compromettants. Il en avait charitablement averti madame de Marande; et la jeune femme, à cette demande de son mari: « Vous plaît-il? » avait répondu: « Il m'est parfaitement indifférent. »

On se rappelle aussi que, dans le chapitre intitulé *Causerie conjugale*, le banquier avait dit, en parlant de M. Lorédan de Valgeneuse :

« Quant à ses succès, il paraît qu'ils sont limités aux femmes du monde, et que, lorsqu'il s'adresse à ce que l'on appelle tout simplement des filles du peuple, malgré l'assistance généreuse que prête en ces circonstances mademoiselle de Valgeneuse à son frère, il est quelquefois obligé d'employer la violence. »

Et, en effet, on se rappelle la part que mademoiselle Suzanne de Valgeneuse avait prise à l'enlèvement de la fiancée de Justin.

On va voir que la complaisante sœur ne prêtait pas seulement son assistance aux enlèvements des filles du peuple.

Elle avait une femme de chambre, grande et belle fille, que nous avons déjà vue ouvrir à Jean Robert la porte du *pigeonnier* de madame de Marande.

Cette fille, nommée Nathalie, lui était entièrement dévouée.

Or, un soir que M. de Valgeneuse avait fait part à sa sœur de l'amour qu'il ressentait pour madame de Marande, mademoiselle Suzanne avait cherché une occasion de mettre auprès de la femme du banquier une créature qui pût, le cas échéant, introduire M. de Valgeneuse dans la place.

Cette occasion s'était présentée. A un retour des eaux, madame de Marande avait demandé de tous côtés une femme de chambre, et mademoiselle de Valgeneuse lui avait généreusement offert la sienne.

C'était Nathalie.

On ignore assez généralement la puissance des femmes de chambre sur l'esprit de leurs maîtresses. Nathalie ne peignait pas un des cheveux de madame de Marande sans lui raconter un des hauts faits de M. de Valgeneuse. Madame de Marande, qui tenait cette fille de la sœur du héros de tant de prouesses amoureuses, ne s'étonnait pas d'en entendre dire tant de bien, et ne voyait que reconnaissance là où il n'y avait, au contraire, qu'instigation préméditée.

Mais, par les scènes précédentes, et surtout par celle que nous venons de mettre sous les yeux du lecteur, on connaît l'amour bien réel que madame de Marande avait pour Jean Robert, et il est inutile de dire que les admirations de mademoiselle Nathalie n'avaient eu aucune influence sur elle.

Ce soir-là, M. de Valgeneuse, poussé à bout par l'indifférence de madame de Marande, avait résolu de tenter un de ces actes audacieux qui réussissent parfois. Nathalie l'avait caché dans l'alcôve, et il était là depuis deux heures, assistant au tendre marivaudage de Jean Robert et de madame de Marande, lorsque celle-ci avait entendu le bruit qui l'avait fait frissonner.

Certainement, s'il est un supplice après celui de n'être pas aimé, c'est la certitude que ce cœur, fermé pour vous, s'ouvre pour tous les autres.

Ce supplice devient une torture quand on entend ces mots cruels adressés à un autre, entre deux baisers : « Je t'aime ! »

Un instant M. de Valgeneuse avait eu l'idée d'apparaître tout à coup aux deux amoureux comme une tête de Méduse.

Mais à quoi aboutirait cette apparition?

A un duel entre Jean Robert et M. de Valgeneuse. Or, en supposant pour le gentilhomme la meilleure chance, celle où le poëte serait tué, la mort de Jean Robert n'était pas un moyen de se faire aimer de madame de Marande.

Tandis qu'au contraire, venir dire le lendemain à la jeune femme : « J'ai passé la soirée derrière votre lit, j'ai tout vu, tout entendu, achetez ma discrétion à tel prix, » laissait une chance à ce que madame de Marande, effrayée pour son amant ou pour son mari, accordât à la menace ce qu'elle refusait si obstinément aux plus tendres instances.

Ce fut ce qui détermina M. de Valgeneuse. Il ne songeait donc plus qu'à se retirer, ayant vu et entendu tout ce qu'il avait à voir et à entendre ; mais on ne se tire pas facilement d'une ruelle, et l'on a beau marcher à pas de loup, lorsqu'on porte des bottes vernies, le parquet crie, les rideaux remuent, et bruit et mouvement troublent le silence harmonieux d'une scène d'amour.

C'est ce qui était arrivé : M. de Valgeneuse, en voulant se retirer, avait fait craquer le parquet et remuer les rideaux.

Jean Robert, s'élançant donc et reconnaissant le jeune gentilhomme, s'était écrié : « Vous ici? »

— Oui, moi ! répondit de Valgeneuse, qui, en face d'un homme et, par conséquent, d'un danger, se redressa fièrement.

— Misérable ! dit Jean Robert en le saisissant au collet.

— Doucement, monsieur le *poëte*, dit de Valgeneuse, il y a dans la maison, à quelques pas de nous peut-être, un tiers intéressé qui pourrait bien entendre notre contestation, ce qui, selon toute probabilité, chagrinerait madame.

— Infâme! dit à voix basse Jean Robert.

— Encore une fois, doucement, répéta M. de Valgeneuse.

— Oh! que je parle bas ou haut, dit Jean Robert, je vous tuerai.

— Nous sommes dans la chambre d'une femme, monsieur.

— Alors, sortons-en.

— Inutile! pas de bruit. Vous savez où je demeure, n'est-ce pas? Si vous l'oubliez, j'irai vous le rappeler; je me tiens à votre disposition.

— Et pourquoi pas tout de suite?

— Oh! tout de suite! il fait nuit noire, vous n'y songez pas. Il faut y voir clair pour bien faire ce que l'on fait; et puis, tenez, voici madame de Marande qui se trouve mal.

En effet, la jeune femme était tombée sur un fauteuil.

— Soit, monsieur, à demain! dit Jean Robert.

— A demain, monsieur, et avec grand plaisir.

Jean Robert enjamba le lit de nouveau, et se jeta aux genoux de madame de Marande.

M. Lorédan de Valgeneuse s'élança dans le couloir par la porte de l'alcôve, qu'il referma derrière lui.

— Pardon, pardon, ma Lydie bien-aimée! dit Jean Robert en entourant de ses bras la jeune femme et en l'embrassant vivement.

— Et que te pardonnerais-je? demanda-t-elle; quel crime as-tu commis?... Oh! cet homme, comment était-il là?

— Sois tranquille, tu ne le reverras plus! s'écria énergiquement Jean Robert.

— Oh! mon bien-aimé, dit la pauvre femme en serrant étroitement le poëte contre son cœur, ne va pas exposer ta vie précieuse contre la vie inutile de ce scélérat.

— Ne crains rien, ne crains rien... Dieu sera pour nous!

— Ce n'est pas ainsi que je l'entends; tu vas me jurer, mon ami, de ne pas te battre avec cet homme.

— Comment veux-tu que je te jure cela?

— Si tu m'aimes, jure-le.

— Mais c'est impossible; comprends donc! dit Jean Robert.

— Tu ne m'aimes pas alors, dit-elle.

— Je ne t'aime pas? Oh! mon Dieu!

— Mon ami, dit madame de Marande, je crois que je vais mourir.

Et, en effet, la vie de la belle jeune femme semblait suspendue; elle ne respirait plus, elle était pâle et, pour ainsi dire, inanimée.

Son état alarma Jean Robert.

— Eh bien, tout ce que tu voudras, dit-il.

— Tu feras ce que je voudrai?

— Oui.

— Tu le jures?

— Sur ma vie, dit Jean Robert.

— Oh! j'aimerais mieux que tu jurasses sur la mienne, dit madame de Marande, j'aurais au moins l'espoir de mourir si tu manquais à ta parole.

Et, en disant ces mots, la jeune femme lui jeta les bras autour du cou, le serra à l'étouffer, l'embrassa violemment, et, pendant un moment, leurs deux cœurs planèrent dans de si doux espaces, qu'ils oublièrent l'horrible scène qui venait de se passer.

CXXVI

Où l'auteur offre M. de Marande comme un modèle, sinon physique, du moins moral, à tous les maris passés, présents et futurs.

Aussitôt Jean Robert parti, madame de Marande descendit vivement dans sa véritable chambre à coucher, où Nathalie l'attendait pour sa toilette de nuit.

Mais, en passant devant elle :

— Je n'ai pas besoin de vos services, mademoiselle, lui dit madame de Marande.

— Est-ce que j'aurais eu le malheur de causer quelque désagrément à madame? demanda effrontément la femme de chambre.

— Vous! fit dédaigneusement madame de Marande.

— C'est que, continua mademoiselle Nathalie, madame, d'ordinaire si bonne pour moi, me parle ce soir avec tant de sévérité, qu'il m'était permis de croire...

— Assez! dit madame de Marande; sortez, et ne reparaissez jamais devant moi! Voici vingt-cinq louis, ajouta-t-elle en tirant d'un chiffonnier un rouleau d'or; vous quitterez l'hôtel demain matin.

— Mais, madame, fit la femme de chambre en haussant la voix, lorsqu'on renvoie les gens, on leur donne au moins une raison.

— Il ne me plaît point, à moi, de vous en donner. Prenez cet argent, et sortez.

— Soit, madame, dit la camériste en prenant le rouleau et en regardant madame de Marande d'un œil plein de haine; c'est donc à M. de Marande que j'aurai l'honneur de m'adresser.

— M. de Marande, dit sévèrement la jeune femme, vous répétera ce que je viens de vous dire. En attendant, sortez.

Le ton dont madame de Marande prononça ces paroles, le geste dont elle les accompagna rendaient toute riposte impossible; mademoiselle Nathalie sortit donc en fermant avec violence la porte derrière elle.

Demeurée seule, madame de Marande se déshabilla et se coucha rapidement, en proie à mille émotions qu'il est aussi facile de comprendre que difficile de décrire.

Elle était à peine couchée depuis cinq minutes, qu'elle entendit frapper doucement à sa porte.

Elle frissonna involontairement. Par un mouvement instinctif, elle posa sur sa bougie l'éteignoir de vermeil, et la délicieuse chambre que nous avons déjà décrite ne se trouva plus éclairée que par la lueur d'opale de la lampe en verre de Bohême qui brûlait dans la petite serre.

Qui pouvait frapper à cette heure?

Ce n'était point la femme de chambre : elle n'aurait point eu cette effronterie.

Ce n'était pas Jean Robert : jamais il ne mettait le pied, nuitamment du moins, dans cette chambre, qui faisait en quelque sorte partie des appartements de la communauté conjugale.

Ce n'était pas M. de Marande : sous ce rapport, il était tout aussi discret que Jean Robert, et n'était point rentré, passé dix heures du soir, dans cette chambre, depuis la nuit où il était venu y donner à sa femme le conseil de se défier de monseigneur Coletti et de M. de Valgeneuse.

Serait-ce donc M. de Valgeneuse ?

A cette seule idée, la jeune femme trembla de tous ses membres ; elle n'eut point la force de répondre.

Heureusement, la voix de celui qui frappait ne tarda point à la rassurer.

— C'est moi, dit cette voix.

Madame de Marande reconnut son mari.

— Entrez, dit-elle tout à fait rassurée et presque joyeusement.

M. de Marande entra, un bougeoir éteint à la main, et alla droit au lit de sa femme.

Puis, lui prenant et lui baisant la main :

— Pardonnez-moi de me présenter chez vous à cette heure, dit-il ; mais j'ai appris, en même temps que votre retour, la perte douloureuse que vous venez de faire de votre tante, et je suis venu vous adresser mes compliments de condoléance.

— Je vous remercie, monsieur, dit la jeune femme quelque peu surprise de cette visite nocturne, et cherchant quel pouvait en être le but. Mais, continua-t-elle avec une hésitation qui ne pouvait faire cesser complétement l'indulgence habituelle de son mari, est-ce seulement pour me complimenter que vous avez pris la peine de passer chez moi, et n'avez-vous rien de plus à me dire ?

— Au contraire, chère Lydie, j'ai à vous dire plusieurs choses encore.

Madame de Marande regarda son mari avec une certaine inquiétude.

Cette inquiétude n'échappa point au banquier, et il essaya de rassurer sa femme, d'abord par un sourire ; puis :

— J'ai premièrement à vous demander du feu, dit-il.

— Comment, du feu ? fit la jeune femme étonnée.

— Eh ! oui ; ne voyez-vous point que ma bougie est éteinte ?

— Quel besoin avez-vous qu'elle soit allumée, monsieur? La clarté de ma lampe ne vous suffit-elle pas pour causer?

— Certainement; mais, avant de causer, j'ai à faire une recherche assez importante.

— Une recherche assez importante? répéta madame de Marande en manière d'interrogation.

— Vous avez peut-être ouï dire, ma chère Lydie, soit là-bas, soit en rentrant à l'hôtel, que j'avais été nommé au ministère des finances?

— Oui, monsieur, et je vous en fais mon compliment bien sincère.

— Eh bien, sincèrement, chère amie, il n'y a pas de quoi; mais ce n'est point pour vous apprendre cette nouvelle que je vous ai dérangée à cette heure. Je suis donc ministre des finances. Or, un ministre sans portefeuille est presque l'égal d'un ministre des finances sans finances. Eh bien, chère amie, j'ai perdu mon portefeuille.

— Je ne comprends pas, dit madame de Marande, qui, en effet, ne voyait aucunement où son mari voulait en venir.

— C'est pourtant bien simple, reprit M. de Marande. Je montais chez vous avec l'intention de causer quelques instants avec vous, ainsi que j'ai eu l'honneur de vous le dire; je montais tranquillement, mon bougeoir à la main et mon portefeuille sous le bras, quand un homme qui descendait précipitamment votre escalier m'a heurté violemment; si bien que, de ce coup, mon portefeuille est tombé, et ma bougie s'est éteinte. Je vous demande donc la permission de rallumer ma bougie et d'aller à la recherche de mon portefeuille.

— Mais, demanda avec une certaine hésitation madame de Marande, quel était cet homme?

— Je n'en sais rien. En tout cas, j'allais lui faire un assez mauvais parti, reprit le banquier; car je crus d'abord que c'était un voleur, et qu'il en voulait à ma caisse. Mais j'ai changé de dessein en songeant que c'était peut-être à vous qu'on en voulait, et je suis venu vous consulter, afin de nous concerter sur le parti à prendre.

— Et vous avez reconnu cet homme? demanda en balbutiant madame de Marande.

— Oui, à ce que je crois, du moins.

— Et... et... puis-je vous demander...?

La voix expira sur les lèvres de la jeune femme. Elle tremblait que ce ne fût Jean Robert que son mari avait rencontré.

— Certainement que vous pouvez me demander qui c'était, répliqua M. de Marande ; car je présume que c'est cela que vous voulez me dire. C'était tout simplement M. de Valgeneuse.

— M. de Valgeneuse! répéta la jeune femme.

— Lui-même, dit M. de Marande. Et, maintenant, chère Lydie, voulez-vous me permettre de rallumer ma bougie?

Et M. de Marande alluma, en effet, sa bougie à la petite lampe de la serre; puis, soulevant la portière, il disparut en disant :

— A tout à l'heure, madame, je reviens.

— Je reviens..., répéta machinalement madame de Marande.

En effet, qu'allait-il se passer? quel allait être le sujet de la conversation que M. de Marande désirait avoir avec sa femme? La figure du banquier, il est vrai, n'était pas bien menaçante; mais qui peut se fier à la figure d'un banquier?

De quoi allait-il donc être question? Sans doute, l'esclandre de M. de Valgeneuse pouvait jeter dans le cœur de M. de Marande un trouble profond. Il donnait toute liberté, à condition d'éviter tout scandale.

Mais ce scandale, la pauvre femme en était-elle cause? Et, si elle n'en était pas cause, un homme aussi équitable, disons plus, aussi indulgent que l'était M. de Marande, pouvait-il l'en rendre responsable?

Néanmoins, malgré ces réflexions rassurantes, malgré des antécédents qui ne lui permettaient guère de craindre, madame de Marande sentit un frisson passer par ses veines, et ce fut d'une voix éteinte qu'entendant son mari dire pour la seconde fois : « C'est moi! » elle répondit pour la seconde fois elle-même :

— Entrez!

M. de Marande entra, déposa son bougeoir et son portefeuille sur une console, et, prenant une chaise, il s'assit près du lit de sa femme.

— Pardonnez-moi, ma chère Lydie, le dérangement que je vous cause, lui dit-il de sa voix la plus douce; mais le roi m'attend demain, à neuf heures du matin, et il me sera peut-être impossible de trouver dans toute la journée une seule minute pour causer tranquillement avec vous.

« — Je suis à vos ordres, monsieur, dit sur le même ton madame de Marande.

— Ah! à mes ordres! murmura d'un air fâché le banquier, en prenant une seconde fois la main de sa femme et en la baisant non moins respectueusement que la première ; à mes ordres! le vilain mot! à mes prières, tout au plus. Si quelqu'un a le droit de donner des ordres ici, chère amie, c'est vous et non pas moi. Je vous supplie de vous en souvenir.

— Je suis honteuse de vos bontés, monsieur, balbutia la jeune femme.

— En vérité, vous me rendez confus : ce que vous appelez mes bontés, ce n'est que justice, je vous assure ; mais je n'abuserai pas de vos instants. J'aborde donc le sujet principal de la causerie que nous allons échanger. Seulement, permettez-moi de vous adresser une question que je crois déjà vous avoir faite. Aimez-vous M. de Valgeneuse?

— En effet, monsieur, vous m'avez déjà adressé cette question, et je vous ai déjà répondu que non. Pourquoi cette insistance ?

— Mais parce que voilà tantôt six mois que cette question vous a été faite par moi, et que parfois six mois amènent de grands changements dans l'esprit d'une femme.

— Eh bien, je ne l'aime pas plus aujourd'hui qu'alors.

— Vous n'avez pas la moindre affection pour lui?

— Non, répéta madame de Marande.

— Vous en êtes sûre ?

— Je vous l'affirme, je vous le jure. Et, loin de là, j'éprouve plutôt pour lui une sorte de...

— De haine?

— Plus que cela... du mépris.

— C'est singulier comme nous aimons et haïssons les mêmes choses, et, je dirai plus, les mêmes hommes, chère Lydie! Donc, voilà un premier point sur lequel nous sommes d'accord tous deux : nous ne tarderons pas, soyez-en certaine, à l'être sur les autres. Eh bien, puisque nous haïssons et méprisons si fort M. de Valgeneuse, comment se fait-il que nous le rencontrions sur notre escalier à cette heure avancée de la nuit? Quand je dis *nous*, je suppose que vous auriez pu le rencontrer aussi bien que moi; car ce n'est ni de votre gré, ni sur votre invitation qu'il se trouvait dans l'hôtel, n'est-ce pas?

— Non, monsieur; pour cela, je vous en réponds.

— Or, comme ce n'est pas moi qui l'ai autorisé à venir, continua le banquier, voulez-vous m'aider à découvrir pour quelle cause ou sous quel prétexte il se trouvait ici, sans invitation, contre notre gré, et à cette heure?

— Monsieur, dit la jeune femme toute troublée, quelle que soit l'étendue de votre bonté, j'éprouve une grande peine et une grande honte à vous répondre.

— Ne parlez pas de ma bonté, chère Lydie, et croyez que la question que je vous adresse a bien plutôt pour but de vous rassurer que de vous troubler. Je sais bien des choses que je n'ai pas l'air de savoir; je connais une foule de vos secrets intimes que je parais ignorer; si la peine que vous éprouvez à me répondre a sa source dans quelques-uns de ces secrets, permettez-moi de vous aider; appuyée sur moi, le chemin vous paraîtra plus facile.

— Oh! monsieur, s'écria la jeune femme, vous êtes sublime d'indulgence.

— Non, Lydie, répondit M. de Marande avec un doux et triste sourire; seulement, j'ai pratiqué le précepte du sage : « Connais-toi toi-même; » et cela m'a rendu, non pas indulgent, mais philosophe.

— Eh bien, monsieur, répliqua madame de Marande encouragée par la mansuétude paternelle de son mari, il y a une demi-heure, je n'étais pas seule.

— Je sais cela, Lydie. Vous arrivez : M. Jean Robert, qui ne vous avait pas vue depuis plus d'une semaine, est venu vous faire visite. Vous étiez donc avec M. Jean Robert; c'est cela que vous vouliez dire, n'est-ce pas?

— Oui, répondit la jeune femme en rougissant légèrement.

— Eh bien, quoi de plus naturel? Et puis...?

— Et puis, continua madame de Marande, nous avons tout à coup, derrière nous, entendu crier le parquet; nous nous sommes retournés, et nous avons vu s'agiter un rideau...

— Alors, demanda M. de Marande, il y avait une troisième personne dans votre chambre?

— Oui, monsieur, dit la jeune femme, il y avait M. de Valgeneuse.

— Pouah! fit le banquier avec un suprême dégoût; ce monsieur vous espionnait!

Madame de Marande baissa la tête sans répondre. Il y eut un moment de silence.

Ce fut le banquier qui le rompit.

— Et qu'a fait M. Jean Robert en voyant ce misérable? demanda-t-il.

— Il a sauté sur lui, dit vivement madame de Marande.

Puis, voyant s'assombrir le front de son mari :

— Et, comme vous venez de le faire vous-même, il l'a appelé misérable.

— Voilà une scène fâcheuse, dit le banquier.

— Oh! oui, monsieur, s'écria la jeune femme, qui ne comprit point la pensée de son mari, bien fâcheuse en effet, puisqu'elle pouvait avoir pour résultat un scandale dont, en somme, j'étais la cause première et qui pouvait retomber sur vous.

— Qui vous parle de cela, chère Lydie? reprit doucement M. de Marande. Si je dis : « C'est là une scène fâcheuse, » croyez bien que je ne songe à moi en aucune façon.

— Comment! monsieur, s'écria madame de Marande, c'est à moi seulement que vous songez à cette heure?

— Mais naturellement, chère amie; je vous vois entre deux hommes, l'un que vous aimez, et l'autre que nous méprisons. Je vois ces deux hommes, pour ainsi dire, se colleter chez vous, devant vous, et je me dis : « Voilà une femme qui est véritablement à plaindre, d'assister à une scène de cette sorte! » car je suppose que, malgré le respect que M. Jean Robert doit avoir pour vous, — que voulez-vous! les hommes sont toujours les hommes, — il doit y avoir eu provocation, échange de cartes.

— Hélas! oui, monsieur; je crois qu'il y a d'abord eu quelque chose de pareil.

— D'abord? Qu'y a-t-il donc eu ensuite?

— M. de Valgeneuse a quitté la place et s'est enfui par mon cabinet de toilette.

— Alors, je m'explique comment j'ai rencontré M. de Valgeneuse, puisque votre cabinet de toilette a son dégagement sur mon escalier. — Mais permettez-moi de vous dire qu'il doit avoir quelque intelligence dans la maison, d'abord parce qu'il est entré sans votre permission, ensuite parce qu'il en est sorti sans la mienne. En d'autres termes, une fois ma bougie éteinte, il a disparu; si bien que je n'ai pas pu mettre la main sur lui. — Ce drôle-là connaît la maison mieux que moi.

— C'est Nathalie, ma femme de chambre, qui l'avait fait entrer ici.

— Et de qui tenez-vous cette créature, chère amie?

— De mademoiselle Suzanne de Valgeneuse.

— Encore une qui finira mal, murmura le banquier en fronçant le sourcil; j'en ai peur, ou plutôt je l'espère. — Mais quel va être, à votre sens, le résultat de cette aventure? M. Jean Robert va nécessairement se battre avec M. de Valgeneuse.

— Oh! non, monsieur, dit la jeune femme.

— Comment, non? reprit M. de Marande avec l'accent du doute; vous avouez qu'il y a eu provocation, échange de cartes, et vous dites que l'on ne se battra point?

— Non; car M. Jean Robert m'a promis de ne point se battre. Il me l'a juré.

— C'est impossible, chère Lydie.

— Je vous répète qu'il me l'a juré.

— Et, moi, je vous répète que c'est impossible.

— Mais, monsieur, insista madame de Marande, il m'en a fait le serment, et vous-même m'avez dit cent fois que M. Jean Robert était un homme d'honneur.

— Et je vous le dirai, chère amie, jusqu'à ce que j'aie la preuve du contraire. Mais il y a des serments auxquels un homme d'honneur manque justement parce qu'il est un homme d'honneur; et le serment de ne pas se battre, dans a circonstance où se trouvait M. Jean Robert, est un de ceux-là.

— Comment! monsieur, vous pensez...?

— Je pense que M. Jean Robert se battra. Non-seulement je le pense, mais je vous l'affirme.

Involontairement, madame de Marande laissa tomber sa tête sur sa poitrine.

Elle resta dans l'attitude du plus profond accablement.

— Pauvre femme, pensa M. de Marande, elle a peur qu'on ne lui tue celui qu'elle aime! — Chère amie, dit-il en prenant la main de sa femme, voulez-vous m'écouter tranquillement, c'est-à-dire sans trouble, sans inquiétude, sans crainte? Ma visite, je vous le jure, n'a d'autre but que de vous rassurer.

— Je vous écoute, dit madame de Marande en poussant un soupir.

— Eh bien, continua M. de Marande, quelle opinion auriez-vous de M. Jean Robert, — remarquez que je vous parle comme un père ou comme un prêtre, et que je vous prie de scruter votre conscience, — quelle opinion auriez-vous vous-même de M. Jean Robert s'il ne vous protégeait pas contre un homme qui vous a si grossièrement outragée et qui peut, d'un jour à l'autre, renouveler son injure? quelle opinion auriez-vous de sa fierté, de son honneur, de son courage, de son amour même, s'il ne se battait pas, sur une simple prière de vous, contre l'homme qui vous a fait un pareil affront?

— Ne m'interrogez pas, monsieur, s'écria la pauvre femme; mon esprit est troublé, et, quand je descends dans ma conscience, je n'y vois pas plus clair que dans ma raison.

— Je vous répète pour la troisième fois, Lydie, que je ne suis venu ici que pour vous rassurer. Admettez avec moi que M. Jean Robert se battra, ce qui est en conscience la moindre preuve d'affection qu'il puisse vous donner, et, en échange, je vous ferai le serment, moi, qu'il ne se battra pas.

— Vous me ferez ce serment, vous? s'écria madame de Marande en regardant fixement son mari.

— Moi, dit le banquier; et à mes serments vous pouvez croire, Lydie; car, par malheur, ajouta-t-il mélancoliquement, mes serments, à moi, ne sont point des serments d'amoureux.

Le visage de madame de Marande rayonnait de bonheur; le banquier ne parut point remarquer cette joie égoïste.

Il poursuivit :

— Quel air, je vous le demande, chère Lydie, aurait dans le monde la nouvelle d'un duel entre M. Jean Robert et M. de Valgeneuse? à quelle cause l'attribuer? On commencerait tout d'abord par faire les suppositions les plus hasardeuses jusqu'au moment où l'on découvrirait la vérité ; car, entre un poëte et un fat, il ne peut y avoir aucune rivalité d'esprit. Je me trouverais donc par la force des choses engrené dans cette aventure ; et ce n'est ni votre goût ni le mien, n'est-ce pas? et je suis persuadé que ce n'est point non plus celui de M. Jean Robert. Soyez donc sans inquiétude, chère amie. rapportez-vous-en à moi, et pardonnez-moi de vous avoir involontairement troublée à cette heure de nuit.

— Mais qu'arrivera-t-il, alors ?... demanda madame de Marande, dont le visage prit une expression de terreur profonde ; car elle commençait à entrevoir vaguement que c'était son mari qui allait, dans toute cette affaire, prendre la place de son amant.

— Il n'arrivera rien que de très-simple, chère Lydie, reprit le banquier, et je me charge d'arranger les choses pour le mieux.

— Monsieur ! monsieur ! s'écria madame de Marande en sortant à moitié de son lit, de sorte que son cou blanc et ses opulentes épaules apparurent au banquier comme un trésor merveilleux ; monsieur, vous allez vous battre pour moi ?

M. de Marande frissonna d'admiration.

— Chère amie, dit-il, je vous jure de mettre tout en œuvre pour vous conserver le plus longtemps possible à ma respectueuse tendresse.

Puis, se levant et lui baisant une troisième fois la main :

— Dormez en paix, dit-il.

Madame de Marande lui saisit à son tour les deux mains pour les embrasser, et, avec une voix pleine de charme :

— Oh ! monsieur, monsieur, dit-elle, pourquoi ne m'avez-vous point aimée?

— Chut ! fit M. de Marande en mettant un doigt sur sa bouche, chut ! ne parlons pas de corde dans la maison d'un pendu.

Et, reprenant sa bougie et son portefeuille, M. de Marande s'en alla discrètement comme il était venu.

CXXVII

Où M. de Marande est conséquent avec lui-même.

M. de Humboldt, ce grand philosophe et ce grand géologue, dit quelque part, à propos de l'impression produite par les tremblements de terre :

« Cette impression ne provient pas de ce que les images des catastrophes, dont l'histoire a conservé le souvenir, s'offrent alors en foule à notre imagination. Ce qui nous saisit, c'est que nous perdons tout à coup notre confiance innée dans la stabilité du sol ; dès notre enfance, nous étions habitués au contraste de la mobilité de l'Océan avec l'immobilité de la terre. Tous les témoignages de nos sens avaient fortifié notre sécurité ; le sol vient-il à trembler, ce moment suffit pour détruire l'expérience de toute la vie. C'est une puissance inconnue qui se révèle tout à coup ; le calme de la nature n'était qu'une illusion, et nous nous sentons rejetés violemment dans un chaos de force destructive. »

Eh bien, cette impression physique a son équivalent dans l'impression morale qui doit se produire au bout de quelques années de mariage, quand, après avoir adoré sa femme, après avoir eu pleine confiance en elle, l'homme voit tout à coup s'ouvrir sous ses pieds l'abîme du doute.

En effet, connaissez-vous une situation plus profondément sombre, plus douloureusement déplorable que celle de l'homme qui, étroitement et indissolublement lié à une femme, après avoir vécu côte à côte avec elle pendant des années en parfaite sécurité, se sent tout à coup ébranlé dans sa foi, troublé dans sa quiétude ? Le doute, qui a commencé à la femme qu'il aime, envahit la création tout entière. Il doute de lui, des autres, de la lumière de Dieu ; il est enfin semblable à celui dont parle M. de Humboldt, et qui, après avoir cru trente ans la terre solide, la sent tout à coup trembler sous ses pas, la voit tout à coup s'entr'ouvrir devant lui.

Par bonheur, telle n'était pas la situation de M. de Marande ; situation, du reste, fort difficile à peindre. Comme il l'avait dit à sa femme, la *connaissance de lui-même* l'avait poussé à un grand fond d'indulgence pour la belle pécheresse qui, par suite des circonstances que nous avons dites, avait vu son sort lié au sien ; et, de cette indulgence qui lui avait fait accorder à madame de Marande toute liberté d'action, il fallait lui savoir d'autant plus gré qu'il était visible qu'il aimait sa femme, et que nulle femme au monde ne lui semblait plus digne d'être aimée et même adorée. Or, comme il n'est point d'amour sans jalousie, il était clair encore que M. de Marande, intérieurement, devait être jaloux de Jean Robert. Et, en effet, il était jaloux énormément, profondément, démesurément. Mais serait-ce la peine d'être un homme d'esprit, si l'esprit n'était point un masque pour cacher celles de nos douleurs auxquelles la société, au lieu de concéder la pitié, attache le ridicule ?

M. de Marande agissait donc non-seulement en philosophe, mais encore en homme de cœur ; ayant une femme de laquelle il ne pouvait raisonnablement exiger ce sentiment physique et sensuel qu'on appelle l'amour, il s'arrangea de façon à ce qu'elle fût forcée de lui accorder ce sentiment moral qu'on appelle la reconnaissance.

Ainsi M. de Marande était peut-être l'homme le plus jaloux qui fût au monde, tout en paraissant l'homme qui l'était le moins.

Il ne faut donc pas s'étonner si, étant résolu d'être l'ami de Jean Robert, il mettait un si grand empressement à devenir l'ennemi de M. de Valgeneuse ; sa haine pour ce dernier était une espèce de soupape de sûreté qui laissait échapper sa jalousie pour le premier, jalousie qui courait risque, sans ce mécanisme providentiel, de faire, un jour ou l'autre, éclater la machine.

Or, l'occasion était venue de donner passage à cette haine.

Le lendemain de la scène nocturne que nous avons racontée, M. de Marande, au lieu de sortir à neuf heures dans sa voiture pour aller aux Tuileries, sortit à sept heures, à pied, prit un cabriolet sur le boulevard, et se fit conduire rue de l'Université, où logeait Jean Robert.

M. de Marande monta les trois étages du jeune poëte et sonna.

Le domestique vint lui ouvrir.

Tout en demandant si M. Jean Robert était visible, M. de Marande jeta un coup d'œil dans l'antichambre.

Sur une table était une boîte à pistolets; dans un coin, une paire d'épées de duel.

M. de Marande était fixé.

Le domestique répondit que son maître n'était point visible.

Par malheur, M. de Marande, qui avait l'ouïe aussi fine que la vue rapide, entendait distinctement deux ou trois voix d'hommes qui semblaient discuter dans la chambre à coucher de Jean Robert.

Il remit sa carte au domestique, lui disant de la donner à son maître lorsque celui-ci serait seul, et d'ajouter que lui, M. de Marande, repasserait vers les dix heures, c'est-à-dire en sortant de chez le roi.

Ces mots, *en sortant de chez le roi*, parurent faire le plus grand effet sur le domestique de Jean Robert et assurer à M. de Marande que sa recommandation serait ponctuellement suivie.

Le banquier se retira.

Mais, à quatre pas de la porte de Jean Robert, il fit arrêter et tourner son cabriolet de façon à ce qu'il pût voir ceux qui sortaient de chez notre poëte, ou plutôt de la maison qu'habitait notre poëte.

Il ne tarda point à en voir sortir deux jeunes gens qu'il reconnut, l'un pour Ludovic, l'autre pour Pétrus.

Ils venaient de son côté, de sorte que M. de Marande n'eut qu'à descendre de son véhicule pour se trouver en face d'eux.

Les deux jeunes gens s'écartèrent en saluant courtoisement le banquier, pour lequel ils avaient à la fois une grande sympathie morale et une grande considération politique.

Ils ne pensaient point que M. de Marande eût le moins du monde affaire à eux ; mais lui les arrêta en souriant.

— Pardon, messieurs, dit-il, mais c'était vous que j'attendais.

— Nous? répondirent d'une seule voix les deux jeunes gens en se regardant étonnés.

— Oui, vous; je me doutais que votre ami vous enverrait chercher ce matin, et je voulais vous dire deux mots au sujet de la mission dont il vient de vous charger.

Les deux jeunes gens se regardèrent avec un étonnement croissant.

— Vous me connaissez, messieurs, continua M. de Marande avec son charmant sourire; je suis un homme sérieux, habitué à respecter toutes les honorabilités; vous ne pourrez donc me soupçonner d'avoir le moins du monde l'intention de porter atteinte à celle de notre ami.

Les deux jeunes gens s'inclinèrent.

— Eh bien, continua M. de Marande, faites-moi une grâce.

— Laquelle?

— C'est de répondre franchement à mes questions.

— Nous ferons de notre mieux, monsieur, dit Pétrus en souriant à son tour.

— Vous allez chez M. de Valgeneuse, n'est-ce pas?

— Oui, monsieur, répondirent les deux jeunes gens de plus en plus étonnés.

— Vous y allez pour régler avec lui ou avec ses témoins les conditions d'un duel?

— Monsieur...

— Oh! répondez-moi hardiment. Je suis ministre des finances et non préfet de police. Il s'agit d'un duel?

— C'est vrai, monsieur.

— D'un duel dont vous ignorez la cause?

Et, en leur faisant cette question, M. de Marande regarda fixement les deux jeunes gens.

— C'est encore vrai, monsieur, répondirent-ils.

— Oui, murmura en souriant M. de Marande, je savais M. Jean Robert un parfait gentilhomme.

Et, comme Pétrus et Ludovic attendaient :

— Eh bien, cette cause, je la connais, moi, et j'ai à dire à M. Jean Robert, que j'aurai l'honneur de voir dans une heure, de telles choses, qu'elles modifieront probablement sa résolution.

— Je ne crois pas, monsieur; notre ami nous a paru très-arrêté et très-ferme dans sa volonté.

— Faites-moi une grâce, messieurs.

— Bien volontiers, répondirent ensemble les deux jeunes gens.

— N'allez chez M. de Valgeneuse que quand j'aurai vu M. Jean Robert et que quand, après m'avoir vu, il aura causé avec vous.

— Monsieur, c'est tellement nous écarter des instructions de notre ami, que nous ne savons vraiment...

— C'est l'affaire de deux heures.

— En certaines matières, deux heures sont chose grave.. c'est l'initiative.

— Je vous affirme, messieurs, que votre ami, au lieu de vous en vouloir, vous saura gré de ce retard.

— Vous nous l'affirmez?

— Je vous en donne ma parole d'honneur.

Les jeunes gens se regardèrent.

Puis Pétrus :

— Mais pourquoi, monsieur, ne montez-vous point tout de suite chez M. Jean Robert?

M. de Marande tira sa montre.

— Parce qu'il est neuf heures moins dix minutes, que je dois être aux Tuileries à neuf heures précises, et que je ne suis point encore ministre depuis un assez long temps pour faire attendre le roi.

— Nous permettez-vous, au moins, de monter et de prévenir notre ami de ce changement?

— Non, messieurs, non, je vous en supplie; les intentions de M. Jean Robert doivent se modifier d'après ce que je lui dirai; mais, à onze heures, soyez chez lui.

— Cependant..., insista Ludovic.

— Supposez, fit M. de Marande, que vous n'ayez pas trouvé M. de Valgeneuse chez lui, il vous faudrait bien accepter ce petit retard.

— Ami, dit Pétrus, quand un homme comme M. de Marande nous sauvegarde de tout blâme, nous pouvons, tel est mon avis du moins, nous reposer sur sa parole.

Puis, s'inclinant devant le banquier-ministre :

— Nous serons à onze heures chez notre ami, monsieur, continua-t-il, et, jusque-là, aucune démarche qui puisse nuire à vos intentions ne sera faite.

Et, saluant une seconde fois, les deux jeunes gens indiquèrent à M. de Marande qu'ils ne voulaient pas le tenir plus longtemps dans la rue.

M. de Marande remonta, en effet, rapidement dans son cabriolet, qui, rapidement aussi, prit le chemin des Tuileries.

Les deux jeunes gens entrèrent au café Desmares, où ils se firent servir à déjeuner pour mettre à profit le loisir qui leur était donné par M. de Marande.

Pendant ce temps, le domestique de Jean Robert avait remis à son maître la carte du ministre, sans oublier, bien entendu, de dire que ce dernier serait chez Jean Robert en sortant de chez le roi.

Jean Robert fit répéter deux fois la harangue qui lui était adressée, prit la carte, la lut, et, en la lisant, fronça involontairement le sourcil; non pas qu'il eût peur, le jeune homme était brave comme une plume et comme une épée, mais l'inconnu l'inquiétait.

Que pouvait lui vouloir M. de Marande à huit heures du matin, à une heure à laquelle les banquiers et les ministres sont éveillés, c'est vrai, mais où les poëtes dorment?

Heureusement, il n'avait pas longtemps à attendre.

En effet, à dix heures précises, on sonna à la porte, et, deux secondes après, le domestique introduisit M. de Marande.

Jean Robert se leva.

— Acceptez toutes mes excuses, monsieur, dit-il : vous m'avez fait l'honneur de vous présenter chez moi à huit heures et demie du matin...

— Et vous n'avez pu me recevoir, monsieur, répliqua M. de Marande; c'est tout simple, vous étiez en affaire avec vos deux amis, MM. Pétrus et Ludovic; et c'est pour nous autres gens de finance qu'a été fait le proverbe : « Les affaires avant les plaisirs. » Vous avez retardé le plaisir que j'ai à vous voir, monsieur, et ce plaisir n'en est que plus grand.

Ces paroles pouvaient aussi bien être une raillerie qu'une

politesse. Sans trop savoir encore à quoi s'en tenir, Jean Robert présenta donc un fauteuil à M. de Marande.

M. de Marande s'y assit en faisant à son tour signe à Jean Robert de prendre place près de lui.

— Ma visite semble vous surprendre, monsieur, dit le banquier.

— Monsieur, dit Jean Robert, elle m'honore tellement, en effet...

Le banquier l'interrompit.

— Eh bien, dit-il, ce qui me surprend, moi, c'est de ne pas vous l'avoir faite plus tôt. Mais, que voulez-vous! nous autres gens de finance, nous sommes l'ingratitude même, et nous oublions, méchamment, au milieu de nos travaux, les hommes qui nous créent nos plus doux loisirs. C'est vous dire, monsieur, que, depuis que vous me faites l'honneur de venir à l'hôtel de la rue Laffitte, j'ai honte de venir à mon tour vous visiter pour la première fois.

— Monsieur, balbutia Jean Robert tout confus du compliment du banquier, et cherchant en vain où il en voulait venir.

— Qu'y a-t-il, voyons, continua M. de Marande, et d'où vient que vous semblez me remercier au lieu de m'adresser tous les reproches que je mérite? Vous me traitez, pardonnez-moi cette expression financière, comme un créancier, au lieu de me traiter comme un débiteur. Je vous dois un nombre de visites incalculable, et je le disais encore hier au soir à madame de Marande, au moment où vous veniez de la quitter.

— Ah! nous y voilà, pensa Jean Robert : il m'a vu sortir hier de son hôtel à une heure indue, et il vient me demander raison.

— Madame de Marande, continua le banquier, qui ne pouvait, en effet, s'arrêter à l'aparté de Jean Robert, madame de Marande a une profonde affection pour vous.

— Monsieur !...

— Elle vous aime comme un frère.

Et M. de Marande insista sur les trois derniers mots.

— Et ce qui m'étonne et m'afflige en même temps, continua-t-il, c'est qu'elle n'ait point réussi à vous inspirer pour moi un peu de cette affection qu'elle a pour vous.

— Monsieur, s'empressa de dire Jean Robert, stupéfait du

tour que prenait la conversation, et à cent lieues d'en deviner le but, la différence de nos occupations m'empêche sans doute d'avoir...

— D'avoir de l'amitié pour moi? interrompit M. de Marande. Pensez-vous donc, mon cher poëte, que l'intelligence soit tout à fait absente des travaux de la banque? Pensez-vous, comme ceux qui ne connaissent du jeu des finances que les pertes, que tous les banquiers sont des imbéciles ou des...?

— Oh! monsieur, s'écria le poëte, à cent lieues de moi une pareille pensée!

— J'en étais certain d'avance, continua le banquier, et voilà pourquoi je vous dis: *Nos* travaux, sans qu'il y paraisse, ont une certaine analogie, une certaine communauté. C'est la finance qui donne, pour ainsi dire, la vie; c'est la poésie qui nous apprend à en jouir. Nous sommes les deux pôles, et, par conséquent, tous les deux nécessaires au mouvement du globe.

— Mais, dit Jean Robert, vous me donnez la preuve, par ces quelques mots, que vous êtes au moins aussi poëte que moi, monsieur.

— Vous me flattez, répondit M. de Marande, et je ne mérite pas ce beau titre, quoique j'aie tenté de le conquérir.

— Vous?

— Moi; cela vous étonne?

— Nullement. Mais...

— Oui, la banque vous paraît incompatible avec la poésie?

— Je ne dis point cela, monsieur.

— Mais vous le pensez; cela revient au même.

— Non; je dis seulement que je ne connais rien de vous...

— Qui vous prouve que j'aie eu la vocation?... Prenez garde! un jour que j'aurai à me plaindre de vous, j'arriverai ici avec un manuscrit à la main. Mais, aujourd'hui, loin de là, puisque c'est moi qui viens vous faire mes excuses. Ah! vous doutez, jeune homme! Apprenez que j'ai fait ma tragédie comme tout le monde: un *Coriolan*; puis les six premiers chants d'un poëme qui s'appelait *l'Humanité*, puis un volume de poésies intimes, puis... puis... que sais-je? Mais, comme la poésie est un culte qui ne nourrit pas ses prêtres, il m'a fallu travailler matériellement, au lieu de travailler spirituellement, et voilà comment je suis devenu tout simplement banquier, quand, permettez-moi de le dire à vous seul, de peur que l'on ne me taxe d'orgueil, quand j'aurais pu être votre confrère.

Jean Robert s'inclina profondément, plus stupéfait que jamais du tour de plus en plus inattendu que prenait la conversation.

— C'est donc à ce titre, continua M. de Marande, que j'ose réclamer votre amitié et, qui plus est, venir vous en demander une preuve.

— A moi! — Parlez, parlez, monsieur! s'écria Jean Robert au comble de l'étonnement.

— S'il y a encore heureusement en ce monde, reprit M. de Marande, quelques hommes qui, comme nous, cultivent ou rendent hommage à la poésie, il en est d'autres qui, au mépris de tout idéal, ne demandent à ce monde que ses plaisirs grossiers, ses joies physiques, ses jouissances matérielles. — C'est l'espèce qui entrave le plus le progrès naturel de la civilisation. — Ravaler l'homme à la bête, ne satisfaire que l'appétit brutal, ne demander à la femme que la satisfaction d'un libertinage affamé, c'est là, à mon sens, une des plaies de notre société. — Partagez-vous mon opinion, mon cher poëte?

— Entièrement, monsieur, répondit Jean Robert.

— Eh bien, il existe un homme dans lequel semblent incarnés tous les défauts de l'espèce ; un débauché qui prétend avoir mis sa tête sur tous les oreillers, et qui ne recule devant aucune impossibilité, ou pour remporter une victoire, ou pour donner à une défaite une apparence victorieuse. Cet homme, ce débauché, ce fat, vous le connaissez, c'est M. Lorédan de Valgeneuse.

— M. de Valgeneuse! s'écria Jean Robert; oh! oui, je le connais.

Et un éclair de haine jaillit de ses yeux.

— Eh bien, mon cher poëte, imaginez-vous qu'hier au soir, madame de Marande m'a raconté mot à mot la scène qui venait de se passer chez elle entre vous et lui.

Jean Robert tressaillit. — Mais le banquier continua sur le même ton d'affabilité et de courtoisie :

— Je savais depuis longtemps, par madame de Marande elle-même, que ce fat lui faisait la cour. — Je n'attendais donc qu'une occasion, en ma qualité de protecteur légal de madame de Marande, pour donner à ce fat la leçon qu'il mérite, quoique je pense que cette leçon ne doive pas beaucoup lui profiter, quand cette occasion vient de se présenter d'une façon inattendue.

— Que voulez-vous dire, monsieur? s'écria Jean Robert, qui commençait d'entrevoir vaguement le dessein de son interlocuteur.

— Je veux simplement dire, que, puisque M. de Valgeneuse a offensé madame de Marande, je vais tuer M. de Valgeneuse: rien n'est plus simple.

— Mais, monsieur, s'écria Jean Robert, il me semble que, comme c'est moi qui ai été témoin de l'offense faite à madame de Marande, c'est à moi de punir cette offense.

— Permettez, mon cher poëte, dit en souriant M. de Marande, je vous demande votre amitié, mais non votre dévouement. — Voyons, causons sérieusement. — L'offense a eu lieu. Mais à quelle heure? A minuit. Où a-t-elle eu lieu? Dans une chambre où madame de Marande couche parfois, — par fantaisie. — Où M. de Valgeneuse était-il caché? Dans l'alcôve de cette chambre. — Tout cela est de l'intimité... la plus intime. Ce n'est pas moi qui étais à cette heure avec madame de Marande; ce n'est pas moi qui ai découvert M. de Valgeneuse dans l'alcôve; mais c'est moi qui eusse dû être dans la chambre; c'est moi qui eusse dû découvrir M. de Valgeneuse. Vous connaissez nos journaux, — et surtout nos journalistes; quels singuliers commentaires ne ferait-on pas, dites, de votre duel avec M. de Valgeneuse! Pensez-vous que le nom de madame de Marande, c'est-à-dire un nom honorable, qui doit rester honorable, si confusément indiqué qu'il fût par la publicité, ne serait point reconnu par la malveillance? — Réfléchissez avant de me répondre.

— Cependant, monsieur, dit Jean Robert, qui comprenait toute la justesse de ce raisonnement, cependant, je ne puis pas vous laisser battre contre un homme qui a insulté une femme devant moi.

— Pardonnez-moi de vous contredire, mon ami, — vous permettez que je vous donne ce titre, n'est-ce pas? — mais la femme que l'on a insultée devant vous, visiteur, — remarquez bien que vous n'êtes qu'un visiteur pour moi, —

cette femme est la mienne ; je veux dire qu'elle porte mon nom, et qu'à ce titre, eussiez-vous cent fois raison, c'est à moi de la défendre.

— Mais, monsieur..., balbutia Jean Robert.

— Vous voyez, cher poëte, vous qui, d'habitude, avez la parole si facile, vous hésitez à répondre.

— Mais, enfin, monsieur...

— Je vous ai demandé une preuve d'amitié, voulez-vous me la donner ?

Jean Robert se tut.

— C'est de garder un profond silence sur cette aventure, continua le banquier.

Jean Robert baissa la tête.

— Et, s'il le faut, mon ami, madame de Marande vous en prie avec moi.

Le banquier se leva.

— Mais, monsieur, s'écria tout à coup Jean Robert, j'y songe : ce que vous me demandez est impossible.

— Pourquoi cela ?

— A l'heure qu'il est, deux de mes amis doivent s'être présentés chez M. de Valgeneuse et lui avoir demandé le nom des témoins avec lesquels ils auront à s'entendre.

— Ces deux amis ne sont-ils pas MM. Pétrus et Ludovic ?

— Oui.

— Eh bien, soyez sans inquiétude de ce côté : je les ai rencontrés sortant de chez vous, et j'ai obtenu d'eux, sur ma responsabilité, qu'ils attendissent jusqu'à onze heures, et vinssent vous demander de nouveaux ordres. Eh ! tenez, il paraît qu'ils avaient réglé leur montre sur votre pendule. Voici votre pendule qui sonne onze heures, et eux qui sonnent à votre porte.

— Je n'ai plus rien à dire, alors, répliqua Jean Robert.

— A la bonne heure ! dit M. de Marande en tendant la main au poëte.

Puis, faisant quelques pas vers la porte et s'arrêtant tout à coup :

— Ah ! pardieu ! dit-il, j'oubliais le but principal de ma visite.

Jean Robert regarda le banquier avec une nouvelle expression d'étonnement greffée sur l'ancienne.

— J'étais venu pour vous prier, de la part de madame de

Marande, qui veut absolument assister à votre première représentation, mais qui veut y assister sans être vue, de lui faire changer sa première loge de face contre une baignoire d'avant-scène. C'est possible, n'est-ce pas?

— Sans doute, monsieur.

— Eh bien, si l'on vous demandait pourquoi je suis venu chez vous, ayez la bonté de donner la véritable raison, celle de ce changement de loge.

— Je n'y manquerai pas, monsieur.

— Et, maintenant, dit M. de Marande, je vous demande pardon d'avoir, pour une chose aussi simple, prolongé ma visite si longtemps.

Puis, saluant profondément Jean Robert, M. de Marande se retira au grand ébahissement du poëte, qui, en le voyant disparaître, éprouva pour lui une sorte de respectueuse sympathie. L'homme lui parut grand, le mari lui sembla sublime.

Derrière M. de Marande, les deux jeunes gens parurent.

— Eh bien? demandèrent-ils à Jean Robert.

— Eh bien, dit celui-ci, je suis désespéré de vous avoir dérangés si matin, je n'ai plus affaire à M. de Valgeneuse.

CXXVIII

Où les résultats de la bataille de Navarin sont envisagés sous un nouveau jour.

Tandis que M. de Marande expliquait affectueusement à Jean Robert la cause de sa visite, voyons ce qui se passait chez M. de Valgeneuse, ou plutôt hors de chez lui.

Lorédan, comme nous l'avons dit, s'était esquivé de l'hôtel de madame de Marande ; mais, comme nous l'avons dit encore, il avait eu la maladresse, en descendant trop précipitamment l'escalier, de heurter M. de Morande, dont, on se se le rappelle, il avait éteint le bougeoir et fait tomber le portefeuille.

Quelque promptitude qu'il eût mise à disparaître, il était à peu près certain que le banquier l'avait reconnu; en tout cas, il n'avait pas de doute de l'avoir été par Jean Robert; il s'attendait donc à recevoir dans la matinée la visite d'un des deux hommes, et peut-être même de tous les deux.

Cependant il ne comptait sur ces visites que de neuf à dix heures du matin. Il avait donc tout le temps de prendre, en les attendant, certains renseignements qui, dans la situation où il se trouvait, lui semblaient de première nécessité.

Ces renseignements, il les attendait de mademoiselle Nathalie.

Vers sept heures du matin, il sortit donc à pied de l'hôtel, sauta dans un cabriolet et se fit conduire rue Laffitte, où il pensait que les maîtres n'étaient point encore levés. Il arriverait d'autant plus facilement à communiquer avec la femme de chambre.

Le hasard servit M. de Valgeneuse au delà de ses souhaits : au moment où il arrivait devant l'hôtel, mademoiselle Nathalie en sortait avec ses malles.

M. de Valgeneuse lui fit un signe de son cabriolet.

La femme de chambre le reconnut et accourut à ce signe.

— Ah! monsieur, dit-elle, quelle chance de vous rencontrer !

— Je t'en dirai autant, répondit le jeune homme, car c'est toi que je cherchais. Eh bien?

— Eh bien, elle m'a renvoyée, dit la femme de chambre.

— Et où allais-tu?

— Dans un hôtel quelconque, en attendant midi.

— Et à midi, où devais-tu aller?

— Je devais aller chez mademoiselle, la prier de s'intéresser à moi; car, enfin, c'est à cause de vous et pour avoir suivi vos instructions que je suis chassée.

— Tu n'as pas besoin d'attendre midi pour cela: Suzanne se lève de très-bonne heure; dis-lui ce qui t'arrive, elle te reprendra; moi, de mon côté, je te dois un dédommagement, et je te le donnerai, sois tranquille.

— Oh! je n'étais pas inquiète ; je savais que monsieur était trop juste pour me laisser sur le pavé.

— Mais, dis-moi, que s'est-il passé après mon départ?

— Une grande scène entre madame de Marande et M. Jean Robert. A la fin de la querelle, M. Jean Robert a juré de ne pas se battre avec vous.

— Est-ce que tu crois aux serments de poëte, toi?

— Non ; il doit être chez vous à cette heure.

— Je sors de chez moi, il n'y était pas encore venu. Après?

— Après, madame de Marande est descendue dans sa chambre; c'est là qu'elle m'a donné mon congé.

— Après?

— Après, elle était à peine couchée, que M. de Marande est entré.

— Où?

— Dans la chambre de sa femme.

— Dans la chambre de sa femme? Tu me disais qu'il n'y entrait jamais.

— Il paraît qu'il y a une exception pour les grandes circonstances.

— Et sais-tu pour quel motif il entrait chez sa femme?

— Oh! soyez tranquille, dit Nathalie en riant avec l'impudence d'une Marton du temps de Louis XV, ce n'est pas pour le bon motif.

— Ouf! tu me délivres d'un vilain poids, mon enfant. Et pourquoi venait-il? Dis-moi cela.

— Pour rassurer madame de Marande.

— Qu'entends-tu par là? Voyons, achève. Tu n'as pas été sans écouter un peu à la porte du premier, comme tu avais écouté à la porte du second.

— Si je l'ai fait, ce n'était que pour vous rendre service, je vous le jure.

— Pardieu! mais qu'ont-ils dit?

— Eh bien, il m'a semblé comprendre que M. de Marande prenait fait et cause pour M. Jean Robert.

— Ah! voilà qui le complète, Nathalie! En vérité, cet homme est une perle. — Puis, après avoir rassuré sa femme, après avoir pris fait et cause pour M. Jean Robert, qu'a-t-il fait?

— Il a respectueusement baisé la main de sa femme, et s'est retiré chez lui à pas de loup.

— Ah! ah! de façon que c'est à lui que je vais avoir affaire?

— J'en jurerais.

— Alors il ne faut pas le faire attendre. Si j'avais une voiture fermée, je te prendrais avec moi, mon enfant; mais, tu comprends, en cabriolet, impossible! Monte dans un fiacre et suis-moi.

— Ainsi, voilà monsieur averti.

— Oui, Nathalie, et un homme averti en vaut deux.

M. de Valgeneuse donna son adresse au cocher, et le cabriolet reprit rapidement le chemin de l'hôtel.

Voici ce qui s'y était passé pendant la promenade que M. de Valgeneuse venait de faire.

Mademoiselle Suzanne — que nous n'avons pas eu le plaisir de revoir depuis la soirée de l'hôtel de Marande, où elle avait commencé à coqueter avec Camille de Rozan, mademoiselle Camille n'avait pas perdu son temps, tandis que Carmélite, au contraire, perdait le sien à s'évanouir, en retrouvant gai, pimpant, insouciant et débitant ses fleurettes à droite et à gauche, l'homme qui avait causé la mort de Colomban.

Depuis cette nuit où, malgré les yeux noirs de madame Camille de Rozan, qui s'étaient fixés sur elle pleins de menaces espagnoles, mademoiselle Suzanne de Valgeneuse avait jeté son dévolu sur l'Américain; il ne s'était point passé un seul jour sans que Camille rencontrât, comme par hasard, mademoiselle Suzanne à l'Opéra, aux Bouffes, aux courses, au Bois, aux Tuileries, dans vingt salons où l'un et l'autre avaient accès.

Peu à peu, de soumises au hasard qu'elles étaient, ces visites devinrent de vrais rendez-vous. Camille afficha son amour, et mademoiselle de Valgeneuse se laissa compromettre sans trop se courroucer.

Un matin elle fit plus, — elle avoua partager l'amour du jeune créole.

Un soir, elle fit plus encore, — elle en donna vaillamment la preuve.

Depuis ce soir-là, Camille de Rozan venait à l'hôtel de Valgeneuse aux heures que lui laissait sa jalouse moitié. C'était, d'habitude, le matin, et lorsque l'Espagnole dormait encore.

— C'est ainsi que M. de Marande, sortant de chez Jean Robert pour se rendre aux Tuileries, avait rencontré Camille de Rozan à l'extrémité de la rue du Bac.

Et, comme le créole, avec sa discrétion ordinaire, s'inquiétant peu d'être vu lui-même, l'avait salué :

— D'où diable sortez-vous à pareille heure? lui avait demandé le banquier.

— De chez M. de Valgeneuse, avait répondu celui-ci.

— Vous vous connaissez donc?

— C'est vous qui nous avez présentés l'un à l'autre.

— C'est vrai, je l'avais oublié.

Et, le créole et le banquier s'étant salués, chacun tira de son côté.

En rentrant chez lui, Lorédan fut tout étonné de n'y trouver de nouvelles ni de Jean Robert, ni de M. de Marande.

On en sait la cause.

Les amis, ou plutôt donnons-leur le vrai titre qu'ils méritaient en ce moment, les témoins de Jean Robert avaient promis au banquier d'attendre de nouvelles instructions, et, en les attendant, ils déjeunaient au café Desmares, tandis que M. de Marande, de son côté, ne voulait pas se présenter chez M. de Valgeneuse avant d'avoir vu Jean Robert.

A onze heures et demie, et comme M. de Valgeneuse achevait son déjeuner, on lui annonça M. de Marande.

Il ordonna de l'introduire au salon, et, pour tenir la promesse qu'il avait engagée à Nathalie de ne point le faire attendre, il y entra lui-même aussitôt.

Après les salutations d'usage, ce fut M. de Valgeneuse qui, le premier, prit la parole.

— J'ai appris hier au soir, seulement, dit-il, la nouvelle de votre nomination au ministère, et je comptais aujourd'hui même aller vous en féliciter.

— Monsieur de Valgeneuse, répondit sèchement le banquier, je présume que vous n'ignorez pas le motif de ma visite. Aidez-moi donc, je vous prie, à l'abréger, car nous n'avons ni l'un ni l'autre de temps à perdre en compliments inutiles.

— Je suis tout à vos ordres, monsieur, dit Lorédan, quoique j'ignore absolument ce que vous pouvez avoir à me dire.

— Vous vous êtes, hier au soir, introduit, sans invitation, dans mon hôtel, à une heure où, d'habitude, on ne se présente chez les gens que lorsqu'on y est invité.

La question ainsi posée, Lorédan n'avait plus qu'à y répondre nettement.

Il fit plus qu'y répondre nettement, il y répondit impudemment.

— C'est vrai, dit-il ; je dois avouer que je n'avais reçu aucune invitation, — de vous surtout.

— Vous n'en aviez reçu de personne, monsieur.

M. de Valgeneuse s'inclina sans répondre, comme un homme qui veut dire : « Continuez. »

M. de Marande continua :

— Une fois dans l'hôtel, vous avez pénétré dans une des chambres à coucher de madame de Marande, et vous vous êtes caché dans son alcôve.

— Je vois à regret, dit d'un ton goguenard M. de Valgeneuse, que vous êtes parfaitement renseigné.

— Eh bien, monsieur, puisque vous ne contestez pas ce fait, vous en admettez, sans doute, les conséquences ?

— Dites-les-moi, monsieur, et je verrai si je dois les admettre.

— Eh bien, les conséquences de ce fait, monsieur, c'est que vous avez volontairement insulté une femme.

— Dame ! fit M. de Valgeneuse avec forfanterie, il faut bien que je l'avoue, puisqu'il y avait des témoins.

— Alors, monsieur, poursuivit le banquier, vous trouvez tout naturel, n'est-ce pas, que je vous demande raison de cette insulte ?

— A vos ordres, cher monsieur, et à l'instant même, si vous voulez. J'ai justement, au bout du jardin, une tonnelle qui semble faite à souhait pour l'escrime.

— Je regrette de ne pouvoir profiter à l'instant même de votre aimable proposition ; malheureusement, les choses ne peuvent se passer avec cette promptitude.

— Ah ! fit M. de Valgeneuse, vous n'avez peut-être pas encore déjeuné ; je sais des personnes qui n'aiment pas à se battre à jeun, quoique, à moi, cela me soit parfaitement égal.

— Il y a une raison plus grave pour attendre, répondit le banquier sans paraître remarquer la médiocre plaisanterie de son interlocuteur. Il y a l'honneur d'un nom à sauvegarder, et je regrette d'être obligé de vous en faire souvenir.

— Bah! dit M. de Valgeneuse, qu'importe la bégueulerie d'un nom? Après nous, le déluge!

Le banquier reprit gravement :

— Libre à vous, monsieur, de faire du nom de votre père ce qui vous convient; mais il m'importe, à moi, de faire respecter le mien, et de ne pas le laisser entacher de ridicule; j'ai donc l'honneur de vous faire une proposition.

— Parlez, monsieur, je vous écoute.

— Il y a longtemps, il me semble, que vous n'avez pris la parole à la chambre des pairs?

— En effet, monsieur... Mais quel rapport peut avoir la chambre des pairs avec le sujet qui nous occupe?

— Un rapport direct, comme vous allez le voir. On a reçus ces jours-ci, la nouvelle de la bataille de Navarin.

— Sans doute; mais...

— Attendez. On doit s'occuper demain, à la Chambre, des affaires de la Turquie et de la Grèce, que les élections et les événements qui en ont été la suite ont malheureusement fait négliger.

— Je crois me souvenir, en effet, que quelqu'un a demandé la parole sur cette question.

— Eh bien, je viens vous proposer de la demander aussi.

— Mais où diable voulez-vous en venir? fit le jeune pair en éclatant de rire assez impertinemment au nez du banquier.

Celui-ci feignit de ne point remarquer cette nouvelle inconvenance et continua du même ton froid et grave :

— La question de la Grèce est de la plus haute importance et du plus vif intérêt, si on l'envisage sous toutes ses faces. Il y a un parti magnifique à tirer d'un pareil sujet, et je suis persuadé que, si vous voulez bien vous en donner la peine, vous saisirez avec empressement cette occasion de faire un excellent discours. Me comprenez-vous?

— Moins que jamais, je vous l'avoue.

— Alors il faut tout vous dire?

— Dites.

— Eh bien, mon cher monsieur de Valgeneuse, je suis partisan acharné, enragé des Grecs. J'ai même écrit quelque part quelque chose là-dessus. Vous qui n'avez pas encore de parti pris dans cette affaire, faites-vous turcophile, et tombez à bras raccourci sur les philhellènes ; à propos de Grecs et de Turcs enfin, trouvez moyen de m'insulter, et cela, de manière à ce que je puisse publiquement vous en demander raison. Suis-je clair, cette fois ?

— Oh! parfaitement, et, si pittoresque que soit votre procédé, je l'accepte avec joie, puisqu'il vous agrée si fort.

— A demain donc, monsieur, et, après la séance, j'aurai l'honneur de vous envoyer mes témoins.

— Pourquoi donc à demain ? Il n'est pas une heure. J'ai encore le temps de me rendre à la Chambre et de parler aujourd'hui.

— Je n'osais pas vous le proposer, de peur que vous n'eussiez fait emploi de votre journée.

— Bon! faire des façons avec moi.

— Vous voyez que je n'en fais pas, puisque j'accepte, s'empressa de dire M. de Marande en saluant; seulement, hâtez-vous.

— Je ne vous demande que le temps de faire atteler.

— Un autre peut vous prévenir, la parole est accordée par rang d'inscription. Faire atteler est perdre inutilement un quart d'heure.

— Trouvez un moyen de faire autrement. Vous ne me proposez point, n'est-ce pas, de faire le voyage à pied d'ici au Luxembourg? et, à moins que votre voiture ne soit en bas, et que vous ne m'y offriez une place...

— J'allais vous la proposer, en effet, dit M. de Marande.

— J'accepte, et avec reconnaissance, répliqua M. de Valgeneuse.

Et ces deux hommes, qui venaient de convenir qu'ils s'égorgeraient le lendemain, sortirent de l'hôtel, pour ainsi dire, bras dessus bras dessous, comme des amis.

En sortant de l'hôtel, M. de Marande rencontra, comme le matin, Camille de Rozan.

Le créole descendait de voiture.

— C'est la seconde fois aujourd'hui que j'ai le plaisir de vous rencontrer presque à la même place, dit M. de Marande.

— Et moi de même, par conséquent, répondit Camille ; ce sont de ces hasards qui ont eu lieu de tout temps, et Molière a fait un vers là-dessus, je crois :

La place m'est heureuse, etc., etc.

— Si vous avez quelque chose à dire à M. de Valgeneuse, reprit le banquier, hâtez-vous ; car il vous dira lui-même qu'il est extraordinairement pressé.

— Est-ce, en effet, moi que vous veniez voir, cher ami? dit Lorédan en tendant la main à Camille.

— Sans doute, reprit le créole avec une légère rougeur.

— Eh bien, vous jouez de malheur : vous ne me trouverez pas, je viens de sortir, dit Lorédan en montant dans la voiture de M. de Marande ; mais entrez toujours : vous trouverez ma sœur, dont la vue vous sera, je crois, aussi agréable que la mienne. Adieu donc, ou plutôt au revoir !

Et la voiture partit au galop.

Dix minutes après, M. de Valgeneuse faisait son entrée à la chambre des pairs et demandait la parole.

CXXIX

Du discours de M. Lorédan de Valgeneuse à la chambre des pairs et de ce qui s'ensuivit.

La victoire de Navarin, dernière réaction de l'Europe contre l'Asie, venait d'être achetée au prix de six années de combats incessants et de luttes gigantesques. Les Épaminondas, les Alcibiades, les Thémistocles modernes stupéfiaient le monde entier ; on eût dit qu'ils avaient retrouvé, comme Thésée, les pesantes épées de leurs pères, enfouies dans les champs de Marathon, de Leuctres et de Mantinée.

A ce sentiment d'indépendance renaissant chez les Grecs, après tant d'années de sommeil, sous le souffle de la révolution française, le cœur entier de l'Europe avait battu. Hugo et Lamartine les avaient chantés, Byron était mort pour eux. Leur cause était en quelque sorte devenue la cause de la France, et l'on avait gémi à leur défaite comme on applaudissait à leurs victoires.

Mais plus ce sentiment était universel et national, moins il était du goût de M. de Villèle; et l'on doit se rappeler que nul plus que lui ne s'était montré ennemi de la révolution hellénique.

Aussi, quand M. Lorédan de Valgeneuse, dont les opinions ultra-royalistes étaient connues, demanda la parole, la moitié, ou plutôt les trois quarts des pairs, qui partageaient les opinions de l'honorable pair, crièrent-ils d'une seule voix :

— Parlez! parlez!

Après avoir résumé brièvement les phases principales de l'insurrection, M. de Valgeneuse en arriva, au milieu des applaudissements de la salle tout entière, à déplorer ces événements sinistres que l'on glorifiait du nom de victoires.

— Toutefois, dit-il, nous ne saurions adresser un reproche au gouvernement de la majorité; par un sentiment chevaleresque qui remonte aux croisades, il a admis cette fatale coalition contre les Turcs. Gardons toute notre colère, réservons toute notre sévérité pour ceux qui les ont méritées, pour ceux qui, par folie ou par intérêt, entretiennent les révolutions chez les autres, ne pouvant les fomenter chez eux. Je ne veux nommer personne, ajouta l'orateur, et cependant le nom d'un banquier célèbre est sur toutes les lèvres. On sait à quelle caisse la Révolution puise les trésors qui l'alimentent. Or, je vous le demande, messieurs, dussé-je payer la question de mon sang, en songeant aux émeutes des jours derniers, n'est-il pas permis de dire que celui qui subventionne les émeutiers de la Grèce peut bien aussi subventionner les Grecs de Paris?

Cette antithèse souleva un tonnerre d'applaudissements ; le nom de M. de Marande vola de bouche en bouche; on n'aimait pas le banquier à la chambre des pairs : son élévation subite, inattendue, au ministère des finances n'avait point infirmé l'opinion que l'on avait de lui. On fut donc enchanté de le voir si publiquement accusé par M. de Valgeneuse.

Il y eut cependant, au milieu de ces applaudissements, plusieurs murmures.

Le général Herbel interrompit le jeune pair, et, de sa place, protesta contre ce qui venait d'être dit, sommant M. de Valgeneuse de rétracter des paroles qui avaient tout le caractère d'une grossière insulte.

— Insulte, soit! répliqua M. de Valgeneuse, puisque la vérité vous semble une insulte...

— Mais, s'écria un autre pair, il n'est pas possible que vous accusiez sérieusement M. de Marande d'avoir subventionné les émeutiers de la rue Saint-Denis.

— C'est vous qui le nommez, monsieur, et non pas moi, répondit M. de Valgeneuse de la façon la plus impertinente.

— Jésuite! murmura le général assez haut pour être entendu.

M. de Valgeneuse releva le mot vivement, mais non pas pour s'en fâcher, comme on eût pu le croire.

— Si le général croit m'offenser, dit-il, en m'appelant jésuite, il commet la plus grave erreur. C'est absolument comme si je l'appelais militaire. Je ne pense pas qu'il verrait là une injure.

La discussion en resta là, et l'on passa à l'ordre du jour.

En rentrant chez lui, vers cinq heures, le général Herbel trouva M. de Marande qui l'attendait.

Le banquier était déjà prévenu de l'incident de la Chambre et des détails qui l'avaient accompagné.

En l'apercevant, le général, de son côté, se douta de la cause qui l'amenait, lui tendit la main et le fit asseoir.

— Général, dit le banquier, j'ai appris avec le plus grand étonnement que M. de Valgeneuse m'avait, sans me nommer, il est vrai, mais en me désignant aussi clairement que possible, insulté à la Chambre des pairs ; il est vrai qu'en même temps, avec une satisfaction mêlée d'orgueil, j'ai appris que vous m'aviez défendu. Être insulté par M. de Valgeneuse et défendu par vous, c'est un double honneur auquel j'ai été on ne peut plus sensible. Aussi je n'ai pas voulu perdre une minute avant de venir vous remercier de votre intervention dans cette affaire.

Le général s'inclina de l'air de l'homme qui veut dire : « Je n'ai fait que remplir mon devoir d'honnête homme. »

— Puis, continua le banquier, cela m'a donné un espoir : c'est que, vous étant rallié à moi sans en être prié par moi, vous voudriez bien ne point m'abandonner dans la suite que j'ai l'intention de donner à cette insulte.

— Je suis à votre disposition, mon cher monsieur de Marande, et, par ma foi, vous connaissant comme je vous connais, j'ai été sur le point de ne pas attendre la démarche que vous faites près de moi, et de demander en votre nom, en sortant de la Chambre, réparation à votre insulteur.

— Voilà une attention qui me comble, général, car elle indique tout le cas que vous voulez bien faire de ma personne.

— Maintenant, dit le général, vous connaissez votre adversaire ?

— Peu.

— C'est un jeune fat qui n'a nulle consistance dans les idées.

— Oh ! fit M. de Marande en fronçant le sourcil et en donnant à son visage une expression de haine qu'on ne l'eût pas cru susceptible d'atteindre.

— Ces sortes de drôles, fit le général, ont rarement, après dîner, la même opinion qu'ils avaient auparavant.

— Eh bien, mais, général, dit en riant M. de Marande, il y a un moyen de l'empêcher de changer d'opinion après dîner.

— Lequel ?

— C'est de tout régler avec lui avant dîner.

Le banquier tira sa montre.

— Il n'est que cinq heures ; il ne dîne pas avant six heures et demie ; si vous voulez bien me servir de premier témoin, nous allons monter en voiture pour en chercher un second ; et, en route, nous dirons un mot des conditions du combat.

— De tout mon cœur, répondit le général ; seulement, j'ai peur qu'on ait dételé.

— Peu importe ! j'ai ma voiture, fit M. de Marande. — P^{ue} Mâcon, n 4, dit-il au cocher.

— Rue Macon ?... répéta le général en ayant l'air de se demander ce que c'était que la rue Màcon.

La voiture partit au galop.

— Où diable sommes-nous? demanda le général en voyant la voiture s'arrêter devant la porte de Salvator.

— Nous sommes où j'ai dit à mon cocher de nous conduire.

— Oh! la vilaine rue!

Puis, regardant la maison:

— C'est là que nous allons? demanda le comte Herbel.

— Oui, général, répondit M. de Marande en souriant.

— Oh! la vilaine maison!

— Eh bien, dit M. de Marande, c'est dans cette rue et dans cette maison que demeure un des hommes les plus honnêtes et les plus braves que je connaisse.

— Comment l'appelez-vous?

— Salvator...

— Salvator... Et quelles sont ses fonctions?

— M. de Marande sourit.

— Mais, à ce que l'on assure, il est commissionnaire.

— Ah! ah! je commence à m'y reconnaître; oui, oui, j'ai entendu parler de cette espèce de philosophe par le général la Fayette, qui en faisait grand cas.

— Non-seulement vous avez entendu parler de lui, général, mais plus d'une fois vous avez causé avec lui.

— Où cela? demanda le général étonné.

— Chez moi.

— J'ai causé, chez vous, avec un commissionnaire?

— Oh! vous comprenez qu'il n'avait pas chez moi sa veste et ses crochets; il était en habit comme vous et moi, et on l'appelait M. de Valsigny.

— J'y suis, s'écria le général; un jeune homme charmant!

— Eh bien, je vais lui demander d'être mon second témoin. C'est un homme fort influent dans les élections et les réélections; or, je serais bien aise qu'il pût rendre témoignage à tout un côté du monde qui ne voit qu'à travers les carreaux de ma voiture.

— Très-bien! dit le général en suivant le banquier.

Ils montèrent les trois étages et arrivèrent devant la porte de Salvator. Ce fut lui qui ouvrit.

Le jeune homme venait de rentrer. Il était encore en veste et en pantalon de velours.

— Mon cher Valsigny, dit M. de Marande, je viens vous demander un service.

— Parlez, fit Salvator.

— Vous m'avez maintes fois offert votre amitié en échange de la mienne. Eh bien, de cette amitié, je viens vous demander une preuve.

— A vos ordres.

— Je me bats demain en duel; voici M. le général Herbel qui a accepté d'être un de mes témoins; voulez-vous me faire l'honneur d'être l'autre?

— Volontiers, monsieur, et je ne vous demande que deux choses : la cause du duel et le nom de celui qui vous a insulté.

— M. Lorédan de Valgeneuse vient de m'attaquer d'une façon si inconvenante à la Chambre, que je ne puis me dispenser de lui en demander raison.

— Lorédan! s'écria Salvator.

— Vous le connaissez? demanda M. de Marande.

— Oui, répondit Salvator en hochant tristement la tête, oh! oui, je le connais!

— Mais le connaissez-vous assez intimement pour refuser de me servir de témoin contre lui?

— Écoutez, monsieur, dit lentement et gravement Salvator; je hais M. de Valgeneuse pour des raisons que vous connaîtrez un jour, et ce jour est très-prochain, si j'en crois mes pressentiments. J'aurais même une offense personnelle à venger sur lui; mais il y a de par le monde un homme à qui j'ai juré de ne pas toucher à un cheveu de sa tête; or, il me semble, messieurs, que, si j'acceptais le rôle de témoin, et que, dans la rencontre qui va avoir lieu, il arrivât un malheur à notre ennemi, je ne tiendrais pas exactement la parole que j'ai donnée.

— Vous avez raison, mon cher Valsigny, dit M. de Marande, et il ne me reste plus qu'à vous demander pardon de vous avoir dérangé.

— Si je ne puis vous servir de témoin, dit Salvator, je puis peut-être vous être d'une certaine utilité comme chirurgien; et, si vous voulez bien m'accepter, je me mets à votre disposition.

— Je savais bien que vous me rendriez un service quelconque, dit M. de Marande en tendant la main à Salvator.

Et il sortit suivi du général, lequel se chargea de venir prendre, le lendemain matin, le jeune homme, qui, à titre de chirurgien, croyait pouvoir sans inconvénient assister au combat.

De la rue Mâcon, on se rendit à la rue de Luxembourg, où demeurait le général Pajol, lequel accepta sans hésitation la proposition de M. de Marande.

Un quart d'heure après, les deux généraux entraient dans le salon de M. de Valgeneuse, qu'ils trouvèrent couché sur un canapé, riant à gorge déployée des bons mots que débitaient Camille de Rozan et un autre jeune fat de ses amis.

— Monsieur, dit le comte Herbel, le général Pajol et moi désirons vous entretenir quelques instants en particulier.

— Mais pourquoi donc en particulier, messieurs ? s'écria Lorédan. Vous pouvez, au contraire, parler devant mes amis; je n'ai rien de caché pour eux.

— En ce cas, monsieur, reprit sèchement le comte Herbel, nous avons l'honneur de vous demander, de la part de M. de Marande, réparation de l'insulte que vous lui avez faite.

— Vous êtes les témoins de M. de Marande ? demanda Lorédan.

— Oui, monsieur, répondirent en même temps les deux généraux.

— Eh bien, messieurs, dit M. de Valgeneuse en se levant et en désignant les deux jeunes gens, voici les miens. Veuillez vous entendre avec eux; je leur donne mes pleins pouvoirs.

Puis, saluant assez dédaigneusement les deux témoins de M. de Marande, il sortit en disant à Camille :

— Je fais servir. Dépêchez-vous d'en finir, Camille; je meurs de faim.

— Messieurs, dit le général Herbel, vous connaissez l'injure dont nous venons demander réparation ?

— Oui, dit Camille en souriant imperceptiblement.

— Je crois donc inutile, continua le général, d'entrer dans des détails.

— En effet, complétement inutile, continua Camille avec le même sourire.

14.

— Avez-vous l'intention de réparer l'offense que vous nous avez faite?

— Cela dépend du genre de réparation.

— Je vous demande si vous êtes disposés à faire des excuses?

— Oh! pour cela, non, dit Camille; toute excuse, au contraire, nous est expressément défendue.

— Alors, repartit le général, il ne nous reste plus qu'à régler les différentes conditions du combat.

— Vous êtes insulté, dit Camille, faites vos conditions.

— Voici ce que nous avons l'honneur de vous proposer : on se battra au pistolet.

— Au pistolet, très-bien.

— Les adversaires seront placés à quarante pas de distance, et pourront faire ou ne pas faire chacun quinze pas.

— De sorte que, si chacun fait ses quinze pas, on se battra à dix pas?

— A dix pas, oui, monsieur.

— C'est une jolie distance: à dix pas, soit.

— Les pistolets seront pris chez Lepage, afin qu'ils soient parfaitement inconnus aux adversaires.

— Qui les prendra?

— Chacun de nous en apportera une paire ou, si vous l'aimez mieux, le garçon armurier qui chargera les armes en apportera deux paires; on tirera au sort ceux dont on se servira.

— Tout va bien. Maintenant, messieurs, le lieu du rendez-vous?

— Allée de la Muette, si vous voulez bien.

— Allée de la Muette. Il y a, au bout de l'allée, une espèce de petite plaine où rien ne peut servir de guide à l'œil, et qui semble faite exprès pour une rencontre.

— Va pour la petite plaine.

— Ah! nous oublions l'heure.

— Il ne fait pas clair avant sept heures; mettons le rendez-vous à neuf.

— A neuf; parfaitement, monsieur... Au moins, on a le temps de faire un bout de toilette.

— Il ne nous reste plus, messieurs, qu'à vous présenter nos salutations, dirent les deux militaires.

— Recevez les nôtres, firent les deux jeunes gens en se levant.

A peine ceux-ci avaient-ils disparu, que M. de Valgeneuse rentra dans le salon en disant :

— Ah ! lambins que vous êtes ! j'ai cru que vous n'en finiriez pas.

— Voici nos conventions, dit Camille.

— Nos conventions, fit Lorédan, je les connais : nous sommes convenus de dîner à six heures et demie, il est six heures trente-cinq minutes.

— Mais je te parle du duel.

— Et moi du dîner. Un duel peut se remettre, un dîner jamais. A table, donc !

— A table ! dirent en même temps les deux jeunes gens.

Et tous trois s'élancèrent vers la salle à manger, où mademoiselle Suzanne de Valgeneuse les attendait.

Le dîner fut un éclat de rire à trois services : on y médit de tout Paris, et particulièrement du banquier ; on s'acharna à ridiculiser M. de Marande ; on l'abîma politiquement, financièrement, moralement et, par-dessus tout, physiquement.

Il ne fut pas plus question du duel du lendemain que de l'empereur de la Chine.

Était-ce par respect pour la présence d'une femme, par insouciance ou par orgueilleuse certitude du résultat ? Nous l'ignorons, ou plutôt nous pensons qu'il y avait un peu de tout cela dans le silence des trois jeunes gens.

Ils en étaient au dessert, quand le domestique particulier de M. de Valgeneuse présenta à son maître une carte sur un plat d'argent.

Lorédan jeta les yeux sur la carte.

— Conrad ! s'écria-t-il.

— Conrad ! murmura tout bas mademoiselle de Valgeneuse en pâlissant légèrement ! que nous veut-il ?

De son côté, et malgré lui, Lorédan devint pâle comme la tasse de Sèvres qu'il portait à ses lèvres.

Camille s'aperçut de cette double émotion qui atteignait à la fois le frère et la sœur.

— J'ai le chagrin de vous quitter un moment, balbutia M. de Valgeneuse.

Et, se tournant vers le domestique :

— Faites entrer dans mon cabinet, dit-il.

Puis, se levant :

— A tout à l'heure, messieurs.

Et il se dirigea vers la porte qui conduisait de la salle à manger à son cabinet.

Salvator l'attendait debout.

Il était impossible d'être vêtu plus élégamment que ne l'était Salvator, et d'avoir un aspect plus calme et plus noble que ne l'avait le jeune homme.

C'était bien, cette fois, Conrad de Valgeneuse, comme il s'était fait annoncer.

— Que me voulez-vous ? lui demanda Lorédan avec un regard plein de haine.

— Je désire causer un instant avec vous, répondit Salvator.

— Oubliez-vous qu'il n'y a qu'un sujet de conversation possible entre nous ?

— La haine que nous avons l'un pour l'autre. Non, mon cousin, je ne l'oublie pas, et ma visite en est la preuve.

— Viendriez-vous pour qu'une bonne fois nous en finissions avec cette haine ?

— Nullement.

— Alors, que me voulez-vous ?

— Je vais vous le dire, mon cousin. Vous vous battez demain, n'est-ce pas ?

— Que vous importe ?

— Cela importe, non-seulement à moi, mais à nous deux, comme vous allez voir. Vous vous battez donc demain avec M. de Marande, à neuf heures, au bois de Boulogne, au pistolet. Vous voyez que je suis bien instruit.

— Oui, reste à savoir dans quels lieux vous puisez vos instructions.

Salvator haussa les épaules.

— De quelque façon que j'aie appris votre duel, il n'en résulte pas moins que j'en suis instruit, et ce sera le sujet de notre conversation, si vous le voulez bien.

— Viendriez-vous, par hasard, pour me faire de la morale ?

— Moi ? Oh ! par exemple ! je suppose, au contraire, que vous vous en faites à vous-même, et surabondamment ! Non, je viens tout simplement vous rendre un service.

— Vous !

— Cela vous étonne ?

— Si vous êtes venu pour plaisanter, je vous préviens que vous avez mal choisi votre temps.

— Je ne plaisante jamais avec mes ennemis, dit gravement Salvator.

— Alors, finissons-en ; que me voulez-vous ? Dites !

— Connaissez-vous particulièrement M. de Marande ?

— Je le connais assez pour lui donner, je l'espère, demain, une leçon dont il se souviendra, si toutefois il a le temps de se souvenir.

— Allons, fit Salvator, je vois que vous ne le connaissez point particulièrement. M. de Marande, jusqu'ici, a donné parfois des leçons, mais n'en a pas encore reçu.

Lorédan regarda son cousin en pitié et à son tour haussa les épaules.

— Ah ! cela vous fait hausser les épaules, répliqua Conrad je m'explique que vous ayez confiance en vous-même. Mais ayez un instant confiance en moi et écoutez ce que je vous dis : M. de Marande vous tuera.

— M. de Marande ! s'écria, en éclatant de rire, le jeune homme.

— Ah ! ah ! cela vous amuse ! En effet, un banquier tuer un homme de votre naissance et de votre mérite : la bonne histoire, un pistolet contre un sac d'écus ! Eh bien, c'est là que vous allez comprendre l'étendue du service que je vous rends. M. de Marande s'est déjà battu quatre fois, à ma connaissance, et, à chaque fois, il a tué son homme ; entre autres à Livourne, M. de Bedmar, qui était de vos amis, autant que je puis me rappeler.

— M. de Bedmar est mort d'apoplexie, répondit Lorédan quelque peu troublé.

— M. de Bedmar est mort d'un coup de pistolet. Mon cousin, sachez une chose, c'est que, chaque fois qu'une famille veut dissimuler, pour une raison ou pour une autre, le genre de mort d'un de ses membres, elle appelle l'apoplexie à son secours, c'est d'une simplicité d'enfant. Eh bien, écoutez ceci : demain, entre neuf heures et neuf heures un quart du matin, vous mourrez, comme M. de Bedmar, d'une apoplexie, et j'ajoute, si cela peut vous être agréable, que je ferai mettre dans les journaux le genre de mort que vous aurez choisi.

— Allons, c'est assez railler, dit M. de Valgeneuse en s'animant de plus en plus, et je vous prie d'en rester là, si vous ne voulez point que la conversation prenne une autre tournure.

— Quelle tournure voulez-vous qu'elle prenne? Vous imagineriez-vous, par hasard, mon cousin, que vous êtes de taille à me jeter par la fenêtre? S'il en était ainsi, par hasard, regardez-moi.

Et, en disant ces mots, Conrad étendit deux bras dont les muscles se dessinaient sur le drap de son habit.

Lorédan fit machinalement un pas en arrière.

— Terminons, dit-il; que voulez-vous?

— Je viens vous demander quelles sont vos dernières volontés, vous promettant de les exécuter fidèlement.

— Certainement, dit Lorédan, vous avez parié avec quelqu'un des vôtres de me faire cette mystification.

— Je ne parie jamais, monsieur, et ne mystifie personne. Je vous dis que vous serez tué, parce que l'homme contre lequel vous vous battez demain, outre qu'il a fait ses preuves, est foncièrement brave; tandis que vous, — tenez, regardez-vous dans cette glace, — tandis que vous, vous êtes blême, et votre visage est inondé de sueur. J'ajouterai, au reste, que, si vous n'êtes pas tout à fait mort demain, il y a de par le monde un homme qui continuera ce que M. de Marande aura commencé.

— Vous, sans doute? répliqua Lorédan en jetant à son cousin un regard de haine.

— Non; moi, répondit Salvator, je ne viens qu'en troisième.

— De qui parlez-vous donc, alors?

— Du père de la jeune fille que vous avez enlevée et que j'ai sauvée de vos mains, du père de Mina; écoutez-moi donc sérieusement, dit Conrad, aussi sérieusement que je vous parle; j'ai déjà perdu trop de temps ici. Votre mort est certaine; car, si vous ne succombez pas sous les coups de l'un, vous tomberez sous ceux des autres; eh bien, au nom de votre père, qui était pur parmi les purs, au nom de votre mère, que la douleur a conduite au tombeau, au nom de vos aïeux, ces vertueux gentilshommes dont nulle tache n'a souillé le blason, au nom du respect humain, s'il vous reste une vertu, au nom du Dieu juste, s'il vous reste une croyance, je vous adjure de me dire quels actes commis par vous j'aurai à réparer.

— Monsieur, c'est trop de folie ou d'impertinence! s'écria Lorédan ; je vous ordonne de sortir de chez moi !

— Et moi, pour la seconde fois, je vous adjure de ne pas laisser derrière vous un acte qui puisse entacher mille années de vertus.

— Cessons cette plaisanterie, monsieur, et sortez! dit impérieusement M. de Valgeneuse.

Mais Conrad resta calme et immobile à sa place.

— Pour la troisième fois, reprit-il, je vous adjure de dire ce que vous avez fait de mal, pour qu'après vous, je change en bien ce mal que vous avez fait.

— Sortez, sortez! s'écria Lorédan, sautant sur le cordon de sa sonnette, et la faisant retentir violemment.

— Que Dieu vous fasse miséricorde à l'heure de votre mort! dit gravement Conrad.

Et il sortit.

CXXX

Le roi attend.

Le rendez-vous, comme nous l'avons dit, était au bois de Boulogne.

Hélas! tout s'en va. Encore un de nos souvenirs de jeunesse disparu! encore un bois habité au lieu d'un bois désert! Et, quand nos neveux verront ce parc anglais, ciré, frotté, épinglé, luisant, verni comme un tableau d'exposition commandé par un bourgeois, ils ne voudront jamais croire aux anciennes descriptions que nous avons faites du débris de cette vieille forêt de Louvois, que ce roi pillard qu'on ap pelait François Ier avait fait entourer de murailles pour y prendre plus commodément le plaisir de la chasse.

Ils ne comprendront pas non plus qu'il fut un temps où c'était là qu'étant sûr de ne rencontrer personne, on se donnait rendez-vous pour se battre, et cela si naturellement, que les témoins de l'homme qui recevait les conditions de son adversaire eussent cru ceux-ci fous, ou de mauvaise compagnie, s'ils eussent pris un autre rendez-vous que la porte Maillot ou l'allée de la Muette.

Puis il y avait comme une fatalité qui se posait ailleurs, — à Clignancourt ou à Saint-Mandé : — les duels y étaient presque toujours malheureux.

Il semblait, au contraire, que les nymphes du bois de Boulogne, dans la grande habitude qu'elles avaient de voir charger les pistolets ou tirer les épées, dérangeassent les balles d'un souffle, écartassent les épées d'un geste.

Il y avait là, à la porte Maillot, un restaurateur qui avait fait fortune, rien qu'avec les duels qui n'avaient pas eu lieu, ou avec ceux qui avaient eu une heureuse issue.

Hâtons-nous de dire que ce n'était point cette raison conservatrice qui avait fait choisir le bois de Boulogne aux témoins de M. de Marande et de M. Lorédan de Valgeneuse.

De part et d'autre, ils avaient compris qu'ils allaient assister à un de ces duels où la terre boit du sang.

Le matin du jour fixé pour le duel, le bois, au reste, présentait l'aspect le plus pittoresque.

On était au mois de janvier, c'est-à-dire en plein hiver, et le bois était en harmonie parfaite avec la saison.

Le ciel s'abaissait, d'un blanc de neige ; l'atmosphère était sèche et limpide, le sol étincelant de givre qui renvoyait à l'air les étincelles que le soleil lui jetait de la cime des arbres jusqu'au tronc ; les arbres laissaient tomber avec une négligence gracieuse de longs panaches scintillants comme des stalactites ; ce qui donnait au bois l'aspect d'une immense décoration taillée dans une grotte de sel.

Le premier arrivé fut Salvator, qui, faisant arrêter sa voiture dans la contre-allée, s'engagea dans le bois et alla reconnaître l'endroit désigné. — Il était là depuis quelques minutes, quand il entendit tout à la fois un bruit de voix et de pas.

Il se détourna et vit s'approcher M. de Marande, le général Pajol et le comte Herbel.

Ils étaient suivis d'un domestique à la livrée de M. de Marande, et qui portait un portefeuille sous le bras.

Le banquier tenait un paquet de lettres arrivées évidemment au moment de son départ ; il les lisait tout en marchant, déchirant celles qui lui semblaient sans valeur, remettant les autres à son domestique avec des annotations qu'il y faisait au crayon sur le fond de son chapeau.

En apercevant Salvator, il alla à lui et lui serra étroitement la main en disant :

— Ces messieurs ne sont pas encore arrivés ?

— Non, répondit Salvator ; vous êtes en avance de dix minutes.

— Tant mieux ! dit le banquier, j'avais si grand'peur d'être en retard, que, quelque diligence que j'aie fait faire à mes secrétaires, j'ai laissé six ou sept *ordonnances* à l'hôtel, en donnant l'ordre qu'on me les apportât aussitôt qu'elles seraient copiées.

Il regarda sa montre.

— Si ces messieurs n'arrivent qu'à neuf heures, comme mon chef de cabinet m'a promis qu'à neuf heures ces ordonnances seraient ici, j'aurai le temps de les signer pendant que vous mesurerez la distance et chargerez les armes. En attendant, n'est-ce pas, vous m'excuserez si je lis mes lettres ?

— N'auriez-vous pu remettre les ordonnances à plus tard ? demanda le général Herbel.

— Impossible ! le roi les attend ce matin ; et vous savez, messieurs, que le roi n'est pas la patience incarnée.

— Faites, répondirent les deux généraux.

— A propos, monsieur Salvator, dit M. de Marande, où croyez-vous que l'on se battra ?

— Là, dit Salvator.

— Je voudrais bien me mettre tout de suite à mon poste, dit M. de Marande, afin de ne pas avoir à me déranger.

— Vous pouvez vous mettre ici, dit Salvator ; seulement, c'est la mauvaise place ; les arbres que vous avez derrière vous peuvent aider au point de mire.

— Ah ! pardieu ! cela m'est bien égal, dit M. de Marande

en allant se mettre à la place indiquée par Salvator et en continuant de lire, de déchirer et d'annoter ses lettres.

Les deux généraux se connaissaient en courage militaire ; Salvator se connaissait en courage civil, et cependant ils contemplèrent avec une muette admiration le sang-froid de cet homme, qui, au moment d'accomplir un acte aussi solennel que celui de jouer sa vie, lisait tranquillement sa correspondance du matin.

Sa figure, au reste, que l'on pouvait parfaitement voir, puisqu'il était nu-tête et que son chapeau lui servait de pupitre, sa figure n'était pas plus animée que s'il eût fait une addition ; sa main courait sur le papier, sans trouble, sans agitation, comme s'il eût été assis dans son fauteuil de cuir, devant son bureau, à côté de sa caisse.

Et cette sérénité lui venait évidemment de ce qu'il ne croyait point à sa mort. En effet, c'est une force toute-puissante que cette foi dans la destinée que la Providence donne aux grands ambitieux et aux fous, et qui les fait, aveuglément, sans dévier de leur route, sans broncher aux pierres du chemin, marcher droit à leur but. Nous avons tous, à peu près, conscience de la tâche que nous avons à remplir ici-bas, et celui qui en a la conscience intime peut regarder en souriant la mort qui vient de son côté ; car, à coup sûr, la mort passera près de lui s'il n'a pas accompli son œuvre.

C'est ce qui explique le calme des grands conquérants en face du danger.

A neuf heures précises, les trois jeunes gens arrivèrent sur le terrain, M. de Valgeneuse d'un air nonchalant, les deux témoins d'un air plus grave qu'on n'eût dû l'attendre de personnages si légers.

En même temps, au bout de l'avenue, apparaissait un courrier qui arrivait à grande course de cheval.

Il apportait les ordonnances qu'attendait M. de Marande.

Les jeunes gens jetèrent un regard sur le cavalier ; mais, reconnaissant que celui-ci avait affaire au banquier, ils n'y firent pas autrement attention.

— Nous voici, dit le créole en s'avançant vers les deux généraux ; nous regrettons de vous avoir fait attendre.

— Vous n'avez point de regrets à exprimer, messieurs : vous n'êtes jamais en retard, répondit assez sèchement le général Herbel, qui se souvenait des impertinences de la veille.

— En ce cas, nous sommes à vos ordres, dit le second témoin de M. de Valgeneuse.

Ce dernier allait traverser le fourré où il se trouvait pour laisser les témoins s'entendre, quand il aperçut Salvator.

Il frissonna involontairement, en faisant siffler d'une manière fébrile le petit jonc à pomme de lapis-lazuli qu'il tenait à la main.

— Ah! ah! vous ici! dit-il dédaigneusement en regardant Salvator.

— Moi-même, répondit gravement celui-ci.

— Messieurs, dit Lorédan en se tournant vers ses témoins, je ne sais si l'on a voulu nous faire insulte en amenant ce commissionnaire; mais, à moins qu'il ne soit venu pour emporter le blessé sur ses crochets, je le récuse comme témoin.

— Je ne suis pas venu comme témoin, monsieur, dit froidement Salvator.

— Comme amateur, alors?

— Non, comme chirurgien, et tout à votre service.

M. de Valgeneuse se retourna d'un air de mépris, et s'éloigna en haussant les épaules.

Les quatre témoins déposèrent, à quelques pas de M. de Marande, les boîtes de pistolets qu'ils tenaient à la main.

M. de Marande, placé à l'endroit où il devait essuyer le feu, avait le genou en terre, et, avec une plume qu'il trempait dans un encrier que lui tenait le courrier, signait les ordonnances après les avoir lues hâtivement.

En voyant ces deux hommes à ce moment suprême, l'un froidement occupé à continuer sa besogne journalière, l'autre fiévreux, agité, cherchant à dissimuler son trouble, il n'eût pas été difficile de dire lequel de ces deux hommes était le brave et le fort.

Salvator les examinait tous les deux, philosophant sur cette grave question de savoir quel est le plus sot, du monde qui commande le duel, ou de l'homme qui se soumet à ce commandement.

— Ainsi, pensait-il, la balle distraite de ce fat peut trancher la vie de ce fort. Voici un homme qui a fait de grands travaux dans sa sphère, qui a élucidé les questions financières les plus épineuses, un homme qui a été utile à son pays enfin, et qui peut l'être longtemps encore ; voici, d'un autre côté, un cerveau vide, un cœur mauvais, un être non-seulement inutile à ses semblables, mais encore malfaisant dans ses actes, dangereux par son exemple, un méchant enfin ; voici ces deux hommes en présence, et, tout à l'heure, peut-être la sottise aura tué l'intelligence, la faiblesse aura vaincu la force ; Arimane l'aura emporté sur Oromaze... Et nous sommes au xixe siècle, et nous croyons encore au jugement de Dieu !

En ce moment, le général Herbel s'approcha de M. de Marande.

— Monsieur, dit-il au banquier, ayez la bonté de vous préparer.

— Mais, dit M. de Marande, je suis tout prêt.

Et il continua de lire et de signer les ordonnances.

— Vous ne m'entendez pas, reprit le général en souriant ; je vous dis de vous relever et de vous tenir debout.

— M. de Valgeneuse va-t-il faire feu ?

— Non ; mais, pour que la circulation s'établisse, pour que votre sang reprenne son équilibre, que votre posture a distrait...

— Ah ! bah ! dit M. de Marande en hochant la tête.

— Demandez à notre chirurgien, dit le général en regardant Salvator.

— Cela vaudrait mieux, répondit celui-ci en faisant un pas vers le banquier.

— Croyez-vous donc que mon sang soit agité ?... reprit M. de Marande. Parole d'honneur, si j'avais le temps, je vous donnerais mon pouls à tâter, et vous verriez qu'il n'a pas deux pulsations de plus à la minute.

Il montra ce qui lui restait de ses ordonnances.

— Mais, par malheur, ajouta-t-il, il faut que tous ces papiers soient lus et signés d'ici à cinq minutes.

— C'est insensé, ce que vous faites ! dit le général ; le mouvement que vous donnez à votre main vous empêchera d'ajuster.

— Bah ! répondit avec insouciance M. de Marande en parafant ses papiers, je ne crois pas qu'il me tue, général ; ni vous non plus, n'est-ce pas ? Faites donc charger les pistolets. Veillez à ce qu'on n'oublie pas les balles, et mesurez les quarante pas.

Le général Herbel courba la tête sans répondre et rejoignit les témoins.

Salvator regarda le banquier d'un air plein d'admiration.

On était convenu de se battre à quarante pas, chacun pouvant en faire quinze pour se rapprocher de son adversaire.

Les pistolets visités et chargés, on mesura les pas.

M. de Valgeneuse se trouvait sur la route du général Pajol, qui les mesurait.

— Pardon, monsieur, dit celui-ci à Lorédan, soyez assez bon pour me laisser passer.

— Faites, monsieur, dit Lorédan en pirouettant sur les talons et en faisant sauter avec sa badine les étoiles de givre étincelant à la cime des hautes herbes, qu'il décapitait comme Tarquin.

— Drôle! murmura le général.

Et il continua de mesurer la distance.

Les pas mesurés, on répéta les conventions à M. de Valgeneuse en lui remettant son pistolet.

Au troisième coup frappé dans la main, les adversaires pouvaient marcher l'un sur l'autre ou tirer de leur place, à leur fantaisie.

— Très-bien, messieurs, dit M. de Valgeneuse en jetant sa badine à terre. Je suis tout prêt.

— Quand vous voudrez, monsieur, dit le comte Herbel à M. de Marande, en lui présentant le pistolet.

— Mais quand M. de Valgeneuse voudra lui-même, dit celui-ci en prenant le pistolet, en le passant sous son bras gauche et en se remettant à signer.

— Mais voici...

— N'avons-nous pas le droit, M. Lorédan et moi, de faire chacun quinze pas au-devant l'un de l'autre et de tirer à volonté?

— Oui, répondit le général.

— Eh bien, qu'il les fasse et qu'il tire, je tirerai après. Vous le voyez, je n'ai plus que deux ordonnances à signer.

— Vous allez vous faire tuer comme un lièvre au gîte, dit le général.

— Lui! répondit M. de Marande en levant sur le comte deux yeux où rayonnaient la certitude du résultat; lui! répéta-t-il. Je vous parie cent louis, général, que la balle ne m'effleurera même pas... Donc, quand vous voudrez, général.

— C'est bien décidé ?

— Le roi attend, dit M. de Marande en signant son avant-dernière ordonnance et en commençant de lire la dernière.

— Il n'en démordra pas, murmura Salvator.

— C'est un homme mort, dit le général Pajol.

— Il faut voir, fit le comte Herbel, que la confiance du banquier commençait à gagner.

Et ils démasquèrent M. de Marande, qui resta appuyé sur un genou, ayant à son côté son domestique, qui lui tenait l'encrier.

— Ah çà ! dit M. de Valgeneuse, est-ce que notre adversaire compte se battre dans la posture de la Vénus accroupie ?

— Levez-vous, s'il vous plaît, monsieur, dirent à la fois les deux témoins de Lorédan.

— Puisque vous le voulez absolument, messieurs..., dit le banquier.

Et il se leva.

— Donne-moi une plumée d'encre, Comtois, et range-toi à l'écart, dit M. de Marande à son domestique.

Puis, se tournant vers M. de Valgeneuse :

— Je suis debout, monsieur, et tout à vos ordres, dit-il, mais sans cesser de lire l'ordonnance.

— C'est une mystification ! s'écria M. de Valgeneuse en faisant mine de jeter son pistolet.

— Nullement, monsieur, répondit le général Herbel ; nous allons donner le signal : marchez et tirez.

— Mais cela ne se fait pas, dit Lorédan.

— Vous voyez bien que si, dit le second témoin de M. de Marande en montrant celui-ci, qui, son pistolet sous le bras et sa plume entre les lèvres, achevait tranquillement de lire son ordonnance avant de la signer.

— Je vous préviens que toute cette comédie ne me touche pas le moins du monde, et que je vais tuer monsieur comme un chien, dit M. de Valgeneuse en grinçant des dents.

— Je ne crois pas, monsieur, répondit le comte.

Lon rédabaissa les yeux sous le regard sinistre du général,

— Eh bien, monsieur, dit M. de Marande sans lever la tête, quand vous voudrez!

— Donnez le signal, fit Lorédan.

Les témoins se regardèrent afin d'agir avec ensemble.

On devait frapper trois coups.

Au premier, les adversaires armeraient le pistolet; au second, ils se mettraient au port d'armes; au troisième, ils marcheraient l'un sur l'autre.

Au premier coup, M. de Marande passa, en effet, la main droite sous son bras gauche, et arma le pistolet.

Mais, au second coup et au troisième, il ne fit d'autre mouvement que de prendre la plume à sa bouche et de s'apprêter à signer.

— Hum! hum! toussa le général Pajol pour prévenir M. de Marande que le moment était arrivé, et que son adversaire marchait sur lui.

En ce moment, M. de Marande avait achevé de lire, de signer, de parafer sa dernière ordonnance. Il la laissait tomber de la main gauche tandis que, de la droite, il jetait la plume.

Il releva la tête, et, de ce mouvement, rejeta en arrière ses cheveux, qui reprirent sur son front le pli qu'ils avaient l'habitude de tenir.

Sa figure était calme jusqu'à la sérénité.

— Les cent louis tiennent-ils, général? demanda-t-il en souriant, et sans effacer la moindre partie de son corps.

— Oui, dit le comte, et puissé-je les perdre!

En ce moment, Lorédan avait atteint sa limite; il fit feu.

— Vous avez perdu, général, fit M. de Marande.

Et, prenant son pistolet sous son bras, il tira sans paraître ajuster.

M. de Valgeneuse tourna sur lui-même et tomba la face contre terre.

— Eh bien, dit le banquier en jetant son pistolet et en ramassant son ordonnance, je n'ai pas tout à fait perdu ma journée. A neuf heures un quart du matin, j'ai gagné cent louis, et débarrassé la terre d'un drôle.

Pendant ce temps, Salvator s'était précipité, suivi des deux jeunes gens, au secours du blessé.

M. de Valgeneuse, les poings crispés, le visage livide, la

bouche frangée d'une écume de sang, se roulait sur l'herbe, les regards égarés et à moitié éteints.

Salvator ouvrit l'habit, le gilet, déchira la chemise du blessé et découvrit la plaie.

La balle était entrée au-dessous de la mamelle droite, et sans doute, en traversant la poitrine, avait été chercher le cœur.

Aussi, après avoir regardé attentivement la blessure, Salvator se releva-t-il sans prononcer une parole.

— Y a-t-il danger de mort? demanda Camille de Rozan.

— Il y a plus que danger, il y a mort, dit Salvator.

— Comment! pas d'espérance? demanda le second témoin.

Salvator jeta encore un regard sur le blessé et secoua négativement la tête.

— Ainsi, vous affirmez, demanda Camille, que notre ami ne survivra pas à sa blessure?

— Pas plus, monsieur, dit sévèrement Salvator, que Colomban n'a survécu à sa douleur.

Camille tressaillit et fit un pas en arrière.

Salvator salua et rejoignit les deux généraux, qui l'interrogèrent sur l'état du blessé.

— Il n'a pas dix minutes à vivre, répondit Salvator.

— Vous ne pouvez rien pour lui? demandèrent les deux témoins.

— Rien absolument.

— Alors, que Dieu ait pitié de lui! dit M. de Marande, et partons, car le roi attend.

CXXXI

Symphonie pastorale.

La ville d'Amsterdam, qui pourrait bien devenir un jour le grand port central du monde si on y parlait une autre langue que le hollandais, est une Venise gigantesque. Mille canaux étreignent le bas de ses maisons comme de longs rubans de moire ; mille rayons de couleurs éclatantes étincellent au faîte de leurs toits.

Certes, une maison peinte en rouge, ou en vert, ou en jaune, est une maison prétentieuse, une maison laide, vue isolément ; mais toutes ces couleurs réunies s'harmonisent délicieusement entre elles et font de cette grande ville un immense arc-en-ciel de pierre.

Puis, non-seulement la couleur, mais encore la forme de toutes ces maisons est agréable, tant elle offre de variété, d'originalité, d'inattendu, de pittoresque. En un mot, on dirait que tous les élèves de la grande école de peinture hollandaise ont peint eux-mêmes leur ville, pour le plaisir de leurs yeux, d'abord, et ensuite pour le plus grand agrément des voyageurs.

Si, d'un côté, la ville d'Amsterdam, par ses mille canaux, ressemble à Venise, d'un autre côté, par ses couleurs éclatantes, elle ressemble à une ville chinoise, comme on se l'imagine, du moins, c'est-à-dire à de grands magasins de porcelaine. Chaque habitation, vue à quelques pas, ressemble, en effet, à ces maisons fantastiques qui étalent leur architecture naïve au deuxième plan de nos tasses à thé. On n'en franchit le seuil qu'avec crainte, tant leur apparente fragilité vous trouble à première vue.

Or, si l'habit ne fait pas le moine, l'habitation fait l'habitant. Il est impossible de n'être pas calme, tranquille, honnête, dans ces honnêtes et sereines maisons. Du haut en bas de la ville, il passe sur le voyageur un souffle de placidité qui lui fait désirer de vivre et de mourir là. Si celui qui, en voyant Naples, a dit le premier : « Voir Naples et mourir, » eût vu Amsterdam, il eût certainement dit : » Voir Amsterdam et vivre ! »

Telle était, du moins, l'opinion des deux amoureux que nous avons appelés Justin et Mina, et qui vivaient paisiblement en Hollande, comme deux colombes dans un nid.

Ils s'étaient logés d'abord dans un des faubourgs de la ville ; mais le propriétaire de la maison ne pouvait leur louer qu'un appartement dont toutes les pièces contiguës communiquaient, et cette vie côte à côte n'atteignait pas le but indiqué par Salvator, et vers lequel Justin tendait de tous ses vœux.

Provisoirement, ils occupèrent cet appartement, et le maître d'école se mit en quête d'un pensionnat pour Mina, mais inutilement. Les institutrices françaises étaient rares, et ce qu'elles enseignaient, la fiancée de Justin eût pu l'enseigner aussi bien qu'elles. Ce fut l'avis de madame van Slyper, la maîtresse du plus grand pensionnat d'Amsterdam.

C'était une femme excellente que madame van Slyper. Fille d'un commerçant de Bordeaux, elle avait épousé un riche armateur hollandais, nommé van Slyper, dont elle avait eu quatre filles. A la mort de M. van Slyper, elle avait fait venir de France une jeune fille assez instruite pour enseigner à ses enfants les notions préliminaires de la langue française.

Des voisines avaient supplié madame van Slyper de leur confier son institutrice pour l'éducation de leurs filles ; mais, peu à peu, le nombre des voisines s'était tellement accru, que les quatre jeunes van Slyper ne voyaient plus leur institutrice qu'à de rares intervalles.

Un soir, madame van Slyper assembla ses voisines, et les prévint qu'à partir du mois suivant, elle n'autoriserait plus son institutrice à aller donner des leçons de français aux enfants des autres, au détriment de ses propres enfants, dont l'éducation commençait à souffrir visiblement.

— Ah ! dit une des voisines qui avait cinq filles (nul citoyen du monde ne sait peupler comme un Hollandais), ah! dit la voisine aux cinq filles, n'y aurait-il pas moyen d'arranger les choses à notre contentement et au vôtre?

— Je ne vois aucun moyen, répondit madame van Slyper.

— Si, au lieu d'envoyer votre institutrice chez nous, reprit la voisine, nous envoyions nos enfants chez vous?

— Bien dit! s'écrièrent toutes les voisines.

— Y pensez-vous? dit madame van Slyper. Ma maison est-elle assez vaste pour donner asile à une trentaine d'enfants, outre que ce serait la transformer en véritable pensionnat?

— Eh bien, où serait le mal? La profession de maîtresse de pension n'est-elle pas une des professions les plus nobles, les plus respectables?

— J'en conviens; mais jamais ma maison ne sera assez grande.

— Vous en louerez une autre.

— Comme vous y allez, voisine!

— J'y vais comme on va quand on veut arriver.

— J'y réfléchirai, dit madame van Slyper.

— C'est tout réfléchi, reprit la voisine; que rien ne vous inquiète; je fais les fonds de la maison; je m'associe avec vous. Je vous demande huit jours pour vous trouver la maison et l'approprier; est-ce dit?

— Mais, objecta madame van Slyper, à laquelle ne répugnait nullement cette idée, mais que la façon expéditive de procéder de la voisine inquiétait tant soit peu, mais permettez-moi au moins de me consulter, de me recueillir.

— Pas un instant! s'écria la voisine; les grandes résolutions demandent à être prises sans réflexion. N'est-ce pas votre avis? ajouta-t-elle en se tournant vers ses compagnes.

Toutes les voisines firent chorus avec elle.

Et voilà comment madame van Slyper devint maîtresse d'un des plus grands pensionnats de la ville d'Amsterdam.

Elle dirigeait le pensionnat depuis dix-huit mois environ, au moment où Justin se présenta chez elle.

Au bout d'une demi-heure de conversation, elle savait de Justin et de Mina tout ce que le maître d'école avait jugé à propos de lui en raconter.

En voyant la parfaite distinction, la modeste tenue, l'urbanité, la grâce décente et la profonde instruction de Justin, en apprenant la laborieuse étude qu'il avait faite, depuis des années, de l'éducation des enfants, madame van Slyper n'eut qu'une idée, qu'un désir, qu'un rêve, ce fut d'embaucher Justin comme maître de français de son pensionnat.

L'institutrice, chargée d'une trentaine de jeunes filles, n'en pouvait accepter davantage; en outre, son bagage scientifique, déjà fort léger, menaçait de s'épuiser. Elle en avait fait l'aveu loyal à madame van Slyper, et celle-ci lui avait promis de demander en France une autre institutrice pour l'enseignement supérieur.

L'arrivée de Justin semblait donc providentielle, et la maîtresse de pension l'accueillit avec un bonheur véritable.

Elle fut au comble de la joie en apprenant que la pensionnaire qu'on lui offrait de prendre chez elle pouvait elle-même, à défaut de Justin, enseigner aux jeunes filles l'histoire, la géographie, la botanique, l'anglais et l'italien.

Malheureusement, cela ne faisait pas l'affaire de Justin.

— Monsieur, s'écria madame van Slyper au moment où le jeune homme, désespéré de ne pouvoir rien conclure avec elle, allait se retirer, monsieur, voulez-vous m'accorder encore quelques moments d'entretien?

— Avec plaisir, madame, répondit Justin en se rasseyant.

— Monsieur, reprit madame van Slyper, quel est votre but en mettant cette jeune fille ici?

— Je vous l'ai dit, madame : attendre ou des nouvelles de son père, ou sa majorité pour l'épouser.

— Elle n'a donc pas de famille?

— Elle n'a qu'une famille adoptive, la mienne : ma mère, ma sœur et moi.

— Qui vous empêche alors, puisque vous avez l'intention de vous établir et de vous fixer à Amsterdam jusqu'à la majorité de cette jeune fille, de me la confier tout à fait?

— J'aurais voulu, répondit Justin, qu'elle achevât son éducation, qui est déjà excellente, sans doute, mais qui n'est pas entièrement terminée. Or, vous m'avez avoué vous-même que l'instruction de votre institutrice n'était pas suffisante pour arriver à ce résultat?

— Sans doute, monsieur; mais, si je trouvais une personne qui pût achever l'éducation de mademoiselle Mina, consentiriez-vous à me la confier?

— Avec plaisir, madame.

— Eh bien, monsieur, je crois que j'ai trouvé.

— Est-il possible ?

— Cela dépend de vous uniquement.

— Que voulez-vous dire ?

— Le prix de la pension est de mille francs par an. Trouvez-vous ce prix trop élevé pour votre fortune ?

— Non, madame.

— Combien donne-t-on, à Paris, à un instituteur pour trois leçons par semaine ?

— Mille à douze cents francs.

— Eh bien, monsieur, voici ce que je vous propose : devenez le maître de français de la pension ; vous me donnerez six heures par semaine, et je vous donnerai douze cents francs par an. De cette façon, vous serez à même, une fois dans l'institution, de continuer à votre gré l'éducation de mademoiselle Mina.

— C'est un rêve, madame! s'écria Justin ravi.

— Il dépend de vous d'en faire une réalité.

— Pour cela, que faut-il faire, madame?

— Accepter simplement ce que je vous propose.

— De tout mon cœur, madame, et d'un cœur ému par la plus profonde reconnaissance.

— C'est donc convenu? dit madame van Slyper. Maintenant, parlons de mademoiselle Mina. Croyez-vous qu'elle consente à partager avec mon institutrice l'instruction rudimentaire de mes jeunes élèves?

— Je me fais garant de son consentement, madame.

— Eh bien, je vous offre pour elle six cents francs d'appointements, et je lui donne la table et le logement chez moi pour rien. Cela vous paraît-il devoir lui convenir ?

— Oh! madame, s'écria Justin avec les yeux pleins de larmes de bonheur, je ne puis vous exprimer combien votre bonté me touche ; mais je mets une condition à vos bienfaits.

— Parlez, monsieur, répondit madame van Slyper redoutant la rupture du marché.

— C'est qu'au lieu de vous donner six heures par semaine, reprit Justin, je vous donnerai deux heures par jour.

— Je ne puis accepter, dit la maîtresse de pension toute

confuse ; deux heures de leçon par jour, ce serait un travail tout à fait pénible.

— Le travail de l'enseignement est semblable au travail de la terre, dit Justin : chaque goutte de sueur produit une fleur charmante. Acceptez, madame ; autrement, rien de fait. Il me semblerait tout recevoir et ne rien donner.

— Il faut bien en passer par où vous voulez, monsieur, dit madame van Slyper en tendant la main au jeune homme.

Le lendemain, Mina était installée au pensionnat, et, le surlendemain, les deux fiancés commençaient leur première leçon.

A partir de ce moment, ce fut un songe d'or quotidien. Leur chaste amour, contenu depuis si longtemps, sortit précipitamment de leur cœur, et s'épanouit vigoureux, luxuriant comme un beau cactus au soleil. Se voir tous les jours, presque à toute heure, après avoir été si longtemps séparés ! se séparer et se retirer chacun chez soi avec le souvenir de s'être vus et la douce espérance de se revoir ! être sûrs de s'aimer, se le dire, se le répéter, se le redire encore ! avoir la même pensée le jour, le même rêve la nuit ! marcher, pour ainsi dire, entre deux haies en fleur, les mains dans les mains, les yeux sur les yeux, la bouche pleine de chansons, le cœur plein de fêtes ! s'aimer en un mot ! s'aimer sincèrement, également ; avoir des cœurs battant comme des pendules montées par la clef d'or de l'amour et sonnant la même heure joyeuse, telle était la situation des deux jeunes gens.

Si les jours de la semaine s'égrenaient délicieusement comme un collier de perles blanches, le dimanche faisait tomber de sa corne d'abondance sur leur front ses couronnes de fleurs les plus rares.

Madame van Slyper possédait, aux environs d'Amsterdam, près du gracieux petit village de Huizen, une maison de campagne dans laquelle elle conduisait, le dimanche, celles de ses pensionnaires que leurs parents laissaient à la pension.

C'était une charmante maison, pleine de ces fleurs et de ces oiseaux exotiques dont les Hollandais semblent avoir le privilége.

Des fenêtres, on avait sous les yeux le tableau ravissant

d'une plaine ondulée comme le Zuiderzée sous le souffle du nord ; de nombreux bouquets de taillis de chêne sortaient de terre et balançaient leurs panaches ; ce qui, de loin, dans cette immense plaine, les faisait ressembler à des îles flottantes dans une mer d'émeraude. Au sud-ouest, à travers des brumes légères, apparaissait, comme un grand bouquet dans un vase, la ville aux mille couleurs, Amsterdam rayonnant. A l'est, Huizen, Blaricum et d'autres joyeux petits villages, le front ombragé par les arbres et le pied baigné du soleil. Au nord, une colline en fleurs, descendant doucement jusqu'au Zuiderzée, où mille bâtiments de toutes les espèces et de toutes les dimensions, de toutes les formes et de toutes les couleurs, se croisaient sur la surface calme et polie des flots, si bien que la plaine à droite semblait une mer, et que la mer à gauche semblait une plaine.

C'était un véritable paysage hollandais, plein de douceur et de charme; tout y était harmonieux. Vainement l'œil ou l'oreille eût cherché une couleur ou un son discordant; le monde entier eût dû avoir sa limite à l'horizon de ce coin de terre. Il se bornait là pour nos deux amoureux. Sans doute, la mère et la sœur de Justin manquaient à ce tableau ; sans doute, Mina était orpheline; mais on avait déjà reçu des lettres de madame Corbin, de la sœur Céleste et de Salvator. Les lettres de la mère et de la sœur étaient pleines de bonheur; l'esprit de la mère était tranquille; la santé de la sœur était bonne; la lettre de Salvator était pleine de promesses; il ne fallait donc pas songer à s'affliger et à ne pas jouir des félicités sérieuses qu'offrait à pleines mains la Providence.

Tous les dimanches qu'ils passèrent, en compagnie des pensionnaires, à la maison de campagne de madame van Slyper, furent autant de fêtes douces pour les fiancés; ils en savouraient les délices avec la joie des nouveau-nés en voyant la lumière, ou la volupté des oiseaux en essayant leurs ailes.

La ferme, attenante à la maison de campagne, était peuplée de vaches, de chèvres et de brebis; ils jouaient naïvement au berger et à la bergère, et ils conduisaient paître les troupeaux avec la simplicité et la grâce des bergers de Théocrite et de Virgile.

Pour tout dire, leur vie fut une longue idylle, une délirante églogue, semblable aux vraies idylles du dimanche. Leur cœur joua à l'unisson le concert amoureux du premier jour de mai, qu'on appelle la *symphonie pastorale*.

Tout l'été se passa ainsi. Pendant l'hiver, si la nature ne mêla pas sa poésie aux poésies de leurs âmes, ils ne savourèrent pas moins les délices du foyer de madame van Slyper.

On continuait, même pendant la mauvaise saison, à aller à la maison de campagne, qui, hermétiquement fermée et admirablement chauffée, rappelait en plein automne, par les mille fleurs de la serre, les jours les plus chauds et les plus lumineux de l'été.

Dans les premiers jours de janvier, un dimanche que toutes les pensionnaires, Justin, Mina et la maîtresse de pension étaient à causer dans la serre, qui, pendant l'hiver, servait de salon, le domestique annonça à Justin que deux messieurs venant de Paris, de la part de M. Salvator, demandaient à lui parler.

Justin et Mina tressaillirent.

Ces deux messieurs, nous ne croyons pas l'apprendre aux lecteurs, étaient le général Lebastard de Prémont et M. Sarranti.

CXXXII

Symphonie sentimentale.

Justin suivit le domestique, et, arrivé dans la salle à manger, il aperçut deux hommes de haute taille, l'un enveloppé dans un long manteau, l'autre couvert de la tête aux pieds d'une immense polonaise.

Celui-ci, voyant entrer Justin, alla à lui et le salua profondément, et, abattant le collet de sa houppelande, montra sa belle et fière tête, un peu fatiguée sans doute, mais pleine de noblesse et d'énergie.

C'était le général Lebastard de Prémont.

L'autre, celui qui était enveloppé d'un long manteau, s'inclina de loin, respectueusement, mais sans bouger de place.

Le maître d'école leur montra des chaises et leur fit signe de s'asseoir.

— Comme votre domestique a dû vous l'apprendre, dit le général, je viens de la part de M. Salvator.

— Comment va-t-il? s'écria Justin. Il y a plus d'un mois qu'il ne m'a donné de ses nouvelles.

— C'est qu'il a eu beaucoup de tracas et de soucis depuis un mois, répondit le général, sans parler des travaux politiques auxquels il a dû se livrer, à la veille des élections. Vous avez appris sans doute que c'est à sa patiente et intelligente persistance que je dois la vie de mon ami Sarranti?

— Nous avons appris cette heureuse nouvelle hier, dit Justin, et j'aurais voulu être à Paris pour aller féliciter M. Sarranti.

— Ce serait un voyage inutile, dit en souriant le général, vous ne le trouveriez pas à Paris.

— L'a-t-on exilé? demanda Justin.

— Pas encore, répondit mélancoliquement le général, mais cela viendra peut-être... Pour le moment, il est en Hollande.

— J'irai le voir, s'empressa de dire Justin.

— Vous n'aurez pas loin à aller, répondit le général en se retournant du côté de M. Sarranti et en le montrant du doigt: le voici.

M. Sarranti et le maître d'école se levèrent en même temps, et, arrivés l'un près de l'autre, s'embrassèrent fraternellement.

Le général reprit la parole.

— Je vous ai dit que je venais de la part de notre ami Salvator, et voici une lettre de lui à l'appui de mon dire; mais je ne vous ai pas encore appris qui je suis; vous ne me reconnaissez pas?

— Non, monsieur, répondit Justin.

— Regardez-moi bien; vous ne vous souvenez pas de m'avoir jamais vu?

Justin fixa son regard sur le général, mais vainement.

— Vous m'avez vu cependant, reprit le général, et dans une nuit bien mémorable pour tous deux, car vous retrouviez votre fiancée, et moi, sans le savoir, j'embrassais pour la première fois ma...

Justin l'interrompit.

— J'y suis! s'écria-t-il vivement. Je vous ai vu la nuit de mon départ, dans le parc du château de Viry; c'est vous qui nous avez sauvés avec Salvator! je vous reconnais maintenant comme si je ne vous avais jamais quitté; vous êtes le général Lebastard de Prémont.

Et, en achevant ces mots, il alla tomber, pour ainsi dire, dans les bras du général, qui l'embrassa étroitement en murmurant avec émotion :

— Justin! mon ami! mon cher ami! mon...

Il s'arrêta, il avait envie de dire *mon fils!*

Justin, sans en comprendre la cause, se sentit saisi d'une émotion indéfinissable.

Il regarda M. Lebastard de Prémont; celui-ci avait les yeux remplis de larmes.

— Mon ami, reprit-il, Salvator vous a-t-il jamais parlé du père de Mina?

— Non, répondit le jeune homme en regardant le général avec étonnement.

— Il vous a dit, du moins, continua le général, que ce père était vivant?

— Il m'en a donné l'espérance; le connaîtriez-vous, général?

— Oui, murmura sourdement le général. Et qu'avez-vous pu penser d'un père qui abandonnait ainsi son enfant?

— J'ai pensé qu'il était malheureux, répondit simplement le jeune homme.

— Oh! bien malheureux! dit M. Sarranti en hochant lentement la tête.

— Ainsi, reprit le général, vous ne l'avez pas accusé?

— Jamais homme ne fut plus digne d'être plaint, murmura avec tristesse M. Sarranti.

Le maître d'école regarda le Corse comme il avait regardé le général. Un secret instinct lui disait que l'un de ces deux hommes était le père de Mina; mais lequel des deux? Ses yeux allaient de l'un à l'autre, et cherchaient à saisir sous la figure les battements du cœur.

— Le père de Mina est de retour, continua le général, et, d'un instant à l'autre, il va venir vous redemander sa fille.

Le jeune homme frissonna. Ces derniers mots lui semblaient menaçants.

Le général surprit le frisson de Justin, et comprit sa secrète terreur; loin de la calmer, il l'augmenta, en lui disant d'une voix qu'il essaya de rendre calme:

— Quand le père de Mina va vous redemander sa fille, vous la lui rendrez pure... sans regrets... sans remords... n'est-ce pas?

— Sans remords, oui! jura solennellement le jeune homme. Sans regrets, non, non! ajouta-t-il d'une voix émue.

— Vous l'aimez beaucoup?... ajouta le général.

— Profondément! répondit Justin.

— Comme une sœur? demanda le père de Mina.

— Plus qu'une sœur! répondit le maître d'école en rougissant.

— Et, l'aimant... ainsi, vous affirmez que le père de Mina n'a pas à rougir de cette affection?

— Je le jure! répondit le jeune homme en levant les mains et les yeux au ciel.

— En d'autres termes, reprit le général, Mina sera digne de l'époux que son père lui destine?

Justin trembla de tous ses membres et ne répondit pas: il baissa la tête.

M. Sarranti regarda le général d'un air suppliant. Ce regard signifiait: « L'épreuve est trop forte, c'est assez faire souffrir le pauvre garçon. »

Entre un arrêt de vie et un arrêt de mort, il y a une série d'émotions indéfinissables; tout ce qui vit en nous est surexcité, tendu, douloureux; l'âme et le corps reçoivent en même temps la secousse et sont ébranlés à l'unisson.

C'était ce qu'éprouvait Justin, après avoir entendu ces paroles: *L'époux que son père lui destine!*

En un instant, toute sa vie, depuis le soir où il avait trouvé la petite fille endormie dans les blés, jusqu'au moment où, joyeux, souriant, heureux et causant amoureusement des yeux avec elle, il avait entendu le domestique lui annoncer que deux voyageurs, venus de Paris, demandaient à lui parler de la part de Salvator, toute sa vie repassa devant lui, grain à grain, feuille à feuille, goutte à goutte, minute par minute; il en retrouva toutes les saveurs, il en respira tous les parfums, il en entendit toutes les chansons, et puis, de la forêt enchantée de l'espérance, il tomba tout à coup précipitamment, sans transition, dans le sombre précipice du doute.

Il releva la tête, pâle, les lèvres frémissantes, et il regarda ses deux visiteurs avec des yeux où se peignait une terreur suprême.

Le général se sentit atteint lui-même par la douleur que ressentait le jeune homme; cependant une dernière épreuve lui sembla nécessaire, et il reprit, malgré les muettes supplications de M. Sarranti :

— Vous avez élevé comme votre propre sœur mademoiselle Mina. Son père, par ma bouche, vous en remercie et vous bénit comme son propre fils. Supposez, toutefois, que, par suite de revers de fortune, par un engagement solennel envers une famille, il ait promis sous serment la main de sa fille, quelle serait votre conduite en cette circonstance? Répondez-moi comme vous répondriez au père de Mina, car c'est lui qui vous adresse ces paroles par ma bouche. Que feriez-vous ?

— Général, balbutia Justin, qui suffoquait, depuis la mort de mon père, j'ai été habitué à souffrir : je souffrirais.

— Et vous ne vous révolteriez pas contre la cruauté de ce père ?

— Général, répondit noblement le jeune homme, au-dessus des amants il y a les pères, comme au-dessus des pères il y a Dieu. Je dirais à Mina : « Dieu vous avait confiée à moi en l'absence de votre père; votre père est de retour, retournez donc à lui. »

— Mon fils! mon fils! s'écria le général, qui ne put retenir ses larmes, en se levant et en tendant les bras au jeune homme.

Justin poussa un cri perçant et tomba dans les bras de M. Lebastard de Prémont en bégayant :

— Mon... mon... mon... père!...

Puis, s'arrachant à l'étreinte du général, il sauta précipitamment vers la porte d'entrée, en criant de toutes ses forces :

— Mina! Mina!

Mais le général, aussi prompt que lui, l'arrêta au moment

où il prenait le bouton de la porte, et, lui mettant la main sur la bouche :

— Silence! dit-il; n'avez-vous pas peur de l'émotion que va lui causer cette nouvelle?

— Le bonheur ne fait pas de mal, dit Justin, dont le visage étincelait de joie; voyez-moi!

— Vous! vous êtes un homme, mon ami, dit le général; mais une jeune fille, une enfant, car c'est presque encore une enfant... Est-elle belle?

— Comme une vierge!...

— Et..., demanda en hésitant M. Lebastard de Prémont, et... elle est ici, puisque vous l'appeliez?...

— Oui, je vais la chercher, répondit le maître d'école. Je me reprocherais de lui ravir une minute de plus de son bonheur.

— Oui, allez la chercher..., dit le général d'une voix que l'émotion faisait vibrer; mais promettez-moi de ne pas lui dire qui je suis; je veux le lui dire moi-même... quand elle sera préparée, quand je le jugerai convenable. N'est-ce pas mieux de cette façon? ajouta-t-il en regardant à la fois le jeune homme et M. Sarranti.

— A votre volonté, répondirent ceux-ci.

— Allez donc!

Justin sortit, et, un instant après, introduisit Mina dans la salle à manger.

— Mon amie, dit-il, je te présente deux amis à moi, qui seront les tiens avant peu.

Mina salua gracieusement les deux visiteurs.

Le général, en voyant entrer cette ravissante créature qui était sa fille, sentit battre si violemment son cœur, qu'il pensa s'évanouir; il s'appuya contre le bahut de la salle à manger, et regarda longuement la jeune fille, les yeux humides de bonheur.

— Ces deux amis, continua Justin, t'apportent une bien bonne nouvelle à laquelle tu ne peux pas t'attendre, la meilleure nouvelle qu'on puisse t'apporter.

— Ils vont me parler de mon père! s'écria la jeune fille.

Le général sentit deux larmes couler lentement le long de ses joues.

— Oui, mon amie, répondit Justin, ils t'apportent des nouvelles de ton père.

— Vous avez connu mon père? demanda la jeune fille en regardant les deux hommes à la fois comme pour ne pas perdre une seule syllabe de leur réponse.

Les deux amis, sans parler, — ils étaient trop émus pour répondre, — firent de la tête un signe affirmatif.

Cette réponse muette, dont elle ne put pas comprendre la cause, produisit dans le cœur de Mina une pénible émotion, et ce fut d'une voix pleine de tristesse qu'elle s'écria :

— Mon père vit encore, n'est-ce pas?

Les deux amis firent un nouveau signe affirmatif.

— Alors, parlez-moi bien vite de lui! s'empressa de dire Mina. Où est-il? M'aime-t-il?

Le général passa la main sur son visage, et, offrant une chaise à la jeune fille, il s'assit en face d'elle, mais en gardant ses mains dans les siennes.

— Votre père vit et vous aime, mademoiselle, et je vous l'aurais dit le soir où vous vous êtes enfuie du parc de Viry, si je vous avais connue davantage.

— Je reconnais votre voix, dit Mina toute frissonnante. C'est vous qui, en m'embrassant sur le front au moment où j'allais escalader le mur, m'avez dit avec un accent plein de larmes : « Sois heureuse, enfant! c'est un père qui n'a pas vu sa fille depuis quinze ans qui te bénit... Adieu ! » Votre vœu a été accompli, ajouta-t-elle en regardant tour à tour Justin et les deux amis; je suis heureuse, bien heureuse, car il ne manque plus rien à mon bonheur, puisque vous me parlez de mon père! Où est-il?

— Bien près de vous, répondit M. Lebastard de Prémont, sur le visage duquel de grosses gouttes de sueur commençaient à perler.

— Et pourquoi n'est-il pas ici?

Le général ne répondit pas. M. Sarranti intervint dans la conversation.

— Il redoute peut-être, dit-il, l'émotion qu'une présence aussi subite, aussi inespérée, pourrait vous causer, mademoiselle.

Chose étrange! au lieu de regarder M. Sarranti, qui lui adressait ces paroles, la jeune fille ne regarda que le général, qui ne disait rien, mais dont la figure attendrie révélait les plus violentes émotions.

— Pensez-vous donc, dit-elle, que le bonheur de voir mon

père puisse me causer une douleur plus grande que celle de ne le voir pas?

— Ma fille! ma fille! ma chère fille! s'écria M. Lebastard de Prémont, qui ne put retenir plus longtemps le cri de son cœur.

— Mon père! dit Mina en se précipitant dans ses bras.

Et le général, la saisissant à bras-le-corps, l'entoura étroitement et la couvrit de baisers et de larmes.

A ce moment, Justin fit signe de la main à M. Sarranti de venir à lui; le Corse arriva sur la pointe du pied, comme pour ne pas troubler par un bruit quelconque l'harmonie de cette scène d'attendrissement.

Justin ouvrit doucement la porte de la salle à manger, et, faisant signe à M. Sarranti de le suivre, ils laissèrent le père et la fille savourer librement leur double félicité.

Le général raconta à Mina comment, après avoir perdu sa mère, morte en la mettant au monde, il avait été contraint de la confier à une étrangère pour suivre la fortune ou plutôt l'infortune de l'empereur en Russie. Il raconta ses batailles, ses luttes, ses complots, ses espérances, ses désespoirs depuis la naissance de Mina. Son récit fut une grande épopée qui arracha des yeux de la jeune fille mille larmes d'amour, d'attendrissement et d'admiration.

Pour elle, son récit fut une douce idylle; elle étala devant son père toute sa vie, comme elle eût étalé une nappe d'autel. Son histoire avait la sérénité d'un beau ciel, la limpidité d'un lac, la virginité d'une rose blanche.

La maîtresse de pension, à laquelle Justin présenta M. Sarranti, voulut qu'on laissât le père et la fille ensemble jusqu'à la fin de la journée.

La nuit les surprit au milieu de ces doux épanchements. Il fallut appeler pour avoir de la lumière.

En entendant retentir la sonnette, madame van Slyper, Justin et M. Sarranti, précédés par un domestique, entrèrent dans la salle à manger.

— Mon père! s'écria joyeusement la jeune fille en désignant le général à la maîtresse de pension.

Le général s'avança, et, après avoir respectueusement baisé la main de madame van Slyper, il remercia cordialement la brave femme des bons soins qu'elle avait donnés à sa fille.

— Maintenant, madame, dit-il, permettez-moi de m'informer auprès de vous du plus prochain départ pour la France.

— Eh quoi! demandèrent en même temps Mina, Justin et madame van Slyper, effrayés de ce brusque départ, partez-vous si vite?

— Moi? Non! répondit le général, je vais passer quelque temps avec vous... Mais ce brave ami, qui ne m'a jamais quitté, ajouta-t-il en se retournant du côté de M. Sarranti et en lui tendant la main, et qui a voulu m'accompagner jusqu'à ce que j'aie retrouvé ma fille, va retourner à Paris pour retrouver son fils, que son amour filial a fait jeter en prison.

Les sourcils de M. Sarranti se froncèrent plus énergiquement encore que tristement. Les nuages qui recèlent les grandes tempêtes ne sont pas plus gonflés de menaces.

Les assistants s'inclinèrent respectueusement devant ce grand et muet infortuné.

Il partit le lendemain pour la France, laissant son ami bien heureux entre sa fille et le fiancé de sa fille.

Les jours que passèrent ensemble à Amsterdam le général, Mina et Justin furent des jours heureux, des jours bénis; après tant de traverses, tant d'années de misère, ils savourèrent leur félicité avec la même volupté qu'éprouve le voyageur quand, après avoir gravi péniblement au soleil, pendant une journée, une haute montagne, il respire, arrivé au sommet, l'air frais et les parfums qui montent de la vallée.

Malheureusement, comme il est écrit que tout ce qui fait le bonheur des uns fait le malheur des autres, la joie de ce trio de bienheureux causa la peine de la maîtresse de pension.

Elle vit avec effroi le moment où Justin et Mina, c'est-à-dire un instituteur et une institutrice, allaient la quitter pour suivre le général à Paris.

Le général devina son chagrin et l'apaisa en lui promettant que, dès son retour en France, il lui enverrait, après examen de Justin, les deux meilleures institutrices de Paris.

Un matin, en recevant une lettre de Salvator à la fin du déjeuner, le général fronça tristement le sourcil.

— Qu'avez-vous, mon père? s'écrièrent les deux jeunes gens effrayés.

— Lisez, dit le général en tendant la lettre de Salvator.

Ils lurent ensemble cette courte lettre :

« Général, pour que rien ne trouble le bonheur dont la présence de votre fille doit vous combler, je m'empresse de vous annoncer que M. Lorédan de Valgeneuse, son ravisseur, a été tué hier en duel, en ma présence, par M. de Marande.

» Je vous félicite, à cette occasion, de n'avoir pas même eu la peine d'exposer votre utile vie pour punir un misérable de cette espèce.

» Mes compliments affectueux aux deux fiancés, et à vous, général, l'assurance de ma respectueuse amitié.

» Conrad de Valgeneuse. »

— Eh bien, mon père? demanda Mina.
— Qu'a cette lettre qui puisse vous chagriner? dit Justin.
— C'était à moi qu'il appartenait de châtier ce misérable, dit le général ; je regrette qu'un autre ait pris ce soin.
— Mon père, dit tristement Mina, vous regrettez donc de m'avoir retrouvée, puisque vous regrettez de n'avoir pas risqué de me perdre.
— Chère enfant ! s'écria, en embrassant sa fille, M. Lebastard de Prémont, dont le visage reprit toute sa sérénité habituelle.

Il ne fut plus question que de choisir le jour du départ. On le fixa au samedi suivant, c'est-à-dire au surlendemain; et, le samedi matin, après avoir embrassé tendrement la maîtresse de pension et toutes les pensionnaires, à la fois ses élèves et ses camarades, Mina, au bras de son père, suivie de son fiancé, se dirigea vers la Poste, non sans s'être retournée cent fois pendant la route pour regarder, les larmes de la reconnaissance dans les yeux, cette ville hospitalière, qui lui semblait sa patrie, puisqu'elle y avait connu son père.

Le jour même du départ du général, on remit à madame van Slyper une lettre contenant un bon de trois mille francs à vue sur un banquier d'Amsterdam. Ce bon était déguisé sous le prétexte d'une fondation de bourse pour six jeunes filles, pour six jeunes rosières sans fortune, dont trois au choix de madame van Slyper, et trois au choix du bourgmestre.

CXXXIII

La digne sœur de défunt M. Lorédan.

Revenons à M. Lorédan de Valgeneuse, que nous avons laissé étendu et mortellement blessé sur l'herbe du bois de Boulogne.

Ses deux témoins reçurent son dernier soupir quelque temps après le départ de Salvator, de M. de Marande et des deux généraux.

C'est une chose grave, c'est une minute solennelle que ce moment où l'ami que vous avez amené là, rieur, vivant, le sourire du dédain sur les lèvres, meurt entre vos bras, la bouche crispée, les membres roidis, les yeux hagards et retournés.

Seulement, les émotions sont plus ou moins vives, selon l'homme qui meurt, selon ceux qui le regardent mourir.

La Providence a voulu que l'amitié, ce diamant sans tache, fût sinon l'apanage des cœurs purs, — qui peut se vanter de la pureté de son cœur? — du moins celui des cœurs bons.

Les cœurs frivoles et viciés connaissent de nom la sainte déesse, et en rient comme de ces honnêtes femmes que les débauchés raillent parce qu'ils ne les peuvent avilir.

Il ne faut donc pas nous exagérer la douleur qu'éprouvèrent, non pas les deux amis, mais les deux compagnons de M. de Valgeneuse, lorsqu'il fut constant pour eux que Salvator ne s'était pas trompé dans sa prédiction, et que Lorédan venait de rendre le dernier soupir.

Ils furent fort *chagrinés* de cette mort, c'est le mot qui convient à la situation, mais peut-être encore plus embarrassés du cadavre. Entrer avec le mort dans Paris, c'était grave. Les lois sur le duel, assez rigides à cette époque, atteignaient les témoins plus sévèrement que l'adversaire survivant, lequel était censé avoir défendu sa vie ; en outre, ils allaient sans doute être obligés de remplir à la barrière, pour l'entrée de ce cadavre, toute sorte de formalités fort assommantes ; enfin, disons le mot, le duel avait un peu traîné en longueur, et les deux amis avaient faim.

Cet aveu tout réaliste, que nous sommes forcé de faire, donne assez exactement la mesure de leur douleur.

Ils étaient venus tous trois dans la voiture de Lorédan ; il fut décidé que la voiture et les deux domestiques ramèneraient le corps à Paris, et que Camille et son compagnon reviendraient de leur côté.

On fit avancer la voiture ; les deux domestiques, tranquilles comme s'il s'agissait d'une simple promenade du matin, étaient sur le siége. Camille les appela.

Ils avaient entendu les deux coups de pistolet ; ils avaient vu s'éloigner Salvator, M. de Marande et ses deux témoins ; mais tout cela ne leur avait rien dit de positif sur la catastrophe.

Toutefois, que l'on se rassure aussi sur l'émotion qu'éprouvèrent, à la vue du cadavre de leur maître, les deux serviteurs. Lorédan, dur, fantasque, brutal, était médiocrement aimé de ses domestiques. Il était strictement servi, parce qu'il était dur et payait exactement. Voilà tout.

Et c'est suffisant, en effet, pour ceux qui, n'ayant pas une part d'affection à donner à tout ce qui les approche, jugent inutile de demander aux autres ce qu'ils ne leur donnent pas.

Les deux domestiques se contentèrent donc de pousser quelques exclamations de surprise, bien plus que de regret ; après quoi, se croyant quittes envers le mort, ils aidèrent les jeunes gens à placer le cadavre dans la voiture.

Camille leur ordonna de revenir au pas. Il lui fallait le temps de se procurer un cabriolet et de préparer Suzanne au coup qu'elle allait recevoir.

A la porte Maillot, les deux jeunes gens trouvèrent un

fiacre qui revenait de Neuilly; ils l'arrêtèrent et se firent conduire à la barrière de l'Étoile.

Là, ils se séparèrent; Camille chargea son compagnon de passer chez lui, de prévenir sa femme de l'accident survenu et du retard qu'il apportait à sa rentrée. Sûr que la commission serait faite, Camille s'achemina vers la rue du Bac.

Il pouvait être dix heures et demie du matin.

L'hôtel de Valgeneuse avait sa physionomie accoutumée: le suisse plaisantait dans la cour avec la lingère; mademoiselle Nathalie, la femme de chambre réinstallée, coquetait dans l'antichambre avec un jeune groom, entré depuis quelques jours seulement au service de Lorédan.

Quand Camille ouvrit la porte, mademoiselle Nathalie riait à gorge déployée des bons mots du nouveau valet de chambre.

Il fit un signe à Nathalie, qui vint droit à lui, et à laquelle il demanda s'il pouvait parler à Suzanne.

— Ma maîtresse est encore endormie, monsieur de Rozan, répondit la chambrière; ce que vous avez à lui dire est-il important?

Il va sans dire que mademoiselle Nathalie accompagnait cette question, au moins indiscrète, du sourire le plus impertinent.

— De la plus haute importance, répondit sérieusement Camille.

— En ce cas, et si monsieur le désire, je vais réveiller ma maîtresse.

— Faites, et au plus tôt, j'attendrai dans le salon.

Et, en effet, tandis que la femme de chambre prenait le couloir qui conduisait à la chambre de Suzanne, Camille entra dans le salon.

La femme de chambre s'approcha du lit de sa maîtresse, à qui la chaude atmosphère de la chambre permettait de dormir les bras et la poitrine hors du lit; elle avait ses cheveux dénoués et épars; sa tête, au teint mat, se dessinait sur la masse sombre, et sa poitrine haletait sous le poids de quelque doux rêve.

— Mademoiselle, murmura Nathalie à l'oreille de la jeune fille, mademoiselle.

— Camille!... cher Camille!... balbutia Suzanne.

— Eh bien, justement, continua Nathalie en secouant légèrement sa maîtresse, il est là, il vous attend.

— Lui? demanda Suzanne en ouvrant les yeux et en regardant autour d'elle; et où est-il donc?

— Au salon.

— Qu'il entre, ou plutôt non, dit-elle. Mon frère est-il rentré?

— Pas encore.

— Que Camille entre au boudoir, et, une fois entré, qu'il s'enferme en dedans.

La femme de chambre fit quelques pas pour regagner la porte.

— Attends, attends, dit Suzanne.

Nathalie s'arrêta.

— Viens, dit la jeune fille.

La femme de chambre obéit.

Mademoiselle de Valgeneuse étendit la main, prit un miroir à manche et à cadre sculptés posé sur la table de nuit, se regarda dans la glace, et, sans tourner les yeux vers sa femme de chambre:

— Comment me trouves-tu ce matin, Nathalie? demanda-t-elle de l'air le plus languissant du monde.

— Belle comme hier, comme avant-hier, comme toujours, répondit celle-ci.

— Sois franche avec moi, Nathalie; dis, est-ce que tu ne me trouves pas un peu fatiguée?

— Un peu pâle, en effet; mais les lis aussi sont pâles, et personne n'a encore eu l'idée de leur reprocher leur pâleur.

— Enfin!... dit la jeune fille.

Puis, avec un soupir tout parfumé de nocturne volupté:

— Eh bien, ajouta-t-elle, puisque tu ne me trouves pas trop laide ce matin, fais, comme je te le disais, entrer Camille dans le boudoir.

Nathalie sortit.

Derrière elle, Suzanne se leva languissamment, chaussa des bas de soie rose, fourra ses pieds dans des pantoufles de satin bleu brodées d'or, passa une grande robe de cachemire serrée autour de sa taille par une cordelière, renoua ses longs cheveux sur le sommet de sa tête, jeta un second coup d'œil dans une psyché, pour s'assurer de l'ensemble comme elle s'était assurée du visage, et passa dans

16.

le boudoir, dont Nathalie, en femme expérimentée, avait diminué la clarté en tirant les triples rideaux de gaze, de mousseline et de taffetas rose.

— Camille ! s'écria-t-elle en distinguant, avec le regard de son cœur plutôt qu'avec les yeux de son corps, Camille de Rozan assis sur une causeuse au fond du boudoir.

— Oui, chère Suzanne, répondit Camille en se levant et en allant à elle.

Et il la reçut dans ses bras.

— Tu ne m'embrasses pas ? dit-elle en lui jetant ses deux bras nus au cou.

— Pardonne-moi, répondit Camille en fermant avec ses lèvres les yeux languissants de la jeune fille, mais j'ai une triste nouvelle à t'annoncer, Suzanne.

— Ta femme sait tout ? s'écria la jeune fille.

— Non, répondit Camille, au contraire, je la crois à cent lieues de rien soupçonner.

— Tu ne m'aimes plus ? continua la jeune fille en souriant.

Cette fois, un baiser fut la seule réponse de Camille.

— Alors, dit mademoiselle de Valgeneuse en frémissant, tu vas partir, tu retournes en Amérique, pour une raison ou pour une autre ; enfin, tu es forcé de me quitter, de partir, n'est-ce pas ?

— Non, Suzanne, non, ce n'est point cela encore.

— Eh bien, à quel propos me dis-tu donc que tu m'apportes une mauvaise nouvelle, puisque tu m'aimes toujours et que nous ne nous quittons pas ?

— C'est une nouvelle bien triste, Suzanne, dit le jeune homme avec un soupir.

— Ah ! j'y suis, s'écria la jeune fille, tu es ruiné ; mais qu'importe, mon bien-aimé ! ne suis-je pas riche pour deux, pour trois, pour quatre ?

— Ce n'est point encore cela, Suzanne, répondit Camille.

Il y eut un moment de silence pendant lequel, entraînant son amant vers la fenêtre, Suzanne souleva vivement un des rideaux.

La lumière extérieure fit alors irruption dans l'appartement et éclaira le jeune homme.

Suzanne plongea son regard dans celui de Camille et lut,

en effet, dans les yeux de son amant une profonde expression d'inquiétude.

Mais tout cela ne lui disait rien de positif.

— Voyons, dit-elle, regarde-moi bien en face ; que t'est-il arrivé de malheureux ?

— A moi personnellement, rien ! dit Camille.

— C'est donc à moi, alors ?

Le créole hésita un instant ; puis, enfin :

— Oui ! dit-il.

— Eh bien, si c'est à moi, tu peux parler sans crainte, Camille : je défie tous les malheurs de ce monde, puisque je possède ton amour !

— Mais nous ne sommes pas seuls au monde, Suzanne.

— En dehors de nous, Camille, dit la jeune fille avec un accent passionné, je t'ai déjà dit que rien ne pouvait m'atteindre.

— Pas même la mort d'un ami ?

— Est-ce qu'il y a des amis ! répondit Suzanne.

— J'avais cru que Lorédan était pour toi, non-seulement un frère, Suzanne, mais encore un ami.

— Lorédan ! s'écria Suzanne, est-ce de lui que tu veux me parler ?

— Oui, fit Camille d'un signe de tête, et comme si sa bouche refusait d'entrer dans d'autres explications.

— Ah ! dit-elle, il s'agit du duel de Lorédan ; je sais tout.

— Comment ! tu sais tout ? demanda le jeune homme stupéfait.

— Oui, je sais qu'il a insulté M. de Marande à la chambre des pairs et qu'il doit se battre aujourd'hui ou demain. — Mais, ajouta-t-elle avec un sourire, je plains M. de Marande !

— Suzanne ! dit à voix basse le créole, ne sais-tu que cela ?

— Oui.

— Alors, tu ne sais pas tout !

La jeune fille regarda son amant avec inquiétude.

— Ils se sont battus, ajouta Camille.

— Déjà !

— Oui.

— Eh bien ?

— Eh bien, Lorédan...

Camille s'arrêta, n'osant achever.

— Lorédan est blessé ? s'écria-t-elle.

Camille ne répondit point.

— Tué? fit la jeune fille.

— Hélas !...

— Impossible !

Camille baissa la tête en signe d'affirmation.

Suzanne jeta un cri où il y avait plus de rage que de douleur et tomba sur la causeuse.

Camille sonna Nathalie, et, au bout de quelques secondes, leurs secours réunis parvinrent à ranimer Suzanne.

Alors la jeune fille congédia Nathalie, et, tombant dans les bras de Camille, elle pleura abondamment.

Peu de temps après, le valet de chambre frappa à la porte.

Prévenu par le cocher, il accourait avertir le créole que le corps de Lorédan venait d'entrer à l'hôtel.

En ce moment, Nathalie reparaissait à la porte de la chambre à coucher de Suzanne.

Camille déposa la jeune fille sur la causeuse, courut à Nathalie et lui donna un ordre tout bas.

— Qu'avez-vous dit tout bas, Camille?

— Un instant, ma chère Suzanne !... dit Camille.

— Je veux le voir ! s'écria Suzanne en se redressant sur ses pieds.

— J'ai donné l'ordre qu'on le portât dans sa chambre à coucher.

Suzanne laissa échapper un gémissement; pas une larme n'était sortie de ses yeux.

Bientôt, Nathalie reparut.

Au bruit qu'elle fit, Suzanne se retourna.

— Est-il déposé sur son lit? demanda la jeune fille.

— Oui, mademoiselle, répondit la chambrière.

— Eh bien, je vous ai dit que je voulais le voir.

— Allons-y donc, dit Camille.

Et, tendant le bras à Suzanne, il essaya d'affermir son cœur au spectacle qu'il allait mettre sous les yeux de sa compagne.

Suzanne ouvrit la porte du boudoir qui donnait sur le salon, traversa le salon, et, d'un pas ferme, s'avança vers la chambre à coucher de son frère.

Avant d'arriver à la chambre à coucher, il fallait traverser une petite pièce tendue en nattes des Indes, avec des encadrements de bambou.

C'était le fumoir de Lorédan.

Jusqu'à deux heures du matin, les trois jeunes gens y avaient bu et fumé.

Tout dans cette petite pièce, dont l'atmosphère était imprégnée de la triple odeur du tabac, de l'alcool et de la verveine, était resté dans l'état où les jeunes gens l'avaient laissé. Des bouts de cigarette émaillaient le tapis ; des petits verres à moitié pleins de liqueur, des tasses à thé à moitié vides, une ou deux bouteilles couchées à terre indiquaient que les jeunes gens, au lieu de penser, comme Jarnac, à Dieu et aux choses sérieuses, n'avaient, comme la Châtaigneraie, pensé qu'aux choses frivoles.

Suzanne frissonna en voyant une trace de sang qui coupait la pièce d'une porte à l'autre.

Elle montra, sans rien dire, cette trace de sang à Camille.

Puis, avec un sanglot étouffé, elle cacha sa tête dans la poitrine du jeune homme, en hâtant le pas et s'écartant de la ligne droite qu'elle n'eût pas pu suivre sans marcher sur le sang de son frère.

En voyant ce désordre, Camille avait senti malgré lui la rougeur lui monter au front.

Une voix lui disait tout bas que c'était une mauvaise façon de se préparer à une chose aussi grave qu'un duel, que de s'y préparer en raillant, en fumant et en buvant.

Il lui semblait qu'il n'était plus seulement témoin, mais qu'il était complice de la mort de Lorédan.

C'est avec ces idées qu'il entra dans la chambre à coucher où était étendu le cadavre.

La chambre à coucher présentait au plus grand complet ce contraste que, dans certains moments, présentent les choses inanimées avec les événements de la vie.

C'était plutôt une chambre de petite-maîtresse qu'une chambre d'homme.

Elle était tendue d'étoffe de Lyon à fond légèrement teinté d'azur avec de gros bouquets de fleurs aux couleurs naturelles, noués par des rubans d'argent.

Le plafond, les rideaux de la fenêtre et les rideaux du lit étaient d'étoffe pareille. Les meubles étaient en bois de rose.

Le tapis, d'un ton neutre, se rapprochant de la feuille morte, faisait tout valoir, meubles et tentures.

Une glace qui éclairait le fond du lit, et qui était destinée à refléter de plus douces images, reproduisait le cadavre dans toute sa pâleur et toute sa rigidité.

Suzanne se précipita sur le lit, et, soulevant la tête du mort, elle s'écria avec un accent dans lequel les larmes se faisaient jour enfin :

— Mon frère! mon frère!

Camille, demeuré debout près de la porte, les bras croisés sur la poitrine, la tête un peu penchée, dans l'attitude du recueillement, regardait cette scène avec une émotion dont lui-même se serait cru incapable.

Il est vrai que cette émotion lui venait plutôt des sanglots et des plaintes qu'exhalait sa maîtresse que de la vue du corps de marbre de son ami.

Camille laissa la jeune fille se livrer librement à sa douleur; puis, quand s'éteignit un peu cette bruyante manifestation, se rapprochant d'elle :

— Suzanne! ma chère Suzanne! murmura-t-il à son oreille.

La jeune fille poussa un soupir, tous ses nerfs se détendirent; elle se laissa glisser et tomba à genoux.

Camille lui prit la main; puis, passant un de ses bras sous son épaule, il la souleva, et, sans résistance de la part de la jeune fille, il l'entraîna vers la porte, lui fit traverser le fumoir, puis le salon.

Tous deux rentrèrent dans le boudoir sombre.

Camille, tenant toujours Suzanne dans ses bras, se laissa alors tomber avec elle sur un canapé.

Un instant, tout fut aussi silencieux là où étaient ces deux êtres vivants, que dans la chambre funèbre où était ce mort qu'ils venaient de quitter.

Enfin, la première, Suzanne rompit le silence.

Ainsi, dit-elle d'une voix sombre, ainsi, me voilà seule sur la terre, sans famille, sans parents, sans amis!

— Tu oublies que je suis là, Suzanne! dit le jeune homme éteignant, avec un baiser sur les lèvres de la jeune fille, la dernière syllabe du dernier mot qu'elle venait de prononcer.

— Toi, dit-elle, toi, sans doute, tu me restes, tu m'aimes, tu me le dis du moins.

— Donne-moi l'occasion de te le prouver.

— Dis-tu vrai? s'écria la jeune fille.

— Aussi vrai que, jusqu'à toi, je n'ai véritablement aimé personne, dit le créole.

— Si bien, reprit Suzanne, que, si je trouvais dans mon malheur même une occasion pour toi de me prouver ton amour, tu n'hésiterais pas?

— Je l'accepterais avec empressement, avec reconnaissance, avec bonheur!

— Eh bien, écoute.

Camille frissonna malgré lui.

Il lui sembla qu'avec ces paroles une espèce de pressentiment venait de l'effleurer de son aile funèbre; mais il eut la force de cacher cette sensation que rien ne justifiait, et, le sourire sur les lèvres :

— Parle, répondit-il.

— Mon frère mort, je ne dépends plus de personne, je n'ai plus de ménagement à garder avec personne, plus de crainte, plus de respect pour qui que ce soit ou pour quoi que ce soit au monde. Je suis libre, je ne dépends que de moi, je puis donc faire de moi ce qu'il me plaira d'en faire.

— Sans doute, Suzanne ; mais où veux-tu en venir?

— Je veux dire qu'à partir d'aujourd'hui je suis à toi, que je t'appartiens corps et âme.

— Eh bien?

— Eh bien, nous vivrons l'un pour l'autre. Je ne te quitte plus d'une heure!

— Y penses-tu, Suzanne? s'écria le jeune homme; oublies-tu...?

— Que tu es marié? Non; mais que m'importe?

Camille passa son mouchoir sur son front mouillé de sueur.

— Écoute, Camille, continua la jeune femme, réponds-moi comme tu répondrais à Dieu : est-ce elle ou moi que tu aimes?

Le jeune homme hésita.

— Oh! réponds, dit-elle, car toute ma vie dépend peut-être des paroles qui vont sortir de ta bouche; pour laquelle de nous deux vis-tu ? avec laquelle de nous deux veux-tu vivre ?

— Suzanne ! ma chère Suzanne ! s'écria le créole en la serrant dans ses bras.

Mais la jeune femme le repoussa doucement.

— Un baiser n'est pas une réponse, dit-elle d'une voix glacée.

— C'est qu'en vérité, répondit le créole, ta demande n'est pas une demande, Suzanne.

— Je ne te comprends pas.

— Oh ! fit le jeune homme en joignant les mains, tu doutes de moi ?

— Alors, c'est donc moi que tu aimes ? dit-elle en l'attirant sur sa poitrine.

— Oh ! oui, toi, toi seule, répondit le créole d'une voix étouffée, toi seule, rien que toi !

— Eh bien, dit Suzanne, nous quittons Paris dans huit jours ; nous allons au Havre, à Marseille, à Bordeaux, à Brest, où tu voudras ; là, nous prenons le premier bâtiment qui part pour l'Amérique, pour les Indes, pour l'Océanie. Si une contrée te déplaît, nous irons dans une autre ; si une partie du monde te fatigue, nous irons dans une autre. Nous irons tant que le flot nous portera, tant que le vent nous poussera ; nous chercherons un paradis, et, ce paradis trouvé, nous nous y arrêterons.

— Mais, Suzanne, s'écria le jeune homme, songes-tu à la fortune qu'il faut pour mener une pareille vie ?

— Ne t'occupe pas de cela.

— Mon amie, ma fortune, à moi, vient en grande partie de ma femme..., dit Camille.

— Tu la lui laisseras toute ; nous réaliserons la mienne : nous vendrons cet hôtel, nous nous ferons deux millions : cent mille livres de rente. Avec cent mille livres de rente, on dispose de l'avenir.

— Mais ces deux millions, demanda Camille, es-tu bien sûre de les avoir ?

Suzanne tressaillit : une pensée terrible lui traversait l'esprit en même temps que ces paroles l'atteignaient au cœur.

Elle frissonna de la tête aux pieds ; ses mains, ses joues, son front, devinrent blancs et froids comme le marbre.

— Ah! dit-elle, toi aussi, tu as entendu parler de lui!

— De qui? demanda Camille.

— De rien, de personne, dit Suzanne en passant ses mains sur ses yeux comme pour se réveiller d'un mauvais songe.

— Suzanne, Suzanne, tes mains sont glacées, dit le jeune homme.

— Oui, c'est vrai; j'ai froid, Camille.

— Rentre dans ta chambre, mon enfant chérie! ces émotions te brisent.

— O Camille, s'écria Suzanne avec un accent terrible, nous sommes séparés pour jamais!

— Suzanne, dit le jeune homme véritablement ému, reviens à toi; la douleur t'égare. C'est moi, Camille; je suis près de toi, je t'embrasse, je t'aime!

— Non! tu sais bien que je dis vrai; toi aussi, tu as entendu parler de lui.

— C'est donc vrai, ce que l'on dit? demanda Camille.

— Que dit-on?

— C'est donc vrai, cette histoire de testament qui commence à transpirer dans le monde?

— Tu vois bien! tu vois bien! Oui, c'est vrai; oui, quand cet homme voudra, je serai plus pauvre, plus ruinée que l'enfant qui vient au monde, puisque l'enfant qui vient au monde a un père et une mère, et que, moi, je n'ai plus personne.

— Alors, il y a un autre héritier?

— Oui, Camille, oui; je l'avais oublié; il y a l'héritier véritable; mon frère voulait réaliser, voulait vendre, voulait... Le pauvre insensé! il faisait des projets, mais ne se pressait pas de les accomplir; la mort s'est pressée, elle.

— Et cet héritier se nomme...?

— Pour nous, Conrad de Valgeneuse, — nous le croyions mort; pour les autres, Salvator.

— Salvator! le commissionnaire mystérieux? cet homme étrange? s'écria l'Américain. Alors, tout va bien, Suzanne, dit Camille; cet homme s'est jeté dans ma vie, à moi aussi; cet homme a touché d'une main rude à mon honneur. J'ai un compte à régler, moi aussi, avec M. Conrad de Valgeneuse.

— Que feras-tu? demanda Suzanne, tremblant de crainte et d'espérance à la fois.

— Je le tuerai, répondit résolûment le créole.

FIN DU TOME QUATRIÈME

TABLE

	Pages.
CIV. — Les pièces de conviction.	4
CV. — Où M. Jackal cherche un dénoûment à la vie accidentée de M. Gérard.	8
CVI. — Impressions de voyage de M. Jackal.	17
CVII. — Où M. Jackal monte et descend comme il l'avait prévu.	25
CVIII. — Où M. Jackal sait enfin à quoi s'en tenir et reconnaît que les forêts vierges de l'Amérique sont moins dangereuses que les forêts vierges de Paris.	32
CIX. — Où différents moyens de sauver M. Sarranti sont soumis à l'approbation de M. Jackal.	43
CX. — Où le moyen est trouvé.	50
CXI. — Ce qui s'était passé tandis que M. Jackal faisait arrêter Salvator et que Salvator faisait arrêter M. Jackal.	60
CXII. — Où le roi ne s'amuse pas.	68
CXIII. — Où il est expliqué pourquoi M. Sarranti n'était plus dans le cachot des condamnés à mort.	78
CXIV. — Histoire de politiquer un instant.	86
CXV. — Un voltairien.	94
CXVI. — Trio de masques.	103
CXVII. — Où il est dit franchement ce qui causait le désordre de madame de la Tournelle.	112
CXVIII. — Où il est démontré que deux augures ne peuvent pas se regarder sans rire.	121

		Pages
CXIX. —	De la simplicité et de la frugalité de M. Rappt	132
CXX. —	Où M. Jackal cherche à s'acquitter du service que lui a rendu Salvator	140
CXXI. —	Andante de la révolution de 1830	149
CXXII. —	Où l'émeute suit son cours	158
CXXIII. —	Encore l'émeute	168
CXXIV. —	Où l'on retrouve le père en attendant que l'on retrouve la fille	182
CXXV. —	Où il est prouvé que l'ouïe n'est pas le sens le moins précieux	191
CXXVI. —	Où l'auteur offre M. de Marande comme un modèle, sinon physique, du moins moral, à tous les maris passés, présents et futurs	201
CXXVII. —	Où M. de Marande est conséquent avec lui-même	212
CXXVIII. —	Où les résultats de la bataille de Navarin sont envisagés sous un nouveau jour	223
CXXIX. —	Du discours de M. Lorédan de Valgeneuse à la Chambre des pairs et de ce qui s'ensuivit	231
CXXX. —	Le roi attend	243
CXXXI. —	Symphonie pastorale	253
CXXXII. —	Symphonie sentimentale	260
CXXXIII. —	La digne sœur de défunt M. Lorédan	270

FIN DE LA TABLE DU TOME QUATRIÈME.

Imprimerie de L. To... et Cie, à Saint-Germain.

www.ingramcontent.com/pod-product-compliance
Lightning Source LLC
Chambersburg PA
CBHW070752170426
43200CB00007B/755